어번던스

지은이 주

이 책의 내용과 표현 일부는 〈뉴욕타임스〉와 〈애틀랜틱〉에 기고한 칼럼, 기사, 뉴스레터, 대화를 통해 공개된 바 있다.

결핍을 넘어 풍요로운 사회를 위한 해법

ABUNDANCE
어번던스

에즈라 클라인 · 데릭 톰슨 지음 | 홍지수 옮김

한국경제신문

차 례

새벽에 눈을 뜨고 서늘한 침대보에 누인 몸을 뒤척인다. 머리 위로 몇 미터 떨어진 지붕 꼭대기의 태양광 패널이 아침 햇빛에 깜빡거린다. 태양광 전력은 (동쪽으로는 우뚝 솟은 풍력 발전 터빈, 북쪽으로는 작은 원자력 발전소, 남쪽으로는 지열 발전 등) 여러 청정에너지원에서 비롯된 전기와 뒤섞인다. 40년 전 여러분의 부모는 석탄 광산과 유전에서 채굴한 에너지로 침실의 열기를 식혔다. 부모 세대는 석탄을 채굴해 태웠고 그 부산물인 분진이 폐에 침착했다. 그들은 그들이 사는 세계(우리가 사는 세계)를 화학 물질이 만든 열기에 가뒀다. 오늘날의 관점에서 보면 그런 관행은 야만적인 듯하다. 여러분은 더할 나위 없이 깨끗한 에너지에 둘러싸여 살고 있으므로, 탄소 족적을 거의 남기지 않으며 에너지값도 싸서 전기 요금도 거의 나오지 않는다.

때는 2050년이다. 주방으로 가서 수돗물을 튼다. 바닷물이 수도 꼭지에서 콸콸 쏟아진다. 담수 처리 시설에서 염분을 제거하고 수도관을 통해 공급된 깨끗한 담수다. 이러한 시설은 미생물의 세포막을 이용해 바닷물의 소금을 제거한다. 오늘날 이러한 시설은 미국의 담수 수요량의 절반을 공급한다. 과거에 콜로라도강처럼 고갈되었던 강들은 다시 예전 모습을 되찾았다. 농사를 짓고 커피잔을 채울 물을 강에서 얻지 않기 때문이다. 피닉스와 라스베이거스처럼 과거에 메마른 논바닥처럼 쩍쩍 갈라졌던 도시들은 녹음이 우거지고 있다.

냉장고를 연다. 과일과 채소를 보관하는 칸에는 집에서 불과 몇 킬로미터 떨어진 가장 가까운 농장에서 배달한 사과, 토마토, 가지가 있다. 이러한 작물들은 들판에서 자라지 않는다. 커다란 온실 안에 설치된, 수직으로 켜켜이 쌓인 선반에서 자란다. 수많은 LED 조명이 식물에 필요한 만큼 정확한 시간에 빛을 쏴준다. 이러한 고층 건물 농장 덕분에 농지 수요가 줄어서 수많은 숲과 공원을 살리게 된다. 닭고기와 소고기는 대부분 동물 세포로 닭가슴살과 꽃등심 스테이크를 만드는 시설에서 비롯된다. 따라서 살아 있는 동물을 가두어 기르고 도축할 필요가 없다. 한때 언감생심 넘볼 수 없을 정도로 비쌌던 배양육은 풍부한 전기 덕분에 대량 생산이 가능해졌다. 여러분의 부모가 젊었던 시절에는 세계 토지의 거의 25퍼센트가 인간이 소비할 가축을 기르는 데 쓰였다. 이제 그런 일은 상상도 하기 어렵다. 축산용 토지는 대부분 자연 상태로 되돌아갔다.

창밖을 내다보니 길 건너편에 무인 드론이 최신 명약을 배달하고 있다. 몇 년 전까지만 해도 과식을 줄이고 중독을 치유하고 세포의 노화 속도를 늦추는 약은 부유층이나 누리는 기적의 약이라고 여겨졌다. 그러나 오늘날에는 자동화한 공장이 저궤도에서 진동을 발사

한다. 값싼 로켓이 약품을 지구 곳곳에 실어 날라 수백만 명의 목숨을 구하고 사람들의 건강 수명을 수십억 년 연장한다.

실외에서도 공기는 맑고 온 사방에서 전자 기계들이 작동하는 작은 소음이 들린다. 대부분 자율주행인 전기차와 전기 트럭이 잔잔한 바람처럼 조용하게 미끄러지듯 도로를 주행하고, 아이들과 출퇴근하는 성인들은 개인 소유거나 시에서 가입자에게 대여하는 전기 자전거와 스쿠터를 탄다. 최종 목적지를 향하는 배달 드론이 창공에서 하강해 벌새처럼 이웃집 마당 위에 머물다가 상품꾸러미를 떨어뜨린다. 이제 이러한 이봇(e-bot)이 온라인 주문 상품의 상당량을 배달하므로 고달픈 배달부의 일이 줄어든다.

여러분의 귀에 꽂은 이어폰이 작은 알림 소리를 낸다. 한 친구가 가족과 함께 주말여행을 떠나기 위해 공항으로 가고 있다는 음성 메시지다. 인공지능(AI), 노동권, 경제 개혁이 복합적으로 작용해 빈곤율이 줄고 근무 시간이 단축되었다. AI의 높은 생산성 덕분에 대부분의 사람들은 꼬박 일주일이 걸리던 일을 며칠 만에 끝낼 수 있게 되었고, 그 덕에 쉬는 날과 휴가가 늘고 주말이 훨씬 여유로워졌다. 업무량이 줄었다고 해서 임금까지 줄지는 않았다. AI는 인류의 집단 지식을 토대로 하므로 여기서 비롯되는 수익은 공유된다. 뉴욕에서 런던까지는 비행기로 두 시간 남짓 걸린다. 오늘날 여객기의 비행 속도는 보통 (음속의 2배인) 마하 2까지 도달하고 탄소 배출량이 훨씬 적은 친환경 합성 연료와 전통적인 연료를 혼합해서 사용한다.

세상은 변했다. 화면에 픽셀(pixel)로 움직이는 가상의 세계뿐만 아니라 물리적인 세계도 변했다. 주택, 에너지, 기간 시설, 의약품, 기술 등 모두 변했다. 이 시대는 주택난, 금융 위기, 팬데믹, 기후 위기, 정치적 위기 등 온갖 위기들이 얽히고설킨 21세기 초창기와 전혀 딴판이다. 오랜 세월 동안 우리는 노숙자 문제와 빈곤과 불치병과 하락하는 기대 수명을 용인했다. 오랜 세월 동안 우리는 수많은 이들이 직면한 결핍을 완화하고 수많은 이들이 바라는 기회를 창출할 체계를 구축해야 한다는 사실을 알고 있었지만, 실행에 옮기지는 않았다. 오랜 세월 동안 우리는 세상을 더 깨끗하고 더 건강하고 더 부유하게 만들 기술을 발명하고 실행하는 데 실패했다. 오랜 세월 동안 우리는 가장 중요한 문제들을 해결할 우리의 역량을 발휘하지 않았다. 이유가 뭘까?

결핍은 선택이다

이 책은 단순한 하나의 개념에 집중한다. 우리가 원하는 미래를 맞으려면 우리가 필요한 것을 만들고 발명해야 한다. 그것이 전부다. 그 개념이 이 책의 주제다.

이 책을 쓴 우리에게도 그 개념은 지나치게 단순해 보인다. 하지만 21세기 미국의 사연은 선택한 결핍으로 점철되어 있다. 이러한 결핍이 선택이었다는 사실(다른 선택을 할 수도 있었다는 사실)을 인식하면 가슴이 두근거린다. 우리가 다른 선택을 해야 할 여러 가지 이유를 직시하면 분노가 치민다.

우리는 기후 변화로부터 지구를 구하고 싶다고 말하지만, 실제로 많은 미국인은 청정에너지 혁명에 결사반대한다. 심지어 민주당 텃밭인 리버럴 성향의 주들조차 탄소 배출 제로인 원자력 발전소의 폐쇄와 태양광 발전 시설 건설에 반대한다. 우리는 주거 시설은 인권이라고 말하지만, 미국에서 가장 부유한 도시들은 신규 주택을 건설하기 너무 까다롭게 해놓았다. 우리는 개선된 의료 보험과 더 효과적인 의약품과 끔찍한 질병의 치료법을 원한다고 말하지만, 과학자들이 가장 전도유망한 연구를 포기하게 만드는 연구, 지원, 규제 체제를 용인하고 수많은 이의 생명을 연장하거나 개선할지 모르는 발견을 가로막고 있다.

때로 이러한 장애물은 신념이나 관심사의 차이에서 비롯된다. 태양광 패널이 깔린 1,000에이커는 태양광 전력을 소비하는 도시에는 큰 혜택이 되지만 태양광 패널이 깔린 땅과 인접한 지역 사회에는 골칫거리다. 샌프란시스코에 7층짜리 적정 가격의 아파트를 지어 시내에 있는 직장과 집의 거리가 먼 사람들이 입주하게 되면 통근 시간을 절약하게 되겠지만, 이미 그 도시에 사는 주민은 높은 건물 때문에 경관이 막히고 주차장이 혼잡해져서 불편해진다.

때로 이러한 장애물은 과거에 발생한 위기들의 여파가 현재에 영향을 미치는 데서 비롯된다. 한 세대가 마련한 해결책이 다음 세대에게는 문제를 일으킨다. 제2차 세계대전 후 주택 건축과 기간 시설 구축이 폭발적으로 증가하면서 나라가 풍요로워졌다. 그러나 깨끗한 공기와 수질을 관리하는 규제가 제대로 마련되지 않아서 당대 건축업자들이 환경을 훼손했다. 이에 미국 의회는 각종 환경 규제 법안을 통과시켰다. 그러나 20세기에 선한 의도에서 자연을 보호하기 위해 마련한 법들은 21세기에 청정에너지 프로젝트를 실행하는 데 걸림돌이 되고 있다. 정부가 특정 프로젝트가 환경에 미치는 영향을 고려하도록 하려고 마련했던 법이 오히려 정부가 그 결과에 따른 대응책을 마련하기 어렵게 만들고 있다. 제도적 개선은 각 세대가 새롭게 직면하는 문제다.

이러한 장애물은 미국 정치의 핵심을 차지하는 일종의 이념적 음모를 반영하기도 한다. 이념적으로 서로 다른 진영은 미국이 쇠퇴한 이유에 대해 서로 다른 이유를 내세우기 때문에 이념적 공모에 뿌리를 둔 병리 현상을 간과하기가 쉽다. 20세기의 미국 역사는 우익은 정부에 맞서 싸우고, 좌익은 정부를 절름발이로 만든 역사다. 정부의 규모에 대한 논쟁 때문에 정부의 역량이 점점 쇠퇴한다는 사실이 묻혀버렸다. 넘쳐나는 소비자 상품에 정신이 팔린 우리는 주택난, 에너지난, 사회 기간 시설 부족 그리고 과학적 개가의 부재에 관심을 두지 못했다. 이에 맞설 저항 세력이 등장하고 있으나 아직 역부족이다.

공급 측면의 실책

수요와 공급은 경제학의 핵심이다. 공급은 특정한 재화나 용역이 얼마나 존재하는지다. 수요는 사람들이 특정한 재화나 용역을 얼마나 원하는지다. 경제는 수요와 공급이 일치하면 균형을 유지하고, 일치하지 않으면 교란이 일어난다. 공급은 적은데 수요가 많으면 품귀 현상이 일고, 가격이 오르고, 배급하게 된다. 수요는 적은데 공급이 넘치면 재고가 쌓이고, 근로자가 해고되고, 경기가 침체한다. 수요와 공급은 연결되어 있다. 적어도 현실 세계에서는 그렇다. 그런데 정치에서 수요와 공급은 단절되었다. 민주당과 공화당이 이 둘을 갈라놓았다.

'공급 측면(supply side)'이라는 표현은 우익을 뜻하는 암호다. 이 표현은 1970년대에 보수 성향의 경제학자 아서 래퍼(Arthur Laffer)가 냅킨 종이에 끄적거린 곡선을 떠올리게 한다. 이 곡선은 세금이 너무 높으면 경제 성장이 둔해지고 역설적으로 수익이 줄어든다는 사실을 보여준다.[1] 부분적으로는 이 때문에 공화당은 수십 년 동안 부자에게 부과하는 세금을 줄여주면 사기가 꺾인 존 갈트[John Galt, 아인 랜드(Ayn Rand)의 소설 《아틀라스》에 등장하는 인물로서 파업을 주도하며 사회의 부패에 맞선다-옮긴이]와 같은 사람들이 더 명민하게 더 열심히 일하도록 장려하므로 경제가 활성화하고 수익이 오른다고 주장해왔다.

감세는 유용한 수단이다. 세금이 높으면 근로 의지가 꺾인다는 주장도 맞는 말이다. 그러나 감세가 보통 높은 수익으로 이어진다는 주장은 조지 H. W. 부시(George H. W. Bush) 전 대통령의 말마따나, "주술 경제학(voodoo economics)"이다. 감세는 과거에도 거듭해서 시도되었고 거듭해서 실패했다. 이러한 실패를 낳은 똑같은 정책을 반복하면서 다른 결과가 나오기를 바라는 공화당의 고집으로 인해 경제의 공급 측면을 염려하는 게 창피스러운 일이 되어버렸다. 골상을 보고 그 사람의 성격과 운명을 판단할 수 있다는, 터무니없는 이론인 골상학(骨相學)으로 인해 의사들이 뇌 질환 치료를 천한 일로 여기게 된 셈이다.

그런데 보수 진영이 추진하는 의제가 낳은 결과는 또 있다. 생산은 규제를 받지 않는 시장의 기능으로 간주했다. 공급 측면 경제학은 정부가 민간 부문에 개입하지 말아야 한다고 주장한다. 감세하면 사람들이 일을 더 한다. 규제를 철폐하면 기업들이 생산을 늘린다. 그러나 시장이 공급하지 못하지만 사회에 꼭 필요한 것은 누가 제공하나?

여러분은 여기서 민주당이 개입하리라고 기대했을지 모르겠다. 하지만 레이건 혁명으로 주눅이 들고 사회주의자로 보일까 봐 겁을 먹은 민주당은 대체로 경제의 수요 측면만 만지작거리는 데 그쳤다. 1978년 미국 국민은 "정부는 우리가 직면한 문제를 해결하지 못한다. 정부는 목표를 설정하지도 못하고, 우리의 미래상을 규정하지도 못한다"라는 말을 들었는데, 이는 로널드 레이건(Ronald Reagan) 대통령이 한 발언이 아니라 민주당이 배출한 지미 카터(Jimmy Carter) 대통령이 연두교서에서 한 말이다.[2] 이는 그 이후로 닥칠 일의 맛보기였다. 1996년 재임에 성공한, 민주당 소속 빌 클린턴(Bill Clinton) 대통령은 "큰 정부 시대는 끝났다"라고 선언했다.[3] 미국 정부가 미국이 당면한 문제들을 해결하지 못한다는 인식은 레이건과 공화당이 일방적으로 만들어내지 않았다. 그러한 인식은 민주당과 공화당이 함께 만들어냈고 두 당의 지도자들이 그런 인식을 강화했다.

진보주의가 내건 공약과 정책들은 수십 년 동안 국민에게 현금이나 현금에 상응하는 상환권을 나눠주고, 시장이 생산하기는 하나 빈곤층은 구매할 여력이 없는 상품을 사도록 하는 데 초점을 두었다. 적정 보험 법안(The Affordable Care Act)은 국민의 의료 보험 비용에 보조금을 지급한다. 식품 교환권(Food stamp)은 식품 살 돈을 지급한다. 학비 무상 지원은 대학에 진학할 학비를 지급한다. 양육비 세액 공제는 양육 서비스를 구매할 자금을 지원한다. 사회 보장 연금은 은퇴 후 생활비를 지급한다. 최저 임금과 근로 소득 세액 공제는 가처분 소득을 늘려준다.

이러한 정책들은 중요하고 우리는 이런 정책들을 지지한다. 그러나 민주당은 소비자에게 돈을 주고 필요한 것을 사도록 하는 데 초점을 두는 한편, 모두가 누리기를 바라는 재화와 용역의 공급에는 신경을 덜 쓴다. 정부는 의료 보험, 주택 보조금, 사회 기간 시설 등에 엄청난 세금을 쏟아붓지만, 그 많은 돈으로 실제로 뭘 사고 뭘 건설하는지 분석하는 데는 그다지 열성적이지 않다. 때로는 전혀 관심을 보이지 않는다.

이는 공화당 못지않게 민주당도 그들 나름대로 시장에 대한 믿음을 지니고 있음을 보여준다. 민주당은 충분한 자금으로 유인하면 민간 부문이 사회적 목표를 달성할 수 있고 실제로 달성하리라고 추측했다. 민주당은 정부가 어떻게 작동하는지 관심이 없었다. 규제하는 게 현명하고 정책은 효과적이라고 추측했다. 정부가 생산이나 혁신을 가로막는다는 외침에는 귀 기울이지 않았다. 맹점이 나타났다. 정치적 운동은 문제를 발견한 데서 해결책을 찾는다. 민주당은 보조금을 지급할 기회를 찾아내는 방법을 터득했다. 그들은 생산이 직면한 어려움이 뭔지는 거의 생각하지 않았다.

결핍된 뭔가에 대한 수요를 지원하려면 가격을 인상하거나 배급을 강화한다.[4] 주택 공급량은 적은데 구매 자금이 넘치면 집값이 올라 주택 소유자들은 횡재하지만, 주택 구매자들은 집을 장만하기 어려워진다. 의사 수는 부족한데 돈이 넘쳐흐르면 진료 대기 시간이 길어지거나 진료비가 비싸진다. 이렇게 되면 공화당은 수요에 보조금을 지급하지 말라는 전형적인 반론을 제기한다. 정부가 시장에 개입하지 말고 시장이 알아서 마법을 부리게 내버려두라고 한다. 재화에 대한 접근이 정의의 문제가 아닌 상품들의 경우에는 이런 주장을 한다고 해도 무리가 없다. 가상 현실(virtual reality)을 체험하게 해주는 기능이 있는 헤드폰이 비싸다면 뭐 할 수 없다. 대부분의 가구가 가상 현실 헤드폰이 비싸서 살 수 없다고 해도 이는 공공 정책 문제가 아니다. 그러나 주택과 교육과 의료 서비스라면 얘기가 다르다. 사회는 이러한 재화와 용역에 대한 접근이 쉬운지에 대해 신경을 써야 한다. 민주당과 공화당은 합동으로 국민이 이러한 재화와 용역을 구매하도록 돕기 위해 수조 달러를 지출하는 법안을 통과시켰다. 그러나 공급이 모자라는 상품을 구매할 보조금을 지급하는 정책은 상향 일로인 엘리베이터에 도달하기 위해 사다리를 만드는 셈이다.

이러한 실책이 낳은 결과는 여기저기에서 발견된다. 1950년 주택 가격 중앙값[median, 표본들을 일렬로 세웠을 때 정가운데 위치하는 표본의 값. 표본들의 값을 모두 더해 표본 수로 나눈 평균값(mean)과는 다르다-옮긴이]은 연평균 소득의 2.2배였다. 2020년 무렵에는 연평균 소득의 6배였다.[5] 1999년부터 2023년 사이에 고용주 기반의 가족 의료 보험 평균 프리미엄은 5,791달러에서 2만 3,968달러로 300퍼센트 이상 올랐고, 이 프리미엄에 대한 근로자의 기여액은 4배 이상 올랐다.[6] 1970년 평균 연간 학비는 주립대학의 경우 해당 주에 거주하는 학생의 경우 394달러, 사립대학의 경우 1,704달러였는데, 2023년 이는 각각 1만 1,310달러와 4만 1,740달러로 올랐다.[7] 4세 아동의 평균 보육비는 매사추세츠주가 3만 6,008달러, 캘리포니아주가 2만 8,420달러, 미네소타주가 2만 8,338달러다.[8]

중산층의 안락한 생활 방식은 많은 이에게 그림의 떡이 되었으나, 중산층이 누릴 수 있는 물질적 여유는 인구 대부분이 누릴 수 있는 야릇한 경제 구조가 등장했다. 1960년대에 중산층은 빚을 내지 않고 4년제 대학을 다닐 수 있었으나 평면 TV를 살 여력은 없었다. 2020년대 무렵의 현실은 거의 정반대가 되었다.

소비재 가격이 낮아지고 자산 가치가 치솟으면서 상대적으로 부유한 미국 국민은 덕을 봤지만, 주택 자금 부채, 학자금 부채, 의료비 부채 등 부채가 산더미처럼 쌓이면서 근로자 계층은 허덕이게 되었다. 그리고 적정 가격 위기를 맞았다는 사실을 우리는 얼버무렸다.[9] 이 때문에 지난 몇십 년 동안 이뤄진 경제적 논쟁이 이해가 간다. 주택 융자 부채가 위기를 맞았고, 의료비에 대한 보조금을 지급하는 대형 프로그램이 제시되었고, 대학교 학비를 무료로 하고 학자금 융자를 탕감하자는 논의가 이뤄졌으며, 수없이 여러 차례 감세가 이뤄졌고, 정부가 보육비와 유치원 비용을 지원하는 제안이 거듭해서 제시되었다. 수많은 투자자가 암호화폐에 몰려들어 거품이 형성되었는데 암호화폐는 누구든 탑승이 가능한, 빨리 부자로 만들어주는 로켓처럼 보였기 때문이기도 하다.

그런데 물가 상승이 경제를 덮쳤다. 오랜 세월 동안 미국 경제의 핵심적인 문제는 수요였다. 이 책을 쓴 우리 둘 다 금융 위기에 대해 보도했고, 버락 오바마(Barack Obama) 정권의 경제학자들은 하나같이 고용주들이 고용을 늘리고 소비자들이 소비를 늘리도록 설득할 방법에 관해 얘기했다. 2009년 경기 부양책은 너무 보잘것없었고 제2의 경제 대공황은 모면했지만, 경기 회복은 고통스러울 정도로 더뎠다. 민주당은 여기서 얻은 교훈을 코로나 팬데믹에 응용했다. 민주당은 도널드 트럼프(Donald Trump) 정권과 손잡고 2조 2,000억 달러에 달하는 코로나 팬데믹 위기 지원과 구호 및 경제 안정법[Coronavirus Aid, Relief, and Economic Security(CARES) Act]을 통과시키고, 뒤이어 조 바이든(Joe Biden) 정부는 1조 9,000억 달러에 달하는 미국 구조 계획 법안(American Rescue Plan act)을 통과시켰으며 1조 달러에 달하는 사회 기간 시설 구축을 위한 지출도 마련했다. 민주당은 대량 실업의 위협보다 차라리 물가 상승 같은 경기 과열 위험을 감수하겠다는 의지를 분명히 밝힌 셈이다.

민주당은 성공했다. 그런데 팬데믹 동안의 경제 위기는 해결했으나 팬데믹 후의 경제 위기를 새롭게 조성했다. 수요 과잉이 발생했다. 팬데믹과 러시아의 우크라이나 침공으로 타격을 받은 공급 사슬이 끊어지기 시작했다. 물가가 무서운 속도로 상승했다. 우리가 바이든 정부의 경제학자들과 나눈 대화는 오바마 정권의 경제학자들과 나눈 대화와 달랐다. 같은 사람들이었는데 말이다. 그들은 기업들이 더 많은 상품을 더 빨리 만들어야 한다고 했다. 그들은 더 많은 자동차와 컴퓨터를 생산하려면 더 많은 반도체 칩이 필요하다고 했다. 그들은 항구가 더 많은 화물을 처리하고, 제약사 화이자(Pfizer)가 더 많은 항바이러스 약을 제조하고, 운송 회사가 더 많은 트럭 운전사를 채용하고, 학교가 환기 시설을 개선해야 한다고 말했다. 그들은 공급량을 늘리기가 불가능하다면 수요를 줄여야 한다고 말했다.

바이든은 이렇게 말했다. "지금 자동차 가격이 너무 높다면, 해결책은 두 가지다. 자동차를 더 만들어 공급량을 늘리든지, 미국 국민을 더 가난하게 만들어 자동차 수요를 줄이든지 양자택일을 해야 한다."[10]

2024년 무렵 가격 폭등이 둔화했다. 경제학자들이 측정한 바에 따르면, 물가 상승도 완화되었다. 그러나 물가 상승 이전에 존재했던 폭넓은 적정 가격 위기는 그대로 지속되었다. 우리에게 필요한 재화와 용역이 충분치 않든가, 충분치 않게 될지도 모른다는 두려움이 정가에 무겁게 내려앉았다. 정책 결정자들은 세계화에 관한 생각을 달리하기 시작했다. 그들은 미국과 중국 사이에 갈등이나 위기가 발생하면 중국이 수출하는 필수 품목들에 의존할 수 없다고 경고했다. 주지사와 시장들은 자신의 관할지에 노숙자의 거처가 확대되자 주택 공급에 관심을 집중했다. 물가 상승 감축 법안(The Inflation Reduction Act)이 통과되면서 미국 경제를 청정에너지로 전환하는 친환경 사회 기간 시설 구축이 시작되었다. 반도체 생산 장려와 과학 진흥 법안 [Creating Helpful Incentives to Produce Semiconductors(CHIPS) and Science Act]이 통과되면서 미국 내에서 반도체 생산을 재개하는 데 수백억 달러를 지원하게 되었다. 이러한 정책이 효과가 있을지는 두고 볼 일이다. 그러나 이러한 정책들이 최근 몇십 년 동안 미국 정치를 지배해온 정책들과의 결별을 뜻한다는 점은 부인할 수 없다.

정치에서는 우리가 현재 안고 있는 문제뿐만 아니라 우리 눈에 보이는 문제도 중요하다. 공급 문제는 오랜 세월 동안 잠복해왔으나, 미국 정치의 핵심은 아니었다. 그런데 이제 바뀌고 있다. 새로운 공급 이론이 등장하고 있다. 그리고 새 이론과 더불어 정치, 경제, 성장을 보는 새로운 시각이 등장하고 있다.

사회는 나눠 먹는 파이가 아니다

경제는 조각내 나눠 먹는 게 아니라 '크기를 키워야 하는 파이'라는 상투적인 표현을 아마 들어봤으리라. 이 비유가 왜 틀렸는지 설명하려면 얘기가 길어진다. 틀린 점이 한두 가지가 아니기 때문이다. 블루베리 파이 크기를 키우면 더 많은 블루베리 파이를 얻게 된다는 뜻이다. 그러나 경제 성장은 똑같은 물건이 양만 늘어나는 게 아니다. 성장하는 경제와 정체된 경제의 차이는 변화다. 경제가 성장하면 지금과는 다른 미래를 앞당기게 된다. 성장하면 할수록 미래는 과거와 매우 다른 모습이 된다. 경제 성장을 파이에 비유하면 성장이 지닌 가장 중요한 특징을 없애버리는 셈이다.

현대 경제학의 원동력인 등식들을 파고들면 성장이 비롯되는 몇 가지 요건들이 발견된다. 인력이 늘어나면 경제가 성장한다. 토지나 천연자원이 늘어나면 경제가 성장한다. 그러나 이러한 경제 성장 요인들이 고갈되면 이미 가진 요인들을 더 잘 활용해야 한다. 사람들은 새로운 아이디어를 생각해내야 한다. 공장은 제조 과정을 혁신해야 한다. 이러한 새로운 아이디어와 새로운 제조 공정은 새로운 기술에 접목된다. 이 모두가 생산성이라는 빈약한 표현 아래 뭉뚱그려진다. 똑같은 수의 사람들과 똑같은 양의 재원으로 얼마나 더 많이 생산할 수 있을까? 생산성이 치솟으면 지금 가진 것의 양이 늘어나는 게 아니라 우리가 상상도 못 했던 새로운 것을 갖게 된다.

1875년 뉴욕시에 거주한다고 상상해보자. 어느 날 잠자리에 들었는데 깨어나 보니 30년 후라고 치자. 1875년 잠자리에 들어 눈을 감았을 때는 전깃불도 코카콜라도 야구도 아스피린도 없었다. 자동차도 운동화도 없었다. 맨해튼에서 가장 높은 건물은 교회였다. 1905년 눈을 떠 보니 '마천루'라고 일컫는 철근 구조의 건물들이 우뚝 솟아 있는 도시로 완전히 변모했다. 도심은 신기한 물건들이 넘쳐난다. 내연기관에서 동력을 얻는 자동차, 바닥이 고무로 된 신발을 신고 자전거를 타는 사람들. 이 모두가 혁신적인 상품들이다. 통신 판매 회사인 시어스(Sears)의 상품 카탈로그, 판지 상자, 아스피린도 새로 등장했다. 사람들은 코카콜라를 생전 처음 홀짝거리고 미국 햄버거라고 불리는 식품을 처음으로 한입 베어 문다. 라이트(Wright) 형제가 최초로 비행에 성공했다. 1875년 잠들었을 때는 코닥(Kodak) 카메라로 사진을 찍는 이도 없었고, 활동사진 기계로 녹화하는 사람도 없었으며, 녹음한 음악을 재생하는 장치도 없었다. 1905년 무렵 이 세 가지 상품이 처음으로 모두 상용화했다. 단순한 상자형 카메라, 영사기, 축음기가 등장했다.

이번에는 1990년 깜빡 낮잠이 들었는데 깨어 보니 2020년이라고 상상해보자. 스마트폰과 컴퓨터에 집약된 눈부신 창의력에 감탄을 금치 못하리라. 그러나 물리적인 세계는 대체로 똑같이 느껴질 것이다. 이는 생산성 통계 수치에도 반영되어 20세기가 저물면서 변화 속도도 둔화한다고 나타난다. 이는 경제에만 문제를 일으키는 게 아니라 정치의 위기이기도 하다. 오늘날 우익 진영 전체에 그리고 좌익 진영에, 과거에 대한 향수가 만연해 있는 게 우연이 아니다. 우리는 한때 낙관주의의 원동력이었던 미래에 대한 믿음을 상실했다. 우리는 가진 것을 두고, 아니 가졌던 것을 두고 다투고 있다.

우리 시대에는 이상향적인 생각이 드문데, 예외적 사례가 아론 바스타니(Aaron Bastani)의 《완전히 자동화된 화려한 공산주의》로서 눈여겨볼 만하다. 좌익 성향의 이 책은 현재 개발되고 있는 기술들(AI, 재생 에너지, 소행성 자원 채굴, 식물과 세포를 기반으로 한 고기, 유전자 편집)을 탈노동과 탈결핍이라는 미래상의 중심에 놓는다.[11] 그는 이렇게 묻는다. "모조리 바뀔 수 있다면 어떻게 될까? 기후 변화에서 불평등과 고령화에 이르기까지 우리 시대가 당면한 큰 난관들을 직시하는 데 그치지 않고 더 나아가, 과거에 인류가 거대한 포식자들을 물리쳤듯이 질병을 비롯해 오늘날 당면한 문제들을 대부분 극복한다면 어떻게 될까? 지금과는 다른 미래를 암중모색하기보다 인류의 역사는 아직 시작되지도 않았다고 생각하면 어떨까?"[12]

정치에서는 보통 정의로운 현재를 상정하고 그런 현재에 도달하게 해줄 사회 보장 정책들을 수립한다. 마찬가지로 정의로운(심지어 쾌적하기까지 한) 미래를 상정하고 그 미래를 앞당길 기술적 발전을 이뤄내는 게 중요하다. 바스타니의 미래상은 기운을 북돋아준다. 공정하고 관대하고 지속 가능한 세계를 믿는 이들은 그런 세상을 가능케 할 기술을 개발하는 데 이해관계가 걸려 있다고 주장하기 때문이다. 이는 기술적인 문제 못지않게 정치적인 문제이기도 하다. 같은 기술이라도 정의로운 정책과 제도에 기반을 두지 않으면 오히려 불평등과 절망을 가속화할 수 있기 때문이다. 바스타니는 우리가 원하는 세상이 오려면 재분배만으로는 부족하다고 본다. 우리는 현재를 쪼개어 나눠 갖는 것 이상을 추구해야 한다.

신기술은 새로운 가능성을 만들어내고 한때 해결이 불가능했던 문제들을 해결해준다. 온실가스를 가장 많이 배출하는 나라는 대부분 중국이나 인도 같은 중간 소득층 국가들인 세상에서,[13] 빈곤과 싸우는 한편 기후 변화를 최소화하는 유일한 길은 값싸고 풍부한 청정에너지를 발명하고 이를 실제로 사용하는 데 투자하는 방법뿐이다. 재앙을 불러올 지구 온난화를 모면한다는 일말의 희망이라도 걸어볼 수 있는 유일한 이유는 10년 만에 태양광 발전 비용과 풍력 발전 비용이 각각 89퍼센트와 70퍼센트 하락했기 때문이다.[14] 캘리포니아는 2035년 이후로 신규 휘발유 자동차 판매를 금지하기로 했는데,[15] 배터리 기술의 눈부신 발전이 아니었다면 생각조차 할 수 없는 조치다.

우리가 원하는 세상을 만드는 데 필요한 것 대부분을 만드는 방법을 이미 우리는 알고 있다. 그러나 우리가 원하는 세상을 만들기 위해 발명하고 개선해야 할 게 여전히 많은 것도 사실이다. 친환경 수소와 시멘트, 핵융합, 오늘날 우리가 의료비의 상당 부분을 지출하는 질병인 말기 암과 의사들을 어리둥절하게 만드는 원인 불명의 자가 면역 질환의 치료법, 보통 아동들과 달리 생각하고 학습하는 아동들의 필요에 따라 맞춤형으로 변하는 AI. 바라건대, 시장이 이러한 발전을 일부 가능케 한다면 말이다. 하지만 시장만으로는 턱도 없다. 시장은 석탄불에서 비롯되는 부와 배터리 용량을 개선함으로써 창출되는 부를 자체적으로 구분하지 못한다. 시장은 자체적으로 경제적 이득보다는 사회적 이득을 창출하는 기술에 투자하는 위험을 감수하지 않는다. 그런 일은 정부가 해야 한다.

고지식하지는 말자. 정부가 문제라는 주장도 유치하지만, 마찬가지로 정부가 해결책이라는 주장도 유치하다. 정부는 문제를 일으킬 수도 있고 해결책을 마련할 수도 있으며, 대개 경우 둘 다이다. 어떤 면에서 보면 원자력 발전은 풍력 발전보다 안전하고 태양광 발전보다 깨끗하다. 원자력 발전이 석탄이나 석유를 태우는 화력 발전보다 안전하다는 사실은 논쟁의 여지가 없다. 그런데 미국은 (지구 온난화 위기에 직면한 상황에서) 원자로와 원자력 발전소 건설을 사실상 중단했다. 1973년부터 2024년 사이에 미국은 겨우 원자로 3기를 신설했다. 게다가 우리 생애 동안 신설한 원자력 발전소보다 폐쇄한 원자력 발전소가 더 많다.[16] 이는 민간 시장이 위험을 감수하는 책임을 지는 데 실패해서가 아니라 연방 정부가 위험을 제대로 산정하는 데 실패했기 때문이다.

기술이 변화의 원동력임을 진지하게 받아들이려면 기술에는 가치관과 정치가 녹아 있다는 사실을 인식해야 한다. 기술과 가치관·정치의 관계는 쌍방적이다. 정치가 우리가 개발하는 기술에 영향을 미칠 뿐만 아니라 우리가 개발하는 기술도 우리가 놓인 정치적 환경에 영향을 미친다. 재생 에너지가 값싸고 풍부한 세상의 정치는 재생 에너지가 비싸고 귀한 세상의 정치와 다르다. 모듈 건축으로 건축 비용이 하락한 세상에서는 주 정부와 지역 정부 예산으로써 새로운 가능성이 열린다.

1985년 저명한 기술평론가 닐 포스트먼(Neil Postman)이 다음과 같이 말했다. "기술은 사회적 변화를 동반한다는 사실을 인식하지 못한 채 기술이 중립적이고 기술은 늘 문화에 친화적이라는 생각은 지금 이 시점에 와서는 그저 어리석을 따름이다."[17] 그의 주장에서 비롯되는 다음과 같은 추론도 사실이다. 즉 사회적 변화를 위해 기술을 이용하는 정책의 부재도 그 나름대로 무지의 한 형태다.

우익은 영광스러웠던 과거에 매몰되는 경향이 있고, 좌익은 현재의 불의에 매몰되는 경향이 있다. 이 책을 쓴 우리 두 사람은 좌익 진영의 입장에 공감하지만, 이는 우리가 결론을 낼 논쟁은 아니다. 좌우 양 진영 모두 분명한 미래상과 그 미래상이 현재와 어떻게 다른지 제시하지 못하고 있다. 이 책은 그러한 하나의 미래상을 제시하고 주장한다.

생산하는 리버럴리즘

우리는 둘 다 이념적으로 볼 때 미국의 전통적인 리버럴(liberal, 저자들은 미국의 정치 지형에서 민주당을 지지하는 진영을 좌익 또는 리버럴로, 공화당을 지지하는 진영을 우익 또는 보수주의자라고 일컫고 있다-옮긴이)이다. 우리가 해결하려는 문제들은 대부분 리버럴의 관심 영역 안에 존재한다. 우리는 기후 변화와 의료 불평등을 우려한다. 우리는 적정한 가격의 주거지가 늘고 임금 중앙값이 높아지기를 바란다. 우리는 아이들이 깨끗한 공기를 마시기를 바라고 통근자들이 대중교통을 이용해 쉽게 이동하기를 바란다. 우리는 미국의 우익과 많은 견해 차이가 있다. 그러나 이 책에서 우리는 전반적으로 좌익 진영에서 나타나는 병리적 현상에 집중하겠다.

그 한 가지 이유는 우리는 우익 진영에 효과적으로 메시지[18]를 전달하기에 적합하다고 보지 않기 때문이다. 그쪽 진영에는 상호 보완적인 개혁을 추구하는 사람들이 따로 있다. 《보수주의적 미래주의자

(The Conservative Futurist)》의 저자 제임스 페토쿠키스(James Pethokou-kis)와 '국가 역량 자유 지상주의(State Capacity Libertarianism)'를 부르짖는 경제학자 타일러 카우언(Tyler Cowen) 같은 이들이다. 그 밖에 니스캐넌 센터(Niskanen Center)에 소속된 일단의 정책 전문가들도 있다. 우리는 그들 모두 잘되기를 바란다.

그러나 우리는 보다 폭넓은 여러 가지 이유로 인해 좌익 진영에 초점을 맞추겠다. 이 책을 쓴 동기는 기후 변화의 위협을 막기 위해서 세계 경제의 탈탄소화가 필요하다는 우리의 믿음에서 비롯되었다. 우익 진영은 기후 변화를 믿지 않는 만큼(적어도 미국에서는 그렇다) 공화당 진영이 친환경 사회 기간 시설을 더 빨리 구축하도록 돕는 정책을 설명하는 것은 천진난만한 생각이다. 우리가 추구하는 목표를 공유하지 않는 세력이 그런 목표 달성을 추진하기를 기대하는 것은 어리석기 때문이다. 공화당이 기후 변화라는 명분에 반대하는데도 불구하고 민주당 성향의 주보다 공화당 성향의 주에서 재생 에너지 시설을 건설하기가 더 쉬운 까닭이 뭔지를 묻는 게 훨씬 흥미롭다.

리버럴이 장악한 주와 도시들을 보면서 느끼는 분노도 있다. 우리 둘 중 한 사람은 캘리포니아에서 태어났고 이 책을 집필하는 동안 거기서 살았다. 캘리포니아에서 가장 인구가 많은 도시는 민주당이 장악하고 있다.[19] 캘리포니아주에서 선출된 주 정부 공직자들은 하나같이 민주당 소속이다.[20] 주 의회 상하 양원 모두 민주당이 장악하고 있다. 캘리포니아주는 놀라움이 충만한 땅이다. 세계적으로 첨단 기술을 선도한다. 숨 막힐 정도로 경관이 아름답다. 캘리포니아를 나라로 치면 GDP 규모가 세계 5위다.

리버럴은 "우리에게 투표하면 우리가 캘리포니아주를 통치하듯 미국을 통치하겠다"라고 말할 수 있어야 한다. 그런데 보수주의자가 "리버럴에게 투표하면 그들은 캘리포니아주를 통치하듯 미국을 통치할 것이다"라고 말하는 게 먹혀든다. 캘리포니아주는 수십 년 동안 고속철도를 구축하려고 시도하다가 실패했다. 캘리포니아주는 미국에서 가장 심각한 노숙자 문제를 안고 있다. 주택난도 캘리포니아주가 미국에서 최악이다. 생활비에서 캘리포니아주는 하와이주와 매사추세츠주 뒤를 바짝 추격하고 있다.[21] 그 결과 해마다 수십만 명이 텍사스주와 애리조나주로 이주하고 있다.[22] 도대체 뭐가 잘못됐을까?

캘리포니아가 안고 있는 문제들의 심각성은 다른 주보다 두드러지지만, 문제의 구조는 민주당이 장악한 여느 주와 다르지 않다. 우익 포퓰리즘(populism)이 부상하는 오늘날의 리버럴은 '미국을 다시 위대하게(Make America Great Again, MAGA)'라고 외치는 우익의 단점에만 집중하라는 압력을 받는다. 그러나 그렇게 하면 트럼프주의(Trumpism)의 부상을 가능케 한 리버럴 진영 통치 방식의 결함을 간과하게 된다. 정치학자 윌리엄 하월(William Howell)과 테리 모(Terry Moe)는 공동 저서 《대통령, 포퓰리즘, 그리고 민주주의의 위기(Presidents, Populism, and the Crisis of Democracy)》에서 이렇게 말한다. "포퓰리스트는 사회경제적 불만뿐만 아니라 비효율적인 정부를 먹고 자란다. 그리고 그들의 독재적인 권력을 통해 비효율적인 정부를 효율적인 정부로 대체할 수 있다는 그들의 주장은 강력한 호소력을 발휘한다."[23]

2024년 대통령 선거에서 도널드 트럼프는 미국의 대부분 지역을 우익을 지지하는 지역으로 바꿔 승리했다. 그러나 민주당이 가장 두려워해야 할 현상은 그러한 지지 진영의 전환이 민주당이 장악한 주와 도시들(유권자들이 민주당이 통치하는 일상적인 현실에 가장 많이 노출된 지역들)에서 가장 많이 일어났다는 사실이다. 공화당 쪽으로 지지율이 11포인트 이동한 로스앤젤레스 카운티를 비롯해 캘리포니아주의 거의 모든 카운티가 트럼프 쪽으로 옮겨갔다.[24] "블루 월[Blue Wall, 1992년부터 2012년까지 여섯 차례 미국 대통령 선거에서 빠짐없이 민주당에 투표한 주들(워싱턴 D.C.도 여기에 속한다)을 일컫는 용어다. 푸른색은 민주당을 상징하는 색이다-옮긴이]"이라고 불리는 주들을 들여다보면, 필라델피아 카운티가 4포인트 우익을 지지하는 쪽으로 이동했고, (디트로이트가 있는) 웨인 카운티가 9포인트, (시카고가 있는) 쿡 카운티가 8포인트 우익을 지지하는 쪽으로 이동했다. 뉴욕 대도시 지역에서 (맨해튼이 있는) 뉴욕 카운티는 9포인트, (브루클린이 있는) 킹스 카운티는 12포인트, 퀸즈 카운티는 21포인트, 브롱스 카운티는 22포인트 우익을 지지하는 쪽으로 이동했다.[25]

투표는 돈 안 들이고 분노를 표출하는 방법이다. 이주하려면 돈이 많이 든다. 그러나 민주당이 장악한 주와 도시의 거주자들은 이주도 하고 있다. 2023년 캘리포니아로 이주한 주민보다 캘리포니아를 떠난 주민이 34만 2,000명 더 많았다. 일리노이주에서 인구의 순 유출은 11만 5,000명, 뉴욕주는 28만 4,000명이었다.[26] 미국 정치 체제에서는 인구를 잃으면 정치적 힘도 잃는다. 현재의 추세가 계속되면 2030년 인구 조사에서 선거인단은 급격히 우익 진영을 지지하는 쪽으로 이동하게 된다. 2024년 대통령 선거 민주당 후보였던 카멀라 해리스(Kamala Harris)가 이긴 미시건주, 펜실베이니아주, 위스콘신주를 보탠다고 해도 앞으로 대통령 선거에서 민주당이 승리하기에는 역부족이다.[27]

정치만 문제가 아니다. 젊은 세대 가구들이 무서운 속도로 대도시를 탈출하면서 (맨해튼, 브루클린, 시카고, 로스앤젤레스, 샌프란시스코를 아우르는 카운티들을 비롯해) 여러 카운티가 앞으로 20년 후면 5세 이하 아동 인구의 50퍼센트를 잃게 된다.[28] 민주당은 민주당 텃밭인 지역들에 거주하는 중산층 가구들이 떠나는 상황에서 민주당이 중산층을 위하는 정당이라고 주장할 수는 없다.

가장 위험한 정치 운동을 무력화하려면 나 자신의 성공을 입증하는 게 가장 좋은 방법이다. 미국 국민이 강한 통치자의 헛된 약속에 솔깃하기를 바라지 않는다면 리버럴은 효율적인 정부라는 결과물을 제시해야 한다. 재분배는 중요하나 그것만으로는 충분치 않다.

풍요로운 사회

우리가 바라는 미래를 표현하는 단어가 있다. 풍요(abundance)다. 우리는 결핍된 미래가 아니라 풍요로운 미래를 내다본다. 우리는 희소성이라는 매혹적인 이념에 동의하지 않는다. 이민자들에게 문빗장을 걸어 잠근다고 더 나은 일자리나 더 많은 일자리가 생기지 않는다. 세계로부터 경제 성장을 박탈한다고 해도 기후 변화를 되돌리지 못한다. 이런 미래 구상들은 비현실적일 뿐만 아니라 비생산적이다. 그런 미래 구상들은 우리가 바라는 미래를 달성하지 못한다. 이롭기는커녕 해로울 뿐이다.

우리가 내다보는 풍요로운 미래는 무분별하지 않다. 닥치는 대로 뭐든지 많을수록 좋다는 뜻이 아니다. 우리는 풍요가 미국의 사고와 문화를 어떻게 형성했는지 설명한 역사학자 데이비드 M. 포터(David M. Potter)의 1954년 명저 《풍요로운 사람들(People of Plenty)》에서 영감을 얻었다. 그는 다음과 같이 말했다. "풍요를 제대로 이해하려면 풍요를 보편적으로 인식되는 고정 자산, 인간이 소비해 없앨 때까지 창고의 선반에 차곡차곡 쌓여 있는 물건들로 인식하면 안 된다. 풍요는 이 땅의 일부인 인간과 자연의 상호 작용과 관련된 물리적·문화적 요인이다."[29] 우리가 추구하는 종류의 풍요는 그동안 우리 세대가 누린 종류의 풍요와 다르다. 포터는 미국이 "생산자의 문화를 소비자의 문화로 전환하는 방향으로 재설정한" 방식을 설명하면서 뒤이은 수십 년 동안 이러한 격변이 심화했다고 말한다.[30] 미국의 정책은 역사학자 리자베스 코언(Lizabeth Cohen)이 일컬은 "소비자 공화국(A Consumers' Republic)"을 구현하는 데 집중했다.[31] 그리고 그러한 정책은 놀라울 정도로 성공적이었다. 재앙을 불러올 정도로 성공적이었다. 우리에겐 집 안을 가득 채우고도 남을 정도로 물건은 넘쳐나지만 바람직한 삶을 구축하는 데 필요한 것은 턱없이 부족하다. 이를 바로잡자는 게 우리가 주장하는 바이다. 우리는 소비보다 생산에 관심이 있다. 우리는 우리가 생산하는 게 구매하는 것보다 훨씬 중요하다고 생각한다.

우리는 풍요를 상태로 규정한다. 우리가 지금까지 영위해온 삶보다 나은 삶을 만드는 데 필요한 게 충분한 상태를 뜻한다. 따라서 우리는 미래를 구성하는 기본적 요소들에 집중하겠다. 바로 주거, 운송, 에너지, 건강이다. 또한 우리는 그러한 미래를 구축하고 창출해야 하는 제도와 사람들에 집중하겠다.

그럼 시작해볼까.

1. 성장

"서부로 가라, 젊은이여, 서부로 가거라. 시골에서 살면 건강해지고, 나태하고 어리석은 무리로부터 거리를 둘 공간이 있다."

이 발언은 신문 편집인이자 대통령 후보였던 리버럴 성향의 호러스 그릴리(Horace Greeley)가 했다고 알려져 있지만 실제로 그가 젊은 이들에게 이런 조언을 했는지는 불분명하다. 다만, 그 자신은 이 조언을 따르지 않았다는 사실은 분명하다. 그릴리는 1811년 뉴햄프셔 주 앰허스트 시골의 가난한 집에서 태어났다.[1] 그는 광활한 미국 서부에서 부를 추구하지 않았다. 그는 1831년 뉴욕시로 진출했다. 북적거리는 미국 대도시 한복판에서 그는 부와 명성을 쌓았고, 〈뉴욕 트리뷴(New-York Tribune)〉을 창간하고 하원의원에 당선되고 대통령 선거에서 율리시스 S. 그랜트(Ulysses S. Grant)에게 패하는 고배를 마셨다.

그릴리의 삶과 그가 남긴 언행의 불일치는 그가 사랑한 조국의 모습을 반영한다. 미국 국민은 오랜 세월 개척자 정신을 숭배해왔다.

그러나 그들의 미래는 대체로 도시에서 형성되어왔다. 미국 국민이 세입자들이 빼곡하게 들어찬 도시의 주거지보다 광활한 서부 개척지를 선호한다는 사실은 새로운 게 아니다. 포터는《풍요로운 사람들》에서 다음과 같이 말한다. "미국은 대체로 연료 자원, 광물 자원, 풍작 등의 형태로 풍요를 창출했고 이러한 풍요를 계층 이동으로 전환하는 중심지로서 도시를 건설했다. 개척지로 이주해 자신의 사회적 지위를 바꾼 미국인보다 도시로 이주해 사회적 지위를 바꾼 사람이 훨씬 많다."[2]

그러나 미국 국민이 스스로에게 들려주는 얘기는 사뭇 다르다. 광활한 서부는 번영을 보장해준다는 생각을 마음속에 간직하고 있다. 서부 개척지에 정착한다는 생각은 일종의 심리적 외상을 입혔다. 유럽도 도시를 건설했다. 미국은 드넓은(대개 훔친) 땅이 있었다. 광활한 대지가 없다면 미국도 정체에 빠지지 않을까? 이러한 두려움은 20세기 들어서까지 계속되었고 경제 대공황의 부분적인 이유로 거론되었다. 뉴딜(New Deal) 정책 옹호자로서 훗날 해리 트루먼(Harry Truman) 대통령 행정부의 노동부 장관을 지내게 되는 상원의원 루이스 쉘렌바크(Lewis Schwellenbach)는 "아직 개발하지 않은 서부(새로운 땅, 새로운 자원, 새로운 기회)가 있는 한 걱정할 이유가 없다"라고 말했다.[3] 하지만 그런 시대는 지났다. 영향력 있는 경제학자 앨빈 핸슨(Alvin Hansen)은 쉘렌바크의 관점을 정교하게 다듬어 다음과 같이 말한다. "북미 대륙을 거대한 자본을 들여 개발하는 힘든 작업은 대체로 마무리되었다."[4] 그런 점에서 경제 대공황은 뉴 노멀(new normal)을 예고했다. 즉 성숙한 미국은 개척지의 팽창에서 비롯되는 뜨거운 경제 성장을 기대하기 어렵게 된다.

경제는 토지에 얽매이지 않는다. 아이디어, 기술, 기업, 상품이 성장의 외연을 확장한다. 가장 중요한 토지는 새로운 것의 활발한 창출을 돕는 토지다. 그런 토지는 정착지의 *끄트머리*가 아니라 도시의 심장부에 있다. 그리고 그런 토지는 지금 미국이 직면한 문제를 드러낸다. 젊은 세대 가구는 지금도 그릴리의 조언을 좇아 서부 시골에서 값싼 보금자리를 마련할 수 있다. 하지만 그릴리의 사례를 좇아 주거지 중앙값이 110만 달러에 달하는 맨해튼, 130만 달러에 달하는 샌프란시스코, 또는 100만 달러를 호가하는 로스앤젤레스, 또는 90만 달러에 달하는 시애틀, 83만 달러에 달하는 보스턴에서 삶을 꾸리기는 어렵다.

주택은 수요와 공급의 법칙을 따른다. 공급이 두텁고 수요가 적으면 가격이 하락한다. 클리블랜드에서 주택 평균 가격은 11만 5,000달러다. 공급이 빠듯하고 수요가 많으면 가격은 오른다. 위에 열거한 민주당 텃밭인 도시들의 주택 가격이 높은 이유다. 미국은 한때 주택 건축에 일가견이 있었다. 1950년대에 미국 인구 조사국은 전쟁을 치르느라 주택 건설이 중단된 적도 있는 1940년대에조차 850만 가구가 추가됐다고 밝혔다. 이 보고서를 작성한 이들은 "이는 역대 최고로 주택 호수가 성장한 시기"라고 밝혔다.[5] 그러나 1970년대 말 주택 건설 속도는 인구 성장 속도보다 뒤처지기 시작했다. 1인당 신규 주택 건설 허가 건수는 1980년대에 하락했고 1990년대에 또다시 하락했다. 심각한 경기 침체 이후 주택 시장은 붕괴했고 2010년대에 주택 건설은 완전히 중단되었다. 경제협력개발기구(OECD)에 따르면, 오늘날 세계 선진국 진영에서 인구 1,000명당 평균 주거 시설의 수는 약 470호다. 프랑스와 이탈리아는 거의 600호, 일본과 독일은 약 500호다. 그런데 미국은 겨우 425호다.[6] 그 많은 주거 시설이 다 어디로 갔을까? 지은 적이 없다는 게 그 질문에 대한 답이다.

그 결과 극심한 주택난이 발생했다. 미국 성인의 30퍼센트가 소득의 30퍼센트 이상을 주택에 소비하는, "집을 소유한 빈곤층(house poor)"이다.[7] 그러나 이 수치는 문제를 과소평가한다. 주택 가격은 경제를 견인하는 초대형 도시들에서 가장 높다. 수백만 명이 집값을 감당할 수 있는 외곽 도시에 살면서 몇 시간씩 걸려 대도시로 출퇴근하거나 마뜩하지 않은 일자리를 참고 견딘다. 이러한 선택지들은 주택 적정 가격을 추산할 때 고려되지 않지만, 경제의 발목을 잡고 사람들의 삶을 무겁게 짓누른다.[8]

미국 주택 시장을 분석하려면 어마어마한 양의 데이터에 압도당하고 만다. 그러나 가끔 눈에 띄는 수치가 나온다. 여기 그런 사례가 있다. 경제학자 에드 글레이저(Ed Glaeser)가 계산한 바에 따르면, 1980년대 이전까지만 해도 뉴욕시의 임금은 그 지역의 생활비로 보정을 한 후에조차 이례적으로 높았다.[9] 뉴욕시는 그 나름의 문제가 있었지만 대부분 사람은 뉴욕시로 이주하면 돈을 더 벌었다. 그런데 상황이 뒤바뀌었다. 2000년 무렵 뉴욕으로 이주하는 사람은 대부분 사실상 임금을 삭감당하는 효과를 보았다. 실제로 임금이 줄어서가 아니라 주택 가격이 올랐기 때문이다. 이제 뉴욕시에선 돈을 받고 거주하는 게 아니라 돈을 내고 거주하는 셈이 되었다.

뉴욕시장을 지낸 마이클 블룸버그(Michael Bloomberg)는 2003년 다음과 같이 말했다. "뉴욕시를 기업에 비유한다면 월마트(Walmart)는 아니다. 시장에서 최저가 상품을 판매하는 기업이 아니기 때문이다. 뉴욕시는 고급 상품, 어쩌면 명품이라고 할 수 있다."[10] 뉴욕은 한때 떼돈을 벌러 가는 도시였는데 이제는 번 돈을 쓰러 가는 곳이 되었다.

블룸버그가 한 발언과 비슷한 발언은 흔하다. 뉴욕시에서 살 여유가 없으면 살지 마라. 소셜 미디어에는 연봉을 45만 달러 또는 그 언저리의 액수를 받는데도 중산층 생활 방식을 누릴 경제적 여유가 없다고 주장하는 일부 도시 거주자들에 대해 성토하는 글이 심심찮게 올라온다. 심지어 자칭 진보주의자라는 사람들도 뉴욕시의 고급 주택가인 어퍼웨스트사이드(Upper West Side)에 있는 아파트에 입주한 순간 중산층 생활 방식은 포기했다고 말한다. 그들은 손에 넣을 수 없는 명품에 돈을 쓰기로 한 셈이다. 쾌속정을 사거나 고가의 예술 작품을 수집하기로 한 셈이나 마찬가지다.

너무 많은 이들이 도시에 대해 완전히 거꾸로 된 주장을 믿어왔다. 도시는 부가 창출되는 곳이다. 단순히 부를 진열하는 곳이 아니다. 도시는 중산층으로 계층 상향 이동하는 에스컬레이터 역할을 해야 한다. 도시는 단순히 상류층이 펜트하우스(Penthouse)를 장만하는 곳이 아니다. 그러나 잘못된 정책과 그런 정책보다 더 잘못된 정치로 인해 우리는 19세기에 우리가 그토록 두려워했던 행동을 21세기에 하고 있다. 바로 미국의 미개척지를 폐쇄하는 짓을 하고 있다.

그 어느 때보다 지금 도시가 중요한 이유

지난 수 세기 동안의 운송과 통신 기술의 역사를 압축해서 표현한다면, '우리는 거리와 싸웠고 이겼다'라는 한 문장으로 요약할 수 있을지 모르겠다. 1800년에는 뉴욕에서 시카고까지 가려면 한 달 반이 걸렸다. 1830년에는 3주, 1850년에는 이틀이 걸렸다. 오늘날에는 비행기로 두세 시간이면 된다. 전신과 전화와 이메일과 원격 회의는 공간적 거리를 한층 더 우습게 만들어버렸다. 이제는 길 건너편에 사는 이웃집에 직접 찾아가기보다 대륙 건너편에 있는 가족과 화상 통화를 하는 게 더 빠르다.

도시를 가장 기본적인 요소의 관점에서 본다면 도시란 뭘까? "도시는 사람들과 기업들 사이에 물리적 공간의 부재"라고 에드워드 글레이저(Edward Glaeser)는 《도시의 승리》에서 말한다. 도시는 고대 시대부터 장애물이었던 공간적 거리를 극복하는 해결책이었다. 그러나 기술이 발달하면서 도시의 장점은 잠식되었다. 도시는 쇠퇴했어야 한다. 사람들은 도시가 쇠퇴하리라고 기대했다. 그러나 도시는 고집스럽게 자신의 운명을 받아들이기 거부해왔다. 오히려 도시는 번성했고 고대에도 누리지 못한 중심적인 지위를 현대에 얻었다. 이를 글레이저는 "현대 대도시의 핵심적인 모순, 서로 멀리 떨어진 지

역들을 연결하는 비용이 하락하면서 오히려 가치가 더 높아진 근접성"이라고 말한다.[11]

캘리포니아주립대학교 버클리 캠퍼스의 경제학자 엔리코 모레티(Enrico Moretti)는 《직업의 지리학》에서 그 이유를 다음과 같이 설명한다. 한 세기 전 미국 경제는 주로 형태가 있는 상품을 만들었다. 이제 미국은 무형의 아이디어와 서비스를 만든다. 아이디어와 서비스 일부는 형태가 있는 상품에도 주입되지만, 그런 경우에조차 생산은 미국이 아닌 다른 곳에서 이뤄진다. 아이폰은 캘리포니아주 쿠퍼티노에 본부를 둔 애플(Apple)을 세계에서 가장 가치 있는 회사로 만들었지만, 아이폰의 3분의 2는 중국 선전시에 있는 폭스콘(Foxconn) 공장에서 조립된다.[12] 마이크로소프트(Microsoft)와 구글의 모회사인 알파벳(Alphabet)은 무형의 코드(code)를 판매한다. 테슬라(Tesla)의 가치는 식품으로 치면 맛없지만 건강한 그래놀라에 해당하는 전기차를 날렵하고 빠른 미래의 자동차로 변모시킨 소프트웨어와 배터리에 있다.

우리는 제조와 혁신은 서로 멀리 떨어져 있는 별개의 영역이라는 잘못된 믿음을 전파하지 않는다. 대만은 처음에 인텔(Intel)이 관심도 없었던 공산품에 쓰는 반도체 칩을 생산했다. 시간이 흐르면서 대만은 그러한 입지를 토대로 미국 기업들이 아직 재현하지도 못하고 있고 미국 정책 결정자들이 중국 손에 들어갈까 봐 전전긍긍하는 첨단 칩을 개발하게 되었다. 미국은 반도체 혁신에서 우월적 지위를 상실했다. 지식은 상품 제조를 통해서 축적되기 때문이다. 이는 앞으로 자세히 살펴보겠다. 경제적 미개척지는 새로운 발견을 통해 점점 더 많은 사람에게 판매할 수 있는 새로운 상품을 만드는 분야다.

혁신이 점점 더 많은 수익을 창출하는 까닭은 도시를 쇠퇴시켰어야 할 바로 그 기술력 덕분이다. 거리가 단축되면서 시장은 팽창했다. 한때는 사업을 다른 지역까지 확대하기가 어려웠다. 운송은 비용이 많이 들었고 통신은 여의치 않았다. 이로 인해 지역 생산자들이 약간의 우위를 점했다. 근처의 공장이 최고는 아닐지라도 거리가 가까웠고 싼 비용으로 상품을 생산하곤 했다. 오늘날 기업들은 주 경계와 국경을 가로질러 물건을 파는 일이 다반사다. 어디서든 생산할 수 있는 상품은 어디서든 구매할 수도 있다. 디지털 상품은 거리나 장소에 전혀 구애받지 않는다. 내려받거나 스크린에 반짝하고 광고를 띄우면 그만이다. 애플의 총수익 가운데 절반이 채 못 되는 비율이 북미 지역에서 비롯된다.[13] 구글의 모회사 알파벳 총수익의 절반 남짓한 비율이 전 세계를 대상으로 한 판매에서 비롯된다.[14] 테슬라의 경우도 마찬가지다.[15]

도시는 창의력의 원동력이다. 우리는 공동체 속에서 창의력을 발휘하기 때문이다. 우리는 경쟁으로 자극을 받는다. 우리는 우리 안에 숨은 천재성을 발휘하게 해주고 자신의 천재성을 발휘할 동료와 친구와 경쟁자와 적수가 필요하다. 글레이저는 이렇게 말한다. "인구 백만 명 이상인 대도시에 거주하는 미국인은 그보다 규모가 작은 대도시 지역에 거주하는 미국인보다 평균 50퍼센트 더 생산적이다. 학력, 경력, 종사하는 산업 분야를 모두 고려해 보정한다고 해도 이러한 관계는 똑같이 성립된다. 근로자 개인의 지능 지수를 고려해 보정해도 마찬가지다."[16]

인구 밀도만 높으면 만사형통이라는 뜻이 아니다. 소련이 거듭해서 깨달았듯이, 엄선된 장소에 많은 사람을 채워 넣는다고 해서 다른 지역에서 다른 집단들이 달성한 바가 그대로 재현되지는 않는다. 도시들은 서로 맞바꾸기가 불가능하다. 도시마다 그 도시가 육성하는 사람과 관행의 독특한 생태계가 형성되기 때문이다. 일단 관심사와 종사하는 산업 분야가 같은 깊이 있는 공동체가 형성되면 이를 해체하기가 어렵고 재현하기는 거의 불가능하다.

뉴욕은 금융 분야에서 세계를 선도한다. 샌프란시스코와 실리콘밸리는 기술에서 세계를 선도한다. 뉴욕은 실리콘밸리의 왕관을 빼앗으려고 무던히 노력했다. 그러나 뉴욕에서 수십억 달러 가치의 기술 회사를 찾기란 하늘의 별 따기다. 기술 분야에서 뉴욕이 성공한 부문은 코드가 금융에 사용되는 분야다. 블룸버그(Bloomberg)는 금융 회사에 데이터를 제공하는 서비스를 중심으로 구축된 수십억 달러 가치의 기술 기업이다. 골드만 삭스(Goldman Sachs)나 JP모건 체이스(JP Morgan Chase) 같은 은행들은 현재 수천 명의 소프트웨어 엔지니어를 고용한다.[17] 그 반대의 경우도 있다. 샌프란시스코에도 뉴욕처럼 유수의 은행과 투자 회사들이 있지만 대부분 기술 기업에 서비스를 제공한다.

결과적으로 국제적인 기업조차 지역적인 현상에 뿌리를 두게 된다. 글을 생성하는 AI 기업의 등장을 예로 들어보자. 중국을 벗어나면 AI 산업은 캘리포니아 연안을 따라 몇 평방마일 내에 집중되어 있다. 오픈AI(OpenAI)는 앤스로픽(Anthropic)에서 멀지 않고, 앤스로픽은 구글까지 자동차로 몇 분밖에 걸리지 않으며, 구글은 메타(Meta)에서 엎어지면 코 닿을 정도로 가깝다. 예외적으로 딥마인드(Deepmind)는 영국 런던에 본부가 있지만 구글에 매각되었다. 실리콘밸리 엔지니어들의 컴퓨팅 전문성이 필요하기 때문이다.

캐나다의 토론토나 미국의 애틀랜타, 뉴욕, 스페인의 바르셀로나, 미국의 로스앤젤레스, 독일의 베를린 같은 도시들은 왜 AI 산업에 뛰어들지 않을까? 하와이 마우이섬이나 인도네시아 발리섬에는 왜 거대한 AI 기업이 들어서지 않을까? AI 기업들은 회사에서 멀리 떨어진 지역에 구축한 컴퓨터 서버 단지에서 가동하는 알고리듬에 디지털 데이터를 입력한다. 이론상으로 이러한 방식은 어디서든 가능하다. 그러나 실제로 새로운 아이디어를 개척하려면 서로 잘 아는 사람들이 긴밀히 협력하고 다양한 문화와 전문성을 지닌 서로 다른 기업들 사이를 물 흐르듯이 유연하게 오갈 수 있어야 최상의 결과를 얻을 수 있다. 실리콘밸리가 위치한 미국 서부 연안에서 젊은 AI 엔지니어들이 모여서 여는 파티를 곱지 않은 시각으로 보는 이들이 있지만, 이들은 모여서 향정신성 약품만 흡입하는 게 아니라 AI의 특이점(singularity, AI가 인간의 지능을 초월하면서 기술 발전의 속도가 빨라져 인류의 삶이 예측하기 불가능할 정도로 근본적으로 변하는 시점-옮긴이)에 관한 진지한 토론도 한다.

모레티는 이렇게 말한다. "AI 기업들은 정말 최악의 입지만 골라서 자리를 잡는다. 그들은 보스턴, 샌프란시스코, 뉴욕과 같이 세계에서 땅값이 가장 비싼 지역만 고른다. 천정부지로 치솟는 임금과 사무실 임대료 때문에 사업 비용이 미국에서 가장 많이 드는 도시들이다. 이런 도시들은 기업들, 특히 세계적으로 경쟁하는 기업들을 유치하기 어렵다고 생각할지 모르겠다."[18] 하지만 그렇지 않다. 고군분투하는 기업들은 오히려 이런 도시들에 자리 잡지 못한 기업들이다. 그런 기업들은 사무실 임대료는 절약할지 몰라도 재능과 지식을 갖춘 인력을 유치하지 못하기 때문이다.

월마트는 알뜰하기로 유명하다. 본사는 아칸소주 벤튼빌에 있고 회사 측은 최고위급 간부들도 그곳에 거주하게 한다. 그러나 월마트는 전자상거래 분야에 진출하기로 했던 당시 본사에 새로 사무실을 만들고 소프트웨어 엔지니어들을 채워 넣지 않았다. "샌프란시스코 시내 중심가에서 겨우 7마일 떨어진, 캘리포니아주 브리즈번(Brisbane)을 선택했다. 세계에서 임금이 가장 비싼 노동 시장으로 손꼽히는 지역이다"라고 모레티는 지적한다.[19]

월마트 경영진도 기술 기업의 경영진과 똑같이 생각했다. 최고의 소프트웨어 상품을 만들려면 최고의 소프트웨어 엔지니어들이 모인 지역에 자리를 잡아야 한다. 몇십 명, 몇백 명이 수백만, 수십억 건의 판매에 이용할 전자상거래 플랫폼을 구축할 수 있다면, 소프트웨어 엔지니어들이 집중된 지역이 아닌 엉뚱한 곳에 자리를 잡는 것은 어리석다. 월마트는 현재 연간 온라인 판매에서 1위인 아마존(Amazon)을 바싹 추격하고 있다.

팬데믹 당시 재택근무가 늘고 원격 화상 회의도 빈번해지면서 장소와 혁신의 연결 고리가 마침내 끊어지게 됐다고 생각한 이들도 있다. 사무직 종사자들이 재택근무를 할 가능성이 커졌고, 일부는 이를 기회 삼아 회사에서 멀리 떨어져 있고 주거비가 저렴한 작은 도시에 살면서 근무하게 되었다는 사실도 부인할 수 없다. 그러나 미국의 유명한 주요 도시들은 여전히 미국에서 가장 재능이 뛰어난 인력을 유치한다. 코로나 팬데믹 이전보다 재택근무나 출퇴근과 재택근무를 혼합한 형태의 근무를 하는 사람들이 늘어나기는 했지만, 2023년 8월 원격 화상 회의 서비스를 제공하는 기업인 줌(Zoom)은 자사의 직원들에게 일주일에 적어도 며칠은 사무실에 출근하라고 했다. 줌의 최고경영자 에릭 위안(Eric Yuan)은 직원들이 서로 물리적으로 가까이 있지 않고는 신뢰를 구축하기 매우 힘들다면서 "신뢰는 모든 것의 토대다. 신뢰가 없으면 혁신이 느려진다"라고 말했다.[20]

줌이 이례적인 경우가 아니다. 아마존, 메타, JP모건 체이스, 알파벳, 테슬라, 화이자 그리고 거의 모든 유명 기업은 2023년 중엽 무렵 자사 직원들에게 일주일에 적어도 며칠은 사무실에 출근하라고 지시했다. 원격 근무는 막강한 위력이 있다. 그러나 도시의 구심력은 더욱 막강하다. 글레이저는 다음과 같이 말한다. "대면 접촉이 필요한 인간의 본성을 극복하려면, 가까운 주변 사람들로부터 배우면서 인간을 학습하는 기계로 만들어준 수백만 년 동안의 인류의 진화 과정을 극복해야 한다."[21]

이는 대도시가 지닌 모순을 해소해준다. 운송과 판매는 장거리라는 장애물을 극복했다. 그러나 혁신은 서로 가까이 있어야 가능하다. 다시 말하면 혁신은 도시에서 번성한다. 그리고 혁신이 도시에서 번성하는 만큼 다른 모든 것도 대부분 도시에서 번성한다. 그 다른 모든 것을 놓치고 만 게 바로 우리가 저지른 처참한 실수다.

<h2 style="text-align:center">대대적 분기점</h2>

도시는 두 가지 역할을 한다. 도시는 혁신의 원동력이자 이동의 원동력이다. 비싼 주거비가 혁신의 원동력이라는 역할을 약간 훼손했지만 그리 크게 훼손되지는 않았다. 시가총액이 최상위인 기업들과 가장 생산성이 높은 인력은 여전히 주거비가 비싼 지역에 자리 잡을 경제적 여유가 있다. 그러나 주거비가 비싸면 도시가 기회를 제공하는 역할이 훼손된다. 소방관을 예로 들어보자. 도시의 안전을 책임지는 소방관이 도시 안에 거주할 경제적 여유가 있을까? 없다면, 그 소방관은 도시 외곽에 살면서 긴 통근 시간을 감내하든가 도시 안에 살면서 경제적으로 쪼들리게 생활해야 한다. 소방관 본인뿐만 아니라 그 자녀들도 아버지가 지키는 도시가 주는 멋진 기회들을 박탈당하게 된다.

대부분의 일자리는 구글이나 골드만 삭스 같은 기업이 제공하지 않는다. 미국 경제에서 일자리의 3분의 2는 지역 서비스 부문이 차지하고 이 수치는 지난 50년 동안 꾸준히 증가해왔다. 미용사, 차량 등록처 직원, 간호사, 요리사, 소매업체 근로자, 부동산 중개사 등이 바로 지역 서비스 업종 종사자들이다.[22] 지역 서비스 업종은 생산성이 급격히 향상하기 어렵다. 소프트웨어 엔지니어 한 명은 백만 명의 사용자가 사용할 코드를 작성할 수 있지만, 요리사 한 명은 백만 명이 먹을 요리를 만들 수 없다.

그러나 지역 서비스 업종 일자리도 역동적인 도시에서 임금을 훨씬 많이 받는다. 구글 직원들은 주머니가 두둑하다. 따라서 구글은 본사가 자리 잡은 지역에서 여러 세대에 걸쳐 영향을 미친다. 경제학자 라지 체티(Raj Chetty)를 비롯한 저자들이 여러 논문에서 다뤘듯이, 계층의 상향 이동은 미국에서 구조적으로 하락 추세를 보인다. 1940년 미국에서 태어난 아이는 자기 부모보다 돈을 많이 벌 확률이 92퍼센트였다. 반면 1980년대에 태어난 아이는 자기 부모의 소득을 초월할 확률이 겨우 50퍼센트였다.[23] 40년 만에 아메리칸드림(American Dream)이 '폭넓은 실현 가능성이 있음'에서 '실현될지 예측이 불가능함'으로 변했다.[24]

계층 이동은 장소가 결정한다는 사실을 체티는 깨달았다. 캘리포니아주 새너제이(San Jose) 지역의 가난한 집에서 태어난 아이가 부자가 될 확률은 노스캐롤라이나주 샬럿(Charlotte)에서 가난하게 태어난 아이가 부자가 될 확률의 3배에 달한다. 체티에 따르면, 경제적으로 정체된 지역에서 부유한 지역으로 이주한 아이들을 살펴봤더니 이주한 지역에서 거주한 기간이 1년 더 늘 때마다 경제적 상황도 꾸준히 향상되었고, 가장 먼저 이주한 아이들이 가장 좋은 결과를 보였다.[25]

체티를 비롯한 연구자들은 어렸을 때 혁신이 활발한 지역으로 이주한 아이들이 성인이 되었을 때 스스로 혁신을 이루고 특허를 출원할 가능성이 훨씬 크다는 사실도 발견했다. 그러한 효과는 해당 지역이 특화한 분야에서 나타났다. "특정 기술 분야에서 혁신이 활발하게 일어나는 지역이나 그런 가정에서 자란 아이들은 똑같은 분야에서 특허를 출원할 가능성이 훨씬 크다"라고 그들은 말한다.[26]

그러나 이는 부모들이 혁신이 활발한 지역으로 이주할 역량이 있는지에 달렸다. 과거에는 높은 소득이 혁신이 활발한 지역으로의 이주를 촉진했다. 지금은 하늘 높은 줄 모르고 치솟은 생활비로 인해 그런 지역으로 이주할 엄두를 내지 못한다. 2017년 피터 가농(Peter Ganong)과 대니얼 쇼그(Daniel Shoag)가 발표한 연구는 주택 가격이 근로자 계층 이주자들의 도시 진입을 막을 때 생기는 손실의 규모를 보여준다. 1880년부터 1980년까지 서로 다른 주에 거주하는 주민들 간의 소득 격차는 해마다 꾸준히 좁혀졌다. 오늘날 그처럼 소득이 수렴하는 현상은 거의 사라졌다.[27] 가농과 쇼그는 미국에서 20세기 중엽에 일어난 소득 불평등 하락의 3분의 1은 같은 시기에 일어난 계층 이동에서 비롯되었다고 추정한다.[28] 하지만 이제 계층 이동이 소득 격차를 좁히는 효과는 사라졌다. 이제는 과거와는 달리 계층 이동으로 소득의 격차를 줄일 기회가 사라졌다.

가농과 쇼그는 건물 관리인과 변호사의 운명을 비교한다. 건물 관리인과 변호사는 미국 남부 심장부보다 뉴욕에서 훨씬 많은 돈을 벌어왔다. 따라서 남부의 심장부에 사는 많은 이들이 뉴욕으로 이주했다. 그러나 뉴욕의 주거비가 상승하면서, 적어도 건물 관리인의 처지에서 바라보면 이주에서 비롯되는 이득이 사라졌다. 변호사는 여전히 뉴욕으로 이주하면 이득을 보았지만, 건물 관리인은 월급의 50퍼센트 이상을 주거비로 지출해야 했다.[29] 고소득 근로자와 저소득 근로자 모두 상대적으로 빈곤한 지역에서 부유한 지역으로 이주하곤 했다. 1990년대 무렵 상대적으로 저임금 근로자는 고소득자가 거주하는 지역을 피하기 시작했고, 따라서 고소득자가 거주하는 지역이 제공하는 기회도 박탈당하게 되었다.

따라서 1970년대에는 당연히 소득 불평등이 증가하기 시작했고 최근 수십 년 사이에 소득 격차가 최고조에 달했다. 소득 격차가 줄고 수렴하는 추세가 역전되었다. 도시로의 이주는 불평등의 원동력이 되었다. 역동적인 도시에서 거주하는 데 드는 비용이 빈곤층이 감당하지 못할 정도로 비싸게 만드는 정책을 실행한 우리 잘못이다.

그러나 여기서 '우리'에는 거론하기에 달갑지 않은 책임자들도 포함된다. 가장 큰 책임을 져야 할 장본인은 바로 리버럴(특히 1960년대와 1970년대에 부상하기 시작한 종류의 리버럴리즘)이다.

말만 번드르르한 리버럴리즘의 문제점

정치학에서는 오래전부터 미국인은 '이론적으로는' 보수이고, '실질적으로는' 리버럴이라고 알려져왔다.[30] 미국인은 말은 보수주의자처럼 하지만, 리버럴처럼 통치받고 싶어 한다. 보수주의자들이 결성한 조직인 티파티(Tea Party)가 활발하게 활동한 시절에 등장한 "정부는 내 고령자 의료 보험(Medicare)에서 손 떼라"라는 문구는 이러한 정신분열적인 영혼의 상태를 가장 잘 보여주는 사례일지 모른다. 미국인은 이론적으로도 실질적으로도 낮은 세율을 선호하지만, 세금으로 지원하는 사회 정책도 좋아한다. 미국인은 개인의 책임을 강조하는 정치인에 열광하지만, 본인이 또는 자기가 알고 아끼는 사람들이 추락할 때 구해줄 탄탄한 사회 안전망도 원한다.

이러한 현상은 아주 잘 알려져 있고 쉽게 눈에 띄므로 얼마나 현실에 역행하는지 놓치기 쉽다. 민주당 텃밭인 주들의 유권자들도 마찬가지로 정치적으로 분열된 자아를 드러낸다. 다만 보수주의자들과 정반대다. 즉 그들은 이론적으로는 리버럴이지만 실질적으로는 보수주의자다.

샌프란시스코 거의 전역에는 "흑인의 생명은 소중하다(Black Lives Matter)", "친절이 답이다", "불법인 사람은 없다"('불법 이민자'라는 표현을 쓰지 말자는 뜻-옮긴이)라고 쓰인 형형색색의 문구들로 뒤덮여 있다. 이러한 문구를 적은 표지판은 단독 주택 단지의 앞마당에서, 그러한 가치를 실현할 신규 주택 추가 건설에 반대하는 노력을 조직화하는 공동체에서 발견된다. 샌프란시스코의 흑인 인구는 1970년 이후로 인구 조사를 할 때마다 줄었다. 상대적으로 빈곤한 가구(압도적 다수가 유색 인종과 이민자)는 도시에서 밀려나 긴 출퇴근 시간과 콩나물시루 같은 주거 환경을 감수하거나 길거리 노숙을 하는 신세로 전락한다.

텍사스는 캘리포니아의 주택난에서 가장 톡톡히 이득을 보았다. 주거 환경에 있어서 텍사스는 캘리포니아와 정반대라는 이유도 있다. 오스틴(Austin) 대도시 지역은 주민 1,000명당 신규 주택 건설 18건으로 2022년 주택 건설 허가 호수가 미국에서 가장 높았다. 로스앤젤레스와 샌프란시스코 대도시 지역은 주민 1,000명당 겨우 2.5호 건설을 허가했다.[31] 미국의 정치 지형에서 변화를 수용하는 쪽은 리버럴이고 현상 유지를 원하는 쪽은 보수주의자다. 그러나 공화당 텃밭인 주와 민주당 텃밭인 주의 주택 정책을 비교하면 얘기가 달라진다.

캘리포니아 입장을 헤아린다고 치면, 어디서든 변화가 일어나면 혼란스럽고 불편하다. 현재 있는 그대로의 상태가 유지되기를 바라는 공동체가 성장하게 되면 문제에 직면하게 된다. 그 공동체에 살기를 원하는 사람이 더 많아지면 부동산 개발업자들은 그들이 살 집을 짓게 된다. 널찍한 단독 주택을 지을 땅에는 여섯 가구를 수용하는 작은 건물을 짓게 된다. 한 가구에 주택 한 채를 팔기보다 여섯 가구에 여섯 채를 팔면 돈을 더 많이 번다. 따라서 개발업자들은 널찍한 단독 주택 거주자에게 적당한 가격을 주고 주택을 산 다음 그 자리에 여섯 가구가 입주할 수 있는 6층짜리 건물을 지어 수익을 창출하기가 비교적 쉽다. 이러한 작업은 여러 곳에서 동시에 상당히 신속하게 진행할 수 있고, 따라서 그러한 건물이 들어서는 공동체 거주자들은 어느 날 잠자리에서 일어나 보니 알아보지 못할 정도로 자기가 사는 공동체의 모습이 변해 있다는 사실을 깨닫게 된다.

그런데 주택 소유주가 자기 집을 팔지 못하게 막고, 부동산 개발 업자들이 자기가 소유한 땅에 건물을 짓지 못하게 막고, 사람들이 자기가 살고 싶은 도시로 이주하지 못하게 막을 수 있을까? 도시를 여러 개의 '구역(zone)'으로 쪼개고 특정 구역에 무엇을 짓고 무엇을 짓지 말아야 하는지 제한하는 규정을 만드는 정책은 누가 생각해냈을까? 그 질문에 대한 답은 100년 전으로 거슬러 올라간다.

1800년대에 미국에서 토지 용도를 지정한 건축 규제가 있는 도시는 하나도 없었다. 경제학자 윌리엄 피셜(William Fischel)은 이 문제에 아주 걸맞은《토지 용도 규제(Zoning Rules!)》라는 제목의 저서를 출간했다. 1900년대 초 로스앤젤레스시는 산업용 건물을 짓는 구역과 주거용 건물을 짓는 구역으로 도시를 나누는 작은 규정집을 채택했다. 뉴욕시가 그 뒤를 이었고 곧 거의 모든 도시가 그 뒤를 따랐다. 피셜은 다음과 같이 말한다. "1916년 무렵 8개 도시가 토지 용도 규정을 채택했다. 1926년 무렵 68개 도시가 그러한 규정을 채택했고, 1926년부터 1936년까지의 기간 동안 추가로 1,246개 도시가 토지 용도 규제를 채택했다."[32] 1900년에는 토지 용도 규제라는 개념은 생소했지만, 1933년 무렵 미국 인구의 70퍼센트가 이 규제의 적용을 받게 되었다.

피셜은 도시의 공간적 지형을 완전히 바꿔놓은 트럭과 버스에서 시작해 이야기를 풀어나간다. 휘발유로 움직이는 거대한 차량이 도로를 점령하기 전에는 도시의 여러 가지 서로 다른 기능을 분리하기가 쉬웠다. 공장이나 공장 근로자들 가까이 살고 싶지 않으면 다른 곳에서 살거나 집을 지으면 됐다. 트럭과 버스가 이런 상황을 바꿔놓았다. 피셜에 따르면, "트럭 덕분에 중공업은 도심 철도역과 부두 근처에 자리 잡을 필요가 없게 되었다".[33] 이제 공장은 어디든 들어설 수 있게 되었다. 버스도 도시 근로자들을 거리에서 자유롭게 해주었다. 근로자들은 직장까지 걸어갈 수 있는 거리나 전차 노선과 가까운 곳에 살 필요가 없어졌다. 근로자들은 어디서든 거주할 수 있게 되었고 근로자 계층의 아파트는 어디서든 지을 수 있었다. 주택 소유주들은 그들이 거리를 두고 싶은 사람과 생산업자들로부터 자신들을 보호할 지리적 수단이 없어졌다. 거리는 그들의 안전을 보장하지 못하게 됐으므로 대신 규제가 그 일을 하게 되었다.

최초의 도시 용도 규제는 대량 주택 건설을 방지하는 역할은 거의 하지 않았다. 어떤 건물이 어디에 들어설 수 있는지 규제했다. 오하이오주 소송 전문 변호사 제임스 메첸바움(James Metzenbaum)은 이러한 초창기 도시 용도 규제를 1930년대의 바람직한 집 안 정리 정돈에 비유하면서 다음과 같이 말했다. "부엌 난로는 거실과 분리하고 책장은 찬장과 분리한다."[34] 물론 도시 용도 규제는 유색 인종 미국인이 도시의 부유한 지역에 주택을 소유하지 못하게 하기도 했다.

그러나 미국의 토지 용도 규제 실험은 거기서 끝나지 않았다. 그 다음에 일어난 일은 그야말로 주택 공급에 쐐기를 박았다. 성장을 막는 규제의 형태로서 토지 용도 규정이 이용되었다. 이러한 형태의 토지 용도 규제가 지금도 여전히 도시와 교외 지역에 적용되고 있다.

캘리포니아주의 두 지역 공동체는 성장에 반대하는 사회 운동의 궤적을 따라간다. 제2차 세계대전 후 수백만 명의 참전 군인들이 유럽과 태평양 전장에서 돌아왔다. 그들은 서둘러 가정을 꾸렸다. 출생률이 폭등했고 아기를 품에 안은 젊은 부모들은 내 집을 마련하기 위해 보금자리를 물색했다. 교외 지역 개발 붐을 가장 잘 보여주는 지역이 바로 캘리포니아주의 레이크우드(Lakewood)다. 롱비치(Long Beach) 바로 북쪽에 있는 광활한 농지에 건설된 지역 공동체인 이 지역에는 1950년부터 1953년까지의 기간 동안 1,000호 이상이 건설되었다.[35] 부동산 개발 열기가 최고조에 달했을 때 이 도시의 건축업자들은 7분 30초마다 집 한 채를 완공했다.[36]

주택은 짓기가 무섭게 날개 돋친 듯 팔려나갔다. 1950년 3월 24일 레이크우드 계획 도시를 개장하는 날 새로 지은 집을 구경하려고 3만 명이 줄을 섰다. 7월, 첫 입주자인 해군 참전군인 짐 허프먼(Jim Huffman)이 가족과 함께 새로 지은 집에 입주했다.[37] 그해 말까지 날마다 평균 20가구가 추가로 레이크우드에 있는 집을 매입했다. 1954년 봄 무렵 사탕무와 리마콩이 듬성듬성 자라던 농지는 캘리포니아주에서 가장 규모가 큰 20개 도시의 하나로 변모했다.

그로부터 20년 후 레이크우드 북쪽으로 700마일 떨어진 곳에 또 다른 도시가 주택 건설의 정치가 얼마나 빠르게 변하는지 보여주었다. 페탈루마(Petaluma)는 샌프란시스코 북쪽 바람이 많이 부는 언덕에 자리 잡고 있다. 해안을 따라 우뚝 솟은 산맥 사이로 서늘하고 수분을 머금은 바닷바람이 불어 드는 농지다. 페탈루마도 전쟁이 끝난 후 인구가 폭증했다. 그러나 레이크우드와는 달리 이 도시는 성장을 장려하기보다 성장을 막아서 유명해졌다.

1971년 도시 공무원들은 페탈루마 개발 계획을 세웠다. 그들은 무분별한 확장을 막기 위해 신규 건설 호수는 연간 500호로 제한하고 도시 성장을 제한할 구획을 그었다. 도시 측은 몇 가지 법적인 난관에 직면했지만, 법원은 대체로 개발 계획을 세운 도시 측의 손을 들어주었다. 뒤이은 수십 년 동안 페탈루마 개발 계획은 자신이 거주하는 지역 주변의 개발을 동결하려는 캘리포니아 주민들에게 유용한 틀이 되었고 다른 도시들은 재빨리 건축 허가 할당제를 채택했다.

오늘날 캘리포니아주는 레이크우드보다 페탈루마에 가깝다. 1950년대와 1960년대에 캘리포니아주는 한해에 20만 호 이상을 건설했다.[38] 2007년 이후로 캘리포니아주는 단 한 번도 15만 호 이상의 신규 가구 건설을 허용하지 않았다.[39] 성장에 반대하는 리버럴리즘의 부상을 분석한 논문 〈호박(琥珀) 도시(Cities of Amber)〉에서 역사학자 제이컵 앤바인더(Jacob Anbinder)는 이렇게 말한다. "로스앤젤레스에서 1970년대에 건설된 가구 수는 1960년대보다 줄었고, 1980년대에 건설된 가구 수는 1970년대보다 줄었고, 1990년대에 건설된 가구 수는 1980년대보다 줄었다. 도시의 전체적인 인구수는 꾸준히 증가했는데 말이다." 사실상 앤바인더는 미국 대부분의 지역이 레이크우드보다 페탈루마처럼 되었다는 사실을 지적하고 있다.

뉴욕주 웨스트체스터(Westchester) 카운티에서 도시 용도 규제 법안들이 새로이 생겨나면서 그 카운티 최대 허용 인구는 140만 명으로 줄었다. 널찍한 단독 주택 외에 다른 형태의 거주 시설 건설을 금지했기 때문이다. 뉴저지주 버겐(Bergen) 카운티는 1970년 무렵 토지 131에이커를 제외한 나머지 지역에서는 아파트 건설을 불법화했다. 시 정부와 카운티 정부들이 1973년에 실시한 조사에 따르면, 1971년과 1972년 두 해 동안 공공 하수 시설 확대를 중지함으로써 신규 거주지 개발을 제한하는 법을 통과시킨 도시와 카운티의 비율이 5곳당 1곳이었다. 뉴욕시 최초로 구획된 지역은 1965년에 조성되었다. 그로부터 30년 후 유서 깊은 건물을 보존하는 법이 통과되면서 재개발로부터 보호받는 건물이 15만 채 이상에 달했다. 1990년대 무렵 캘리포니아주의 도시 가운데 71퍼센트, 카운티 가운데 77퍼센트가 성장을 제한하는 정책을 실행하게 되었는데, 1980년대에만도 그러한 조치가 수백 건이 실행되었다.[40]

2020년 집값이 기록적인 수준으로 치솟으면서 페탈루마 개발 계획은 논리적으로 종결점에 다다랐다. 1960년대까지만 해도 미국 나머지 주들보다 2배 빨리 성장하던 캘리포니아주는 주 역사상 처음으로 인구가 줄었다. 캘리포니아주는 민주당 텃밭이지만, 민주당이 가장 소중하게 여기는 주민들 대부분이 캘리포니아에 거주할 경제적 여유가 없다. 앞마당에 "친절이 전부다"라는 구호가 적힌 팻말을 꽂아놓는 이들이 태반인 진보주의적 성향의 지역에서는 적당한 가격의 거주 시설을 찾기가 어렵다. 그리고 노숙이 만연해 있다.

2015년 캘리포니아 입법 분석가의 사무실에서 캘리포니아주의 주택 가격과 주택난의 원인을 조사했는데, 조사자들은 "무엇보다도 우선 캘리포니아 해안 지역에선 건설되는 가구 수가 수요보다 훨씬 적었다"라는 모호한 진단을 내렸다.[41] 이 문건이 공개된 이후로 변한 게 거의 없다. 2015년 이후로 캘리포니아주가 건설을 승인한 가구 수는 텍사스주의 절반 정도다. 캘리포니아 인구는 텍사스 인구보다 900만 명이 더 많은데 말이다.[42]

캘리포니아주의 인구는 미국 전체 인구의 12퍼센트, 노숙자 인구의 30퍼센트, 천막처럼 몸을 누일 곳도 없는 노숙자 인구의 50퍼센트를 차지한다.[43] 샌프란시스코의 텐덜로인(Tenderloin) 거리나 로스앤젤레스의 스키드 로(Skid Row) 거리를 걷다 보면 이러한 도시들 곳곳에 숨어 있는 디스토피아에 발을 들여놓게 된다. 건물들 앞에 천막이 줄지어 있고, 보도에는 배설물이 즐비하고, 발밑으로 주삿바늘이 밟혀 바스러진다. 캘리포니아 중부 해안 지역 거주자들이 그토록 보존하려고 한 이상적인 주거 환경이 아니다. 그런데 이렇게 되고 말았다. 자업자득이다.

캘리포니아주의 심각한 노숙자 문제는 리버럴의 방종에서 비롯되었다고 생각하는 보수주의자들에게 노숙자 문제는 특별한 공격 포인트가 되어왔다. 맨해튼 연구소(Manhattan Institute)의 헤더 맥도널드(Hether Mac Donald)는 "가장 기본적인 공중도덕 기준을 집행하는 데 실패하면서 미국에서 손꼽히는 대도시가 점점 거주하기 불가능한 도시가 되어가고 있다"라고 말했다.[44] 하지만 맥도널드는 잘못 알고 있다. 샌프란시스코는 아주 살기 좋은 도시다. 그래서 평균 아파트 가격이 100만 달러를 호가한다. 샌프란시스코가 살기 나쁘다면, 그리고 사람들이 그 도시에 살고 싶어 하지 않는다면 집값은 폭락하고 노숙자 인구 비율 순위도 폭락할 것이다.

캘리포니아의 노숙자 문제의 심각성에 대해서는 구구한 해석이 제시되었다. 캘리포니아는 날씨가 화창하므로 겨울에도 노숙하기가 불편하지 않다는 주장도 그중 하나다. 그렇다면 텍사스주 휴스턴(Houston)은 캘리포니아주보다도 겨울이 온화한데 노숙자 문제가 캘리포니아주보다 훨씬 덜한 이유는 뭘까? 캘리포니아주의 사회 복지 정책이 후하기 때문이라는 설명도 제기된다. 마약 단속이 느슨해서라는 설명도 있고, 정신 건강과 관련이 있다는 설명도 있다. 캘리포니아주의 연민 어린 사회 복지 정책이 전국 각지의 노숙자들을 끌어들인다는 주장도 제기된다.

그레그 콜번(Gregg Colburn)과 클레이턴 페이지 알던(Clayton Page Aldern)은 공동 저서 《노숙자 문제는 주택 문제다(Homelessness is a Housing Problem)》에서 앞서 제시된 여러 가지 주장을 비롯해 각종 해석을 분석하고 전혀 설득력이 없다는 결론을 내린다. 우리는 노숙자 문제를 거론할 때 개인이 살아오면서 겪은 일들에 초점을 맞춘다. 실직했든가, 산업 재해를 당했다든가, 정신분열증에 걸렸다든가, 마약에 취했다든가 하는 일들 말이다. 그러나 콜번과 알던은 도시와 지역에 따라 노숙자 문제의 심각성이 천차만별인 이유를 파악하고 싶었다. 노숙자 문제의 원인이라고 알려진 어떤 현상이 이러한 도시들 간의 차이를 예측하지 못한다면 그 현상은 노숙자를 양산하는 원인이 아닐 가능성이 크다. 그 현상은 특정 지역에서 한 개인이 노숙자가 되는 이유를 설명할지는 몰라도 어떤 지역이 노숙자 위기를 겪는데 다른 지역은 겪지 않는 이유를 설명하지는 못한다.

따라서 두 사람은 노숙자 문제의 원인 목록을 만들어 실제 데이터를 대상으로 실험을 했다. 가장 뻔한 원인으로 지목되는 현상은 빈곤율이다. 빈곤율이 높으면 노숙자 비율도 높을까? 그렇지 않다. 빈곤율이 높은 여러 도시(디트로이트, 마이애미, 댈러스, 신시내티, 필라델피아)는 노숙자 비율이 낮다.[45] 전체적으로 빈곤율이 낮고 상대적으로 부유한 도시들이 노숙자 비율이 높다. 실업률에서도 비슷한 현상이 나타난다. 노숙자 비율은 실업률이 높은 지역에서는 낮고 실업률이 낮은 지역에서는 높다.[46] 이상하다.

그다음 콜번과 알던은 정신 질환과 노숙자 비율의 관계를 알아보았다. 도시마다 정신 질환 비율에 관해 믿을 만한 데이터를 구하기 어렵지만, 보건복지부가 주별로 정신 질환 데이터를 수집한다. 그러나 여기서도 정신 질환과 노숙자 비율의 관계는 모호하다. 노숙자 비율은 정신 질환 비율이 높은 주에서 약간 더 낮고, 정신 질환 비율이 낮은 주에서 약간 더 높다. 심각한 정신 질환 비율이 가장 낮은 하와이주는 노숙자 비율이 가장 높은 주로 손꼽힌다. 마약 사용과 노숙자 비율 간에는 미약한 상관관계가 있지만, 크게 두드러지지는 않

는다. 마약 사용 비율이 높은 지역의 경우 노숙자 비율이 겨우 5퍼센트 정도 더 높다.[47]

그렇다면 노숙자 문제의 원인은 뭘까? 주거 시설을 확보할 수 있는지와 주거 비용이다. 콜번과 알던이 이러한 변수들을 표에 대입하자 서로 단절되었던 수많은 점이 일사불란하게 선을 형성하기 시작했다. 월세가 오르자 노숙자 수도 증가했다. 공실률이 폭락하자, 즉 수요자는 많고 공급자는 너무 적어서 주택 시장이 빠듯해지자 노숙자 수가 증가했다.

두 사람은 노숙자 문제를 '의자 뺏기 게임(Game of musical chairs)'에 비유한다. 의자 10개와 사람 10명이 있을 때 음악이 멈추면 모두가 의자를 하나씩 차지한다. 의자가 9개로 줄면 한 사람이 탈락하고 만다. 개인이 처한 삶의 여건이 노숙자가 될지를 예측하게 된다. 주거 시설이 너무 부족한 도시에 산다면 빈곤과 마약 사용과 실직과 정신 질환이 노숙자가 될 확률을 높인다. 그러나 노숙자가 되는 원인은 빈곤이나 마약 중독이나 실업이 아니다. 이러한 여건들은 캘리포니아주보다 웨스트버지니아주에 훨씬 더 만연해 있지만, 1인당 노숙자 비율은 캘리포니아주가 웨스트버지니아주의 6배다.

이러한 결과는 많은 이들이 인정하고 싶지 않은 현실로 귀결된다. 노숙자 문제는 주택 문제이자, 정책 선택의 문제다. 더 정확히 말하면, 수없이 많은 자잘한 정책의 선택지들이 쌓여서 만드는 결과다. 10여 년 넘게 리버럴 진영이 주 정책과 관련해 어떤 실책을 저질렀는지 설득하려고 애쓴 매튜 이글레시아스(Mathew Yglesias)는[48] 2021

년에 쓴 에세이에서 이 점을 잘 보여준다.[49]

이글레시아스는 1951년에 출간된 공상과학소설의 고전 《지구가 멈춘 날(The Day The Earth Stood Still)》을 묘사한 도시 계획 전문가 페이튼 정(Payton Chung)의 말을 인용한다. 이 소설에는 외계인 클라투(Klaatu)가 등장하는데, 그는 갇혀 있던 월터 리드 종합병원에서 탈출해 워싱턴DC 14번가와 하버드가가 만나는 지점에 있는 하숙집(boarding house)에 입주한다. 하숙집은 미국 역사를 통틀어 성인이 거주한 흔한 주거 시설이었다. 하숙집은 오늘날의 대학교 기숙사와 비슷했다. 방은 크기가 작았고 화장실과 작은 부엌은 공용이었으며 월세는 저렴했다. 하숙집은 따로 떨어진 차고가 딸린 단독 주택처럼 안락하지는 않았지만 추운 겨울밤 천막촌 한복판에 있는 천막보다는 훨씬 안락했다. 그렇다면 하숙집은 다 어디로 사라졌을까?

대부분 지역이 하숙집을 불법화했다. 1950년대 무렵 주택 가격을 높게 유지하고 질서정연한 주거 환경을 만들려는 도시 계획 전문가들은 이미 하숙집을 표적으로 삼았다. 1957년 〈세인트루이스 디스패치(St. Louis Dispatch)〉는 다음과 같이 기록하고 있다. "이 도시에서 1가구와 2가구 주거 시설이 대부분인 지역으로 하숙집이 침투하게 내버려둔다면 주거 환경 훼손을 막겠다고 아무리 외쳐도 소용이 없다. 하숙집은 1가구와 2가구 주거 시설 지역과 공존할 수 없다. 하숙집이 들어서면 가족 중심의 가구들은 떠난다. 그러면 지역 전체가 허물어지기 시작한다."[50]

같은 해 미국 도시 계획 협회 관계자들이 작성한 보고서는 도시나 주변 지역에서 그러한 골칫거리를 창의적으로 제거할 방법을 모색하는 도시 계획 전문가들에게 지침이 될 내용을 담고 있었다. "토지 용도 규제는 하숙집의 주거 환경 훼손을 막는 유일한 수단이 아니다. 최소한의 기준이기는 하나 상당히 바람직한 기준들을 담은 주택 건설 규정들을 채택하는 도시가 점점 늘고 있다. 이러한 주택 건설 규정들은 하숙집 거주자들을 보호하는 역할 외에도 하숙집이 주변 지역의 환경을 훼손하지 않도록 하는 데 큰 역할을 할 수 있다."[51]

시간이 흐르면서 도시 계획 전문가들은 그대로 했다. 토지 용도 규제와 건축 규정에 따라 주거 시설을 건설할 때 각종 기능과 설비를 의무적으로 갖추게 되었다. 주차 관련해 최소한의 규정이 추가되었고 거주 공간 최대한도가 등장했다. 주택의 품격을 높이거나 거주자의 안전과 건강을 보호하기 위해 마련된 규정들도 있다. 비교적 부유한 지역에 빈곤층이나 불우한 사람들이 버티고 살지 못하도록 특정한 주거 형태를 아예 없애버리기 위해 마련된 규정들도 있다. 하숙집 입주자들을 주차 공간이 없는 하숙집에서 다리 밑 천막으로 옮겨가게 하는 게 진정으로 '하숙집 입주자를 보호'하는 조치인가?

이글레시아스는 말한다. "시간이 걸리기는 했지만, 세대를 거듭하면서, 도시 계획 전문가들은 가진 것 없고 병약한 사람들을 수용할 시설을 대부분 제거하는 데 대단한 성공을 거뒀다. 그 결과 부동산 가격이 비싼 도시에서 실직하거나 병들면 거리에 나앉는 신세가 되었다."[52]

미국의 도시들이 현재 직면하고 있는 노숙자 위기는 도시가 바라던 바가 아니다. 도시는 그렇게 되기를 바라지 않았다. 당국이 허용하는 종류의 주거 시설을 감당할 여력이 없는 사람들이 떠나기를 도시는 바랐다. 물론 많은 이들이 그리했다. 그러나 달리 갈 데가 없는 이들도 있었고, 가족이나 직장 가까이 살아야 하는 이들도 있었다. 그리고 이러한 정책들이 단 한 해 만에 또는 10년 만에 위기를 불러오지는 않았다. 주거 시설을 제한하는 정책적 선택이 대대적으로 노숙자를 양산하기까지는 오랜 시간이 걸렸다. 하지만 주거 시설을 제한하면서 노숙자가 양산되었다는 사실은 놀라울 게 없다. 그리고 도시들이 주거 형태나 심지어 주거 시설 공급량을 제한하는 선택을 한 사실도 놀랍지 않다. 여러분이 이미 자기 집을 소유하고 있다면 희소성은 여러분이 소유한 자산의 가치를 더욱 높여주지 않는가.

1970년대에 무슨 일이 있었나?

〈1971년에 대체 무슨 일이 있었나?(WTF Happened in 1971?)〉라는 야릇한 웹사이트가 있다. 온갖 책과 논문과 기사에 나온 표들을 잔뜩 모아놓은 사이트로서 1970년대가 시작되면서 여러모로 사회의 축이 기울기 시작한 현상을 기록하고 있다. 가장 설득력이 있는 표는 경제 관련 표다. 1970년대를 시작으로 임금이 정체되기 시작했고, 불평등이 솟구치기 시작했고, 주택 가격이 고공 행진을 시작했다.

　가장 우리 마음에 든 표는 평균 임금 소득자가 저축으로 자기 집을 장만하려면 몇 년이 걸리는지를 보여준다. 1950년에 이는 2.3년

이었다. 1960년에는 2.6년이었다. 그런데 뭔가 심상치 않은 일이 일어났다. 1980년 무렵에는 3.8년, 1990년 무렵에는 5.4년이었다. 2000년 무렵에는 7년이었다.[53] 이러한 집값의 고공 행진은 지역 간의 차이를 숨기고 있다. 1970년에 2.4년의 노동으로 살 수 있었던 집이 있는 도시는 2000년 평균 임금을 받으며 7년 동안 저축해 살 수 있는 집이 있는 도시와 다르다.

실질 임금은 수십 년에 걸쳐 정체되어왔지만, 하락하지는 않았다. 그런데 집값은 계속 상승일로를 걸었다. 이는 새로운 현상이었다. 1970년 이전까지만 해도 집은 중요한 자산이 아니었다. 사람들은 거주 용도로 집을 마련했다. 그러나 이런 인식은 1970년대에 바뀌었다. 물가 상승도 그런 인식 변화에 기여했다. 연방 정부의 주택 정책이 추구하는 주요 목표는 30년 만기 고정 이자율 주택 담보 대출을 가능케 하는 일이 되어왔다. 시장에 맡겨두면 단 하루도 생존하지 못할 독특한 금융 장치였다. 제정신인 대부업자라면 고정 이자율로 30년 만기 대출을 직장이 있는 누구에게든 해줄 리가 없다. 그러나 연방 정부는 이러한 주택 담보 대출을 뒷받침했고, 이러한 대출에 있어서 이자 상환에 대한 세금을 공제해주었으며, 따라서 30년 만기 고정 이자율 주택 담보 대출은 미국 주택 시장의 초석이 되었다. 그런데 또 다른 역할도 했다. 물가 상승에 대한 보호 장치도 되었다. 고정 이자율 주택 담보 대출은 가치가 상승하는 자산에 대한 지급액을 일정하게 유지한다. 물가가 오르면 그러한 지급액의 실질 가치를 잠식하지만, 지급액의 대상인 물건(주택)의 가치는 상승일로를 걷는다.

1955년부터 1970년까지 실소유주가 거주하는 주택은 전체 가구 순자산의 약 21퍼센트에 불과했다.[54] 1970년부터 1979년 사이에 이 수치는 순자산의 30퍼센트로 상승했다. 집을 소유한 사람들에게는 총자산에서 주택이 차지하는 비중이 그보다 훨씬 높았다. 그러나 집은 독특한 형태의 자산이다. 실제로 그 안에 살아야 한다. 주식이나 증권 매각은 일상생활에서 사용하지 않는 자산을 처분하는 행위다. 반면 집을 팔면 잠을 자고 자녀를 키울 안식처가 되거나 본인이 성인이 될 때까지 살게 될 장소를 처분하게 된다. 금전적 이익이 정서적 애착과 뒤섞이게 된다. 설상가상으로 다음과 같은 일도 일어난다고 피셜은 설명한다.

20세기 초에 실소유주가 거주하는 주택이 재정적으로 얼마나 문제가 됐는지(그리고 지금도 여전히 얼마나 문제인지) 잠시 생각해볼 필요가 있다. 여러분에게 조언하는 투자 자문가가 소득이 중간 계층인 여러분의 재정 상태를 보고 여러분의 유동 자산 거의 전부를 하나의 투자처에 넣으라고 말하는 셈이다. 그 투자처는 운용사가 다수의 투자자로부터 자금을 모아 다양한 금융 상품에 투자하는 다각화한 상호 기금(mutual fund)이 아니다. 투자 자문가가 권하는 그 투자처는 단일 기업(실소유주가 거주하는 집)이고, 그 기업은 단 한 곳에서 오로지 한 가지 상품을 만든다. 그 기업이 창출하는 수익은 연방 소득세법과 주 소득세법에 따라 완전히 세금이 면제된다는 대단한 장점을 지닌다. 그리고 임대인이 월세를 인상하지도 않는 이러한 위험을 관리하려면 여러분 집 주변에서 일어나는 일을 통제할 필요가 있다. 그 방법이 바로 토지 용도 규제와 조직화다. 여러분 집 주변에 얼마나 많은 집이 들어서고 어떤 종류의 주거 시설이 들어서는지를 제한하는 방법이다. 부지 크기의 하한선을 높이고 주차 요구 사항을 확대하면 된다. 그렇게 하면 오로지 비교적 부유한 사람들만 여러분이 사는 지역 공동체에 입주할 수 있게 해주기 때문이다. 그리고 주민들이 조직화해서 도시 계획 공청회에 참석해 (우리 동네의 특징을 변질시키고 교통이 혼잡해진다고 목소리를 높여) 아파트 건축 제안을 부결시키고, 부동산 개발업자들이 신규 주택을 건설하려는 지역에 하수도 시설을 확장하기를 거부하면 된다.

잡지 〈애틀랜틱(The Atlantic)〉에서 주택 분야를 담당하는 제루살렘 뎀사스(Jerusalem Demsas)는 《내 집 마련을 권장하는 사회 정책은 틀렸다(Homeownership Society was a Mistake)》라는 에세이에서 집을 자산으로 취급하는 정치의 기원을 추적한다. 주거 시설은 안전한 투자로 여겨지지만, 실제로는 그렇지 않다. 주거 시설은 공급량이 적으면 값이 오른다. 공급과 수요의 격차가 클수록 자기 집 소유자가 얻는 이익은 커진다. 뎀사스는 이렇게 말한다. "미국 주택 정책의 핵심은 뻔히 보이는 곳에 숨어 있다. 주택 소유는 일부 사람들에게는 이득이 되지만 모든 사람에게 이득이 되지는 않는다. 누구나 집을 장만하도록 하려면 집값이 저렴하고 공급량이 많아야 한다. 그리고 주거 시설이 부를 쌓는 역할을 하기 바란다면 주택 가치는 시간이 흐르면서 상당히 증가해야 한다. 이미 집을 소유한 이들에게는 집의 가치가 절상하는 동시에 아직 집을 소유하지 못한 사람들에게는 집을 장만할 수 있을 정도로 집이 저렴하게 하려면 어떻게 해야 할까? 그렇게 하기란 불가능하다."

이와 같은 논리는 벗어날 방법이 없다. 그리고 이러한 논리가 어떤 정치적 환경을 조성할지는 뻔하다. "주거 시설의 가치는 다른 사람들을 위한 주거 시설의 희소성과 직접 관련되어 있다. 이러한 체제는 그 성격상 집을 소유한 사람들과 집을 장만하려는 사람들이 맞서 싸우게 만든다"라고 뎀사스는 말한다.[56]

1970년대는 이러한 형태의 정치가 무르익는 시기였다. 주택 가격의 상승도 그런 정치를 조성하는 데 한몫했다. 그러나 피셜은 몇 가지 다른 원인도 강조한다. 서로 다른 주와 주를 연결하는 고속도로망은 자동차 사용의 증가와 더불어 사람들이 일터에서 점점 멀리 떨어져 살 수 있게 해주었다. 몇십 년 전만 해도 불가능했던 일이다. 그러더니 시민권을 보호하는 법이 통과되면서 집을 구매하는 사람들을 대상으로 인종 차별을 못 하게 되었다. 부동산업계에서 인종 차별한다는 비난을 받지 않기 위해 에두른 표현을 써서 '지역 공동체의 특성'을 보존하려는 지역 공동체는 다른 방법을 강구해야 했다.

그리고 방법을 찾아냈다. 바로 신규 건축의 경우 부지 크기 하한선을 설정하는 등의 규정을 통해서다.

"부지 크기 규정을 준수하기 위해 부동산 개발업자들은 건설 호수는 줄이고 가격은 더 비싼 집을 지었고, 따라서 새로 지은 주거 시설은 상대적으로 부유하고 피부색이 옅은 구매자들에게 팔렸다"라고 앤바인더는 말한다. 그는 1967년 코네티컷주 그리니치(Greenwich)에 사는 한 주택 소유자가 한 말을 인용한다. "티파니(Tiffany) 보석상에서 12달러 50센트짜리 반지를 보여 달라고 하는 셈이다. 티파니는 12달러 50센트짜리 반지를 팔지 않는다. 그리니치는 티파니 같다."[57] 그리니치의 토지 용도를 규제해서 오로지 갑부들만 살 수 있는 비싼 집을 지으면 오로지 갑부들만 그리니치에서 살게 된다.

피셜은 경제학자이므로 이러한 현상을 물질적 측면에서 바라본다. 그는 문제의 핵심은 주택 가격 그리고 주택 가격이 계속 오르기를 바라는 주택 소유자들의 바람이며, 나머지는 대체로 합리화일 뿐이라고 생각한다. 그는 다음과 같이 말한다. "경제적 우위는 민간 부문의 막강한 동기 유발 요인이지만 공공 담론에서는 맥을 못 춘다. 공적인 모임에서 특정한 공공 정책이 주택 가치를 올리거나 내린다고 언급하면 눈치 없는 사람 취급을 받는다(내가 직접 경험한 바이다). 주택 가치에 영향을 미치는 교통, 범죄, 걸어 다닐 수 있는 안전한 거리, 환경 오염 등은 언급해도 되지만 말이다. 지역 공동체 주민들이 힘을 모아 주택난을 해결하려면 그들이 이기적인 듯이 보이는 원인(집값이 오르기를 바라는 심리) 말고 다른 원인을 내세워야 한다."[58]

그러나 1970년대 주택난이 사람들의 이기주의적인 태도에서 비롯되었다는 증거가 많기는 하지만 딱히 이기적이라고 보기 힘든 이유도 있다. 오히려 숭고하고 필요하기까지 한 이유다. 미국에서 주택 가격 상승의 사연은 단순히 탐욕스러운 주택 소유자들과 무책임한 도시 계획 전문가들이 등장하는 도덕극이 아니다. 적어도 부분적으로는 한 시대에 해결책이라며 시행한 정책이 다음 시대에 문제를 일으킨 사연이기도 하다.

추악한 미국

1964년 5월 린든 B. 존슨(Lyndon B. Johnson) 대통령은 미시건대학교 연단에 올라 졸업식 축사를 했다. 존슨 대통령은 자신이 통치하게 된 나라의 역사를 다음과 같이 압축해서 설명했다. "한 세기 동안 우리는 자유로운 발명과 지치지 않는 산업을 통해 우리 국민 모두 풍요를 누릴 질서를 구축했다." 그러나 아무런 속박을 받지 않은 성장의 시대(뉴딜 정책 실행자들이 시동을 건 급격한 경제 팽창)는 그 한계를 드러내기 시작했다. 이 모든 풍요를 누리기 위해 어떤 대가를 치렀을까?

"부작용을 나열하자면 끝이 없다. 도심이 쇠락하고 교외 지역이 잠식되었다. 주거 시설이 부족하거나 운송 수단이 부족하다. 노지는 사라지고 있고 유적은 훼손되고 있다"라면서 존슨 대통령은 다음과 같이 연설을 이어갔다.

무엇보다도 팽창은 이웃과 더불어 사는 공동체의 소중하고 유구한 가치와 자연과의 교감을 잠식하고 있다.

우리는 강한 미국, 자유로운 미국뿐만 아니라 아름다운 미국에 대해서도 늘 자부심을 느껴왔다. 오늘날 그 아름다움이 위험에 처했다. 우리가 마시는 물, 우리가 먹는 음식, 우리가 숨 쉬는 공기가 오염되고 있다. 공원은 초만원이고 해안 지역은 감당하기 버거운 부담을 안고 있다. 푸르른 벌판과 나무가 빽빽하게 들어찬 숲은 사라지고 있다.

몇 년 전 우리는 '추악한 미국인'에 대해 크게 걱정했다. 이제 우리는 추악한 미국이 되지 않기 위해 행동해야 한다.[59]

뉴딜 정책이 직면한 문제는 분명했다. 미국 국민은 가진 게 너무 없었고 필요한 게 너무 많았다. 그러나 존슨 대통령이 취임할 무렵 결핍이라는 고난에 풍요라는 질병이 더해졌다. 1958년 베스트셀러 《풍요로운 사회(The Affluent Society)》에서 저자 존 케네스 갤브레이스(John Kenneth Galbraith)는 삶이 안락해졌지만 뭔가 근본적으로 잘못되어가고 있다는 느낌을 떨쳐버리지 못하는 미국을 다음과 같이 묘사하고 있다.

에어컨과 파워 핸들과 파워 브레이크가 장착된 자색 자동차를 탄 한 가족이 도시를 가로지른다. 포장이 엉망인 도로에 쓰레기가 널려 있고 허름한 건물과 광고판, 오래전에 땅 밑에 매설했어야 하는 전선들을 설치한 전봇대가 즐비한 흉측한 도시다. 그 가족은 오염된 시냇가에서 휴대용 아이스박스에 담아 온, 흠잡을 데 없이 말끔히 포장된 음식을 꺼내 먹고 공중 보건과 공중도덕을 위협하는 공원에서 밤을 보낸다. 나일론 천막을 치고 공기를 넣어 부풀리는 매트리스에 누워 썩어가는 쓰레기에서 풍기는 악취를 맡으며 잠을 청하려다가 문득 그들은 그들이 누리는 축복이 온전히 축복이 아니라는 막연한 생각을 할지 모른다. 이게 정말 미국의 비범함일까?[60]

현대 미국의 리버럴리즘은 뉴딜 정책 시대에 탄생했을지 모르지만, 그 후유증 속에서 다시 태어났고 분열된 영혼을 간직한 채 정치 운동으로 무르익었다. 20세기 중엽 리버럴리즘은 뉴딜 리버럴리즘의 과잉과 결과에 대한 반작용으로서 진화했다. 앤바인더는 〈호박도시〉에서 다음과 같이 말한다. "전후 미국에서 가장 중요한 것으로 손꼽히는 갈등은 두 가치 체계의 갈등이다. 대도시 개발의 혜택을 안겨준 성장 중심의 구시대 정치와 그런 개발이 사회를 개선한다는 개념을 거부한, 성장에 반대하는 정치 간의 갈등이다."[61]

이 시기에 미국에 구축된 환경이 얼마나 빠르게 변했는지 지금은 헤아리기 힘들다. 1900년에는 미국 전체에 자동차가 겨우 8,000대였다.[62] 1970년 무렵 1억 1,800만 대의 자동차가 거의 완공된, 주와 주를 연결하는 고속도로망을 질주했다. 1900년에는 비행기를 타본 사람이 거의 없었다. 1970년 무렵 수천만 명의 탑승객이 동체가 널찍한 보잉 747기 같은 비행기를 타고 대양을 가로질러 전 세계 수천 개의 공항에 착륙했다. 이전 세대에게 하늘을 나는 기술은 요술과 구분하기 어려웠을지도 모른다. 공상소설을 읽는 독자라면 누구든 거창한 마법에는 끔찍한 대가가 따른다는 사실을 알고 있다.

1943년 로스앤젤레스 시민들은 눈을 떠 보니 공기가 새까맣고 너무 탁해서 일본이 가스 공격을 했다고 생각했다.[63] 그로부터 5년 후 펜실베이니아주 도노라(Donora)에서는 아연 제련소에서 비롯된 산업 오염 물질이 일으킨 치명적인 스모그(smog)와 공기 중에 독소를 가둔 기온 역전 현상으로 인해[64] 20명이 목숨을 잃고 수천 명이 병에 걸렸다.[65] 뉴햄프셔주 맨체스터(Manchester)와 내슈아(Nashua)에서는 섬유 공장들이 늘어선 메리맥(Merimack)강의 강물이 낮에 색이 변했다. 강물에 버려진 염료와 화학 약품으로 인해 강물이 붉은색을 띠다가 녹색으로 변하고 다시 노란색으로 변했다.[66] 1969년 6월 22일 오하이오주 클리블랜드에서는 누군가 쿠야호가(Cuyahoga)강에 던진 불이 유성 폐기물과 쓰레기에 점화되어 4층 건물 높이로 불길이 치솟았다.[67] 20세기 중엽 피츠버그에서 운전자는 차창에 내려앉은 검댕을 와이퍼로 닦아내야 도로가 보였다.[68] 1950년대와 1960년대의 미국은 세계 역사상 가장 부유한 초강대국인 동시에 산업의 대대적인 발달에 따른 오염이 국민의 생명을 앗아가는 모순된 모습을 보였다.

성장에서 비롯된 환경 오염은 지식인들 사이에서 그리고 뒤이어 정부 내에서 반감을 불러일으켰다. 1962년 유방암을 앓던 해양 생물학자 레이첼 카슨(Rachel Carson)은《침묵의 봄》에서 화학 살충제가 생태계를 무너뜨리고 생물계를 불안정하게 만든다고 주장했다.

이 책을 계기로 환경 운동이 등장했다. 그러나 사회 운동의 초석이 된 여느 문건과는 달리 이 책은 이미 존재하는 불안감을 구체화하면서 정곡을 찔렀다. 환경 보호주의는 곧 문화 전반에 스며들었다. 1960년대 말 베트남 전쟁을 둘러싸고 일어난 학생 운동을 면밀하게 지켜보던 위스콘신주 상원의원 게일로드 넬슨(Gaylord Nelson)은 그 에너지와 열정을 환경 보호 운동으로 유도했다. 그는 데니스 헤이스(Denis Hayes)라는 젊은 사회 운동가를 채용했고, 헤이스는 첫 봄날 파업을 결행하는 아이디어를 냈는데, 이날을 후에 지구의 날(Earth Day)이라고 부르게 된다. 1970년 4월 22일 2,000만 명이 넘는 사람들(당시 미국 인구의 약 10퍼센트)이 거리로 쏟아져 나왔다. 단일 시위로는 미국 역사상 가장 규모가 큰 시위였다.

1966년부터 1973년 사이에 미국은 지역 주민의 요구와 환경 보호에 정부가 적극적으로 대응하도록 하는 법을 십수 건 통과시켰다. 국가 역사 보존 법안(1966), 교통부 법안과 고속도로 연방 지원 법안(1968), 국가 환경 정책 법안과 청정 대기 법안(1970), 표준 재정착 보조금과 부동산 취득 정책 법안과 소음 규제 법안(1972), 수질 보호 법안과 연방 지원 고속도로 법안(1973), 그리고 멸종 위기 생물 보호 법안이 그러한 법안들이다. 7년 만에 미국은 정부의 대대적인 성장 촉진의 속도를 줄이거나 아예 중단할 규제들로 무장하게 되었다.

이는 당파적인 투쟁이 아니었다. 1970년 리처드 닉슨(Richard Nix-on) 대통령의 연두교서 내용을 읽어보면 우리 시대와는 매우 다른 정치적 분위기가 감지되는데, 당시 공화당원들은 오늘날 민주당에서도 감히 하는 이가 거의 없는 다음과 같은 발언들을 하고 있다.

닉슨 대통령은 "내가 의회에 제안할 정책은 미국 역사상 이 분야에서 가장 포괄적이고 비용이 많이 드는 정책이 될 것이다"라고 약속했다. 그는 약속을 지켰다. 그는 국가 환경 정책 법안, 청정 대기 법안, 멸종 위기 생물 보호 법안에 서명하고 환경 보호청(Environmental Protection Agency, EPA)을 신설함으로써 20세기의 가장 중요한 환경 보호주의자 대통령이 되었다고 말할 수 있다.

그러나 닉슨 대통령이 이례적으로 공화당 노선을 이탈해 당대의 환경 오염에 대한 우려를 진지하게 받아들인 게 아니다. 1984년 로널드 레이건 대통령도 국민에게 이렇게 말했다. "사소한 비밀 하나를 알려주려고 한다. 사실 워싱턴에서는 폭로된 적이 없는 비밀에 손꼽힌다." 그리고 나서 그는 환경 법안을 통과시키는 데 캘리포니아주가 주도적인 역할을 했다고 설명했다. 그는 미국이 캘리포니아주의 뒤를 따랐다고 말했다. 그리고 나서 그는 다음과 같이 핵심을 찌른다. "내가 말한 비밀이란 이런 일이 진행될 때 캘리포니아 주지사가 바로 나였다는 사실이다."[69]

앤바인더는 〈호박 도시〉에서 이 이야기를 훨씬 자세하게 들려준다. 캘리포니아 주지사 레이건은 1970년 캘리포니아 환경의 질 법안 (California Environmental Quality Act, CEQA)에 서명했다. 그러나 그는 자신이 서명한 법안의 내용을 알지 못했고 캘리포니아주 의회는 자신들이 통과시킨 법안이 뭔지 알지 못했다. 이 법안의 내용은 온건하다고 생각되었다. 당시 캘리포니아주와 언론 매체에서 환경에 대한 인식이 강해지고 있었지만 〈로스앤젤레스타임스(Los Angeles Times)〉는 이 법안에 대해 단 한 건의 온전한 기사도 할애하지 않았다.

그러다가 1972년 '매머드의 친구들 vs. 모노 카운티 감독 위원회 (Friends of Mammoth vs. Board of Supervisors of Mono County)'라는 소송이 제기되었다. 한 부동산 개발업자가 캘리포니아 주민의 사랑을 받는 스키 휴양지로 손꼽히는 매머드 호수 근처에 콘도미니엄과 상점과 식당들이 들어설 건물 6채를 짓겠다고 제안했다. 주택 소유주 협회인 매머드의 친구들은 수자원과 하수 처리 시설에 무리가 간다고 주장하면서 건축을 막기 위해 소송을 제기했다. 그들의 주장에서 새로운 점은 바로 캘리포니아 환경의 질 법안에 의거해 소송을 제기했다는 사실이다. 이 법안에 따르면, 캘리포니아주 정부 부처들은 대대적인 신규 개발 프로젝트에 착수하기에 앞서 환경 영향 평가 보고서를 작성해 제출해야 했다. 그러나 매머드 호수 콘도 건설을 제안한 개발업자는 캘리포니아주의 주 정부 기관 소속이 아니었고 그것은 공공 개발 프로젝트도 아니었다. 주택 소유주 협회인 매머드의 친구들은 건축 허가가 필요한 개발 프로젝트는 본질적으로 공공 프로젝트라면서 매머드 호수 콘도 개발 프로젝트도 공공 프로젝트라고 주장했다.

매머드의 친구들은 하급 법원에서는 패소했지만 주 대법원에 상고했고 대법원은 6대 1로 매머드의 친구들 손을 들어주었다. 대법원은 캘리포니아 환경의 질 법안은 "정부가 건축, 취득 또는 개발에 직접 관여하는 상황뿐만 아니라 주 정부가 민간 활동을 규제하는 상황에도" 적용된다는 판결을 내렸다.[70] 캘리포니아주에서 그 누가 어떤 건물을 신축하든 캘리포니아 환경의 질 법안의 적용을 받는다는 의미였다. 환경 보호 단체인 시에라 클럽(Sierra Club)의 로비스트가 말한 바와 같이, 캘리포니아 환경의 질 법안은 이제 "나무막대기 두 개를 서로 붙여 판매하는 행위에도" 적용되었다.[71]

<새크라멘토 비(Sacramento Bee)>는 대법원의 판결이 "아마 숲에서 데이지꽃을 따는 이들이 정부의 영향권에 들게 된 이후로 환경 보호 부문에서 법원이 내린 가장 중요한 판결"이라고 보도했다.[72] 샌프란시스코는 이 판결의 적용 범위를 제대로 파악할 때까지 모든 신규 배수관, 건축, 전력 시설 승인을 동결했다. 앤바인더가 지적하듯이, "의회는 2년 앞서 자신들이 통과시킨 법이 실제로 어떤 의미인지에 대한 법원의 해석이 나오자 재빨리 캘리포니아 환경의 질 법안 실행을 넉 달 동안 유예하기로 했다. 캘리포니아주 전역에서 토지 개발이 전면 중단되는 사태를 막기 위해서였다".[73]

그로부터 몇 년 후 캘리포니아주 정부 기관들은 한 해에 4,000건 이상의 환경 영향 평가서를 검토해야 했다. 표면적으로는 캘리포니아 환경의 질 법안과 유사한 국가 환경 정책 법안에 따라 연방 정부 전체가 검토한 평가서보다 4배 많은 양이다. 캘리포니아 환경의 질 법안은 신규 주택 건설을 규제하는 막강한 무기가 되었다. 앤바인더에 따르면, "1972년부터 1975년 사이에 샌프란시스코만 지역(Bay Area)에서 2만 9,000건의 신규 주택 건설 계획서(당시 이 지역 총 주택 생산량의 약 5분의 1)가 환경 소송의 대상이 되었다".[74]

성장이라는 역병

우리는 주와 주를 연결하는 고속도로망을 전후 시대 최고의 성과로 손꼽는다. 당시에 고속도로망에 대한 평가, 특히 리버럴 진영의 평가는 엇갈렸다. 1958년 역사학자이자 비평가인 루이스 멈퍼드(Louis Mumford)는 다음과 같이 말했다. "고속도로 건설 법안은 아무리 후하게 평가한다고 해도 멋모르고 추진했다고 말할 수밖에 없다. 향후 15년 안에 그 사실을 분명히 깨닫게 된다. 그러나 그 사실을 깨닫게 될 무렵이면 도시와 시골에 끼친 피해를 바로잡기에 이미 때는 너무 늦을 것이다."[75]

로버트 카로(Robert Caro)는 1974년 도시 계획 전문가이자 뉴욕주 주무장관을 지낸 로버트 모지스(Robert Moses)가 뉴욕을 어떻게 분할했는지를 연구한 《파워 브로커(The Power Broker)》를 출간했다. 모지스가 건설한 대상은 대부분 고속도로였고 이는 그가 혼자 한 일이 아니다. 모지스는 여느 도시 계획 전문가와 달리 막강한 영향력이 있었을지는 모르지만, 도시 계획 전문가들은 미국 전역에서 지역 공동체를 통해 고속도로를 분할하고 있었다. 도시들은 반격했고 이른바 고속도로 폭동에서 반격은 절정에 달했다. 주민들은 조직적으로 움직여 자신들의 거주 지역을 잠식해 들어오는 도로를 막았다. 그리고 그렇게 하면서 각종 개발 사업에 반대하는 인맥과 연대해 전술들을 구축하고 터득했다.

캘리포니아주는 성장 가능성과 성장을 통한 약탈의 중심지였다. 1950년대에 미국에서 가장 빠른 속도로 성장하는 5개 도시는 모두 캘리포니아주에 있는 도시였다.[76] 새로운 교외 주거 지역들이 주 전역에 우후죽순으로 생겨났다. 록밴드 레드 핫 칠리 페퍼즈(Red Hot Chilli Peppers)의 노래나 데이비드 듀코브니(David Duchovny)가 주인

공인 TV 연속극이 '캘리포니아처럼 변하는 현상'으로 여겨지기 전에는, 캘리포니아처럼 변하는 현상은 "많은 이들이 물리적인 팽창과 불가분의 관계라고 생각한 도덕적 파산을 뜻했다"라고 앤바인더는 말한다.[77] 1972년 〈타임(Time)〉지는 미국 서부 지역의 다른 주들에서 오가는 대화에 관해 보도했다. "의회 의원들, 과학자들, 시민들이 '캘리포니아처럼 변하는 현상'에 대해 공개적으로 우려를 표하는 내용의 대화였다."[78] 미적 감각이나 지역 공동체나 보존에 신경을 쓰지 않는 성장을 뜻했다. 말비나 레이놀즈(Malvina Reynolds)가 부르고 피트 시거(Pete Seeger)가 반주한 노래에서 비롯된 "천박한 싸구려(ticky-tacky)"라는 표현은 샌프란시스코 바로 남쪽에 있는 도시 데일리(Daly)의 언덕을 뒤덮은 영혼 없는 천편일률인 주택들을 묘사했다.

성장에 반대하는 정서는 새로 이사 온 사람들을 겨냥한 일종의 혐오감으로 변질하기 쉬웠고 실제로도 변질했다. 토박이들은 자기가 사는 동네를 돌보고 지키고 대변했다. 그 동네로 이주하려는 이들은 소모성 질환에 걸린 무리처럼 취급되었다. 〈샌프란시스코 크로니클(San Francisco Chronicle)〉에 "이 땅(This Land)"이라는 칼럼을 쓴 해럴드 길리엄(Harold Gilliam)은 다음과 같이 암울하게 말한다. "결국 보존이라는 문제는 하나같이 인구의 문제다. 캘리포니아주 본연의 찬란한 모습을 다만 얼마만이라도 보존하려는 노력, 샌프란시스코만이나 언덕이나 해안선이나 삼나무숲을 보존하려는 노력, 도시가 급속히 빈민굴이 되어가는 속도를 완화하려는 시도나 미래에 숨 쉴 공간을 확보하려는 시도는 하나같이 눈에 보이는 것을 닥치는 대로 먹어 치우는 메뚜기떼처럼 끊임없이 밀고 들어오는 새로운 유입 인구로 인해 실패로 돌아가게 된다."[79]

그렇다면 어떻게 해야 할까?

2. 건설

주택난 못지않게 기후 변화도 정치 진영을 분류하는 전통적인 기준이다. 우익 진영은 인류가 상상하기 힘든 변화에 적응할 수 있다는 확신에 차서 미지의 세계에 기꺼이 뛰어든다. 좌익은 인류 문명이 경험한 그대로의 기후를 보존하기를 바란다.

그러나 기후를 보존하려면 그냥 가만히 있으면 안 된다. 아무 조치도 취하지 않으면(계속 석탄과 석유와 가스를 무분별하게 태우면 온실가스 배출이 가속화한다) 기온이 섭씨 4도, 5도, 6도 상승하는 결과를 초래한다. 이처럼 기온 상승이 가속화하면 18세기 기후가 빙하 시대의 기후와 완전히 달라졌듯이 앞으로 기후는 18세기와 완전히 달라진다.[1] 기후 변화가 이 정도 수치에 다다르면 우리의 삶을 지탱하는 지구는 버티지 못한다.

지금까지 우리가 누려온 기후, 또는 그 비슷한 기후를 유지하려면 우리가 구축해온 세계를 개조해야 한다. 좌익 진영 일각에서 호응을 얻고 있는 구상 가운데 '탈성장(degrowth)'이 있다. 탈성장은 기후 변화가 무한한 성장이라는 실현 불가능한 꿈에 매료된 인간의 굴레를 반영한다고 생각한다. 부유한 나라는 현재 상태를 받아들이고 주요 산업을 폐쇄하거나 축소해야 하고, 상대적으로 빈곤한 나라는 지금보다 신중하고 온건하게 성장을 추진해야 한다.

탈성장은 기후 변화 위기에 대한 해답 이상인 동시에 이하이기도 하다. 탈성장은 사실 기후 변화와 관련이 없다는 점에서 기후 변화 위기에 대한 해답 이상이다. 수백 년 전 우리 조상이 지닌 물활론(animism, 만물에 영혼이 있다는 신앙-옮긴이)을 인간이 자연을 지배한다는 기독교 사상과 맞바꾸는 치명적인 실수를 인류가 저질렀다고 보는 반물질주의 철학이다. 단순히 온실가스 배출이나 미세플라스틱이 문제가 아니다. 데카르트의 이원론(dualism)과 미국식의 자본주의와 이러한 사고와 관행의 체제들이, 무엇이 가치 있고 또 무엇을 소중히 여기고 추구할지 우리에게 가르쳐온 모든 것이 문제다.

제이슨 히켈(Jason Hickel)은 《적을수록 풍요롭다》에서 다음과 같이 말한다. "16세기에 자본주의의 기틀을 마련한 이들은 우선 사람들이 이원론자가 되도록 설득하든가, 강제로 이원론자가 되도록 만듦으로써 세상을 보다 총체적으로 보는 다른 시각들을 파괴해야 했다. 이원론 철학은 성장을 위해 생명을 경시하는 지렛대로 이용되었고 우리가 직면한 심각한 생태 위기를 초래한 책임이 있다."[2]

히켈은 탈성장이 구상하는 철학적·경제적 혁명의 가치를 진화론을 제시한 다윈이나 지동설을 퍼뜨린 코페르니쿠스에 비유한다.[3] 그는 인류와 다른 생물들과의 관계 그리고 인간과 인간의 관계에서 전

면적인 전환을 구상한다. 그러나 이러한 엄청난 규모의 전환이 일어나려면 수십 년 또는 수 세기가 걸린다. 진화의 경우에도 아직은 승리했다고 단정하기 이르다. 기후 변화에 대처해야 한다고 수십 년 또는 수 세기 동안 세상을 설득할 만큼 시간이 넉넉하지 않다.

탈성장이 기후 변화와 관련해 실행할 만한 구체적인 계획이 있다고 한다면 군사적 투자, 육류와 유제품 생산, 광고, 저가 의류를 대량 생산하는 패스트 패션(fast fashion) 등 환경 파괴적이라고 간주하는 생산 부문을 폐쇄하거나 축소하는 일이 바로 그러한 계획이다. 이는 어느 정도 호소력을 지닌다. 우리 모두 누구나 세계 생산 체제에서 낭비적이거나 불필요하거나 해로운 면을 찾아낼 역량이 있다. 문제는 세계 생산 체제에서 실제로 그런 면들을 규명하는 이가 거의 없다는 점이다.

육류와 유제품 생산을 예로 들어보자. 인간이 지구상에 남기는 발자취라고 하면 우리는 주로 건물과 도로를 떠올린다. 그러나 인간이 거주할 수 있는 땅 가운데 도시가 차지하는 땅은 겨우 2~3퍼센트에 불과하다. 우리가 주로 땅을 이용하는 용도는 주거 시설 건축이 아니다. 우리는 주로 식량을 생산하는 데 땅을 이용한다. 인간이 거주 가능한 땅의 절반은 농업에 쓰인다. 그 가운데 4분의 3은 가축을 기르거나 가축에게 먹일 사료를 경작하는 데 쓴다. 우리가 소비하는 가축을 기르는 데 엮이지 않은 환경적 난관을 찾기가 힘들다. 가축 사육은 기후 변화의 주된 원인이고 삼림 남벌의 주된 원인이다. 생물의 대량 멸종의 원인이기도 하다. 소와 양과 염소를 기르는 데 쓰는 땅은 다른 생물 종들이 생존하는 데 필요한 땅이기 때문이다. 가뭄과 물 부족의 원인이기도 하다. 살코기 1파운드를 생산하려면 물 1,899갤런이 들기 때문이다.

채식주의자와 비건에게 축산은 기후 변화를 막기 위해 제거해야 할 명백한 대상이다. 인간은 채식 식단으로도 건강하다. 그리고 우리가 소비하는 고기를 대부분 생산하는 공장식 축산은 상상하기 어려운 잔인함과 고통의 도살장이다. 산업화한 축산 농업은 기후 변화 이상의 문제다. 현대성의 도덕적 오점이다. 서로 얽히고설킨 수많은 환경 문제들을 완화하는 데 있어서 세계가 축산을 중단하는 방법보다 더 크게 공헌[4]할 변화는 아마 없을지 모른다.

그러나 축산을 없애자고 주장했다가는 정치적으로 파멸을 맞는다. 사람들은 고기를 먹고 싶어 하고 고기가 저렴하고 풍부하기를 바란다. 우익 진영은 좌익 진영이 햄버거를 금지하려 한다고 비난하는데 그럴 만한 이유가 있다. 좌익은 똑같은 이유로 인해 그러한 비난을 부인하면서 축산업과의 대결을 의회에 맡긴다. 가까운 장래에 육류 소비를 금지하거나 상대적으로 잘사는 나라에서 상대적으로 가난한 나라로 재분배하는 정치를 실현하지는 못한다.

급진적인 주장이 가득한 책을 쓴 히켈조차도 자신이 제시한 과업 앞에서 움찔한다. 그는 우리가 소비하는 소고기를 대부분 생산하는 공장식 축산을 금지하자는 주장과 비슷한 주장도 하지 않는다. 대신 그는 "고소득 국가가 축산업에 주는 보조금을 중단"하자고 제안하고 "연구자들이 붉은 고기에 과세하는 제안을 실험하고 있다"라고 지적한다. 바람직한 제안이다. 하지만 세계 기온 상승을 섭씨 1.5도로 제한할 정도로 신속하게 온실가스 배출을 줄일 혁명적인 급격한 변화는 아니다.[5] 그리고 그나마도 육류에 세계적 또는 다국적 세금을 부과한다는 전제하에 가능하다.

탈성장을 주장하는 이들은 다른 접근 방식들이 비현실적이라고 비판하면서, 나라들이 기후 변화를 방지하기 위해 한 약속을 얼마나 쉽게 어기는지 또 청정에너지가 인간의 다른 잔인함이 지속되도록 허용할지 모른다는 점들을 지적한다. 히켈은 우리가 당장 내일 핵융합 기술을 완성하고 사용해 청정에너지로 경제를 운영하는 꿈을 실현하게 된다면 어떨지 상상하면서 다음과 같이 말한다. "핵융합으로 우리는 뭘 하게 될까?[6] 지금 화석 연료로 하는 일을 하게 된다. 더 많은 숲을 갈아엎고, 더 많은 생선을 낚고, 더 많은 산을 파헤쳐 광물을 채굴하고, 더 많은 도로를 건설하고, 산업화한 농업을 한층 더 확대하고, 더 많은 쓰레기를 매립지에 보내게 된다."

이런 의미에서 탈성장은 정치가 기후 정책에 끼치는 어려움을 인식하고 있다. 탈성장은 사람들이 지금 누리는 것을 더 많이 누리기를 바라고 있다는 사실을 알고 있고, 원하는 게 모자라는 책임을 자본주의와 금권 정치에 돌리고 있지만 이러한 결핍이 전통적인 기후 정치에 제기하는 난관들을 인식하고 있다. 그러나 이러한 난관들은 탈성장이라는 미래 구상에 한층 더 강력하게 적용된다. 에너지가 풍부한 상황에서 사람들이 지닌 욕망을 바꾸도록 설득하지 못한다면, 탈성장이 요구하는 결핍을 신속하게 집단적으로 받아들이도록 어떻게 설득할 수 있겠는가?

우리는 에너지 가격이 치솟거나 연료를 배급해야 하는 상황에 놓이게 되어 정부가 국민의 분노에 직면하게 되는 상황이 어떤지 잘 알고 있다. 영국 BBC의 분석에 따르면, 2022년 1월부터 9월까지 기간에 연료 가격 상승으로 인해 폭력적인 시위를 겪은 나라나 영토가 90곳에 달했다.[7] 히켈이 탈성장 개발의 본보기로 간주하는 스리랑카에서는 이러한 폭력 시위로 집권 정부가 무너졌다.

부유한 나라들에서도 사정은 크게 다르지 않다. 부유한 나라의 탈성장주의자들이 에너지 사용을 급격하게 제한하라고 가장 강력하게 요구하고 있다. 프랑스에서는 2018년 연료세를 약간 인상하자 '노란 조끼(yellow vest)' 시위가 뒤따랐다. 미국에서는 러시아에 대한 경제 제재로 에너지 가격이 오르자 바이든 정부가 국내 화석 연료 생산을 늘리고, 사우디아라비아에 더 많은 석유를 보내 달라고 애걸해야 했다.[8] 독일의 경우 화석 연료 난방 시스템을 금지하고 친환경적 히트 펌프(heat pump)를 도입하려다가 국민의 반발이 일면서 집권 연립 정부가 거의 분열될 뻔했고, 결국 누더기 같은 타협안으로 통과된 법안은 원본의 껍데기만 남았다. 2023년 영국 보수당이 선거에서 패배한 원인으로 고가의 에너지가 지목되었고, 집권 보수당 리시 수낵(Rishi Sunak) 총리는 일련의 기후 정책들의 집행을 미뤄야 했다. 2024년 미국 대통령 선거에서 바이든 정권의 카멀라 해리스 부통령은 자신이 통과시키는 데 힘을 보탠 역사적인 기후 투자 법안보다 바이든 행정부에서 석유와 가스 생산을 기록적인 수준으로 끌어

올렸다는 사실을 훨씬 더 강조했다.

정치학자 에릭 보텐(Erik Voeten)은 최근 기후 관련 정책들을 들춰보다가 "기후 정책의 비용을 떠안는 사람들이 점점 더 많이 극우 진영으로 몰려간다"라는 사실을 발견했다.[9] 기후 정책의 역풍을 막을 유일한 정책은 친환경 정책으로 피해를 보는 사람들에게 직접 보상을 해주는 방법이다. 그러나 부유한 나라에서 실현되지 않은 성장에 대해 국민에게 보상해주는 동시에 성장을 억제할 수는 없다. 국제 정치를 에너지 배급이라는 제로섬(zero-sum) 경쟁으로 만들면 친환경적인 미래를 보장하지 못한다.

탈성장이라는 미래 구상을 실현하려다 실패하면 치러야 하는 대가는 단순히 기후 변화 목표치를 1퍼센트의 몇 분의 1 빗나가는 데 그치지 않는다. 화석 연료를 생산하려고 땅을 굴착하고 화석 연료를 태우는 포퓰리스트 권위주의자들에게 미래를 맡겨 거짓 풍요를 누리는 시대로 되돌아가게 된다. 그리고 기후 변화를 우려하는 정당에 대한 신뢰를 떨어뜨리고 국민에게 늘 그들이 원했던 바, 즉 풍부한 에너지라는 선물을 제공해주는 권위주의적인 강력한 통치자(strong-man)에 힘을 실어주게 된다.

"그냥 태워버렸어"

《마법사와 예언자(The Wizard and the Prophet)》에서 찰스 만(Charles Mann)은 다음과 같이 말한다. "인간의 안녕(장수, 영양, 소득, 사망, 전체

인구)을 평가하는 어떤 지표든 선택해서 시간의 경과에 따른 그 가치를 그래프로 그려보라. 십중팔구 수천 년 동안 아주 낮은 수준에서 오르내리다가 18세기와 19세기에 인간이 석탄, 석유, 천연가스에 갇힌 태양의 에너지를 활용하는 방법을 터득하게 되면서 갑자기 증가한다."[10]

에너지가 없으면 물질적인 영화조차 심각하게 제약된다. 찰스 만은 1695년 베르사유 궁전 만찬에 초대받은 방문객들이 모피 외투를 입은 왕과 성에가 낀 유리잔을 보고 놀라움을 금치 못했다고 지적한다. 베르사유 궁전의 실내는 추웠고 난방을 할 돈이 없었다. 100년 후 토머스 제퍼슨(Thomas Jefferson)이 거주한 버지니아주 몬티첼로(Monticello) 자택에는 거대한 포도주 저장고와 책이 빼곡한 서재가 있었고 그는 강제 노동을 하는 100여 명의 노예를 부렸지만,[11] 겨울에는 그가 글을 쓸 때 펜촉의 잉크가 얼어붙곤 했다.[12]

오늘날 난방 장치는 수많은 이들의 추위를 해결해주었다. 그러나 모두가 그 혜택을 누리지는 못한다. 에너지 불평등보다 훨씬 근본적인 불평등은 찾기 어렵다. 작고한 인구학자 한스 로슬링(Hans Rosling)은 이러한 사실을 다음과 같이 생생하게 묘사한다. 2010년 그는 접근할 수 있는 에너지가 뭔지에 따라 인류를 집단으로 나눌 수 있다고 주장했다. 당시에는 대략 20억 명이 전기가 없어서 불을 이용해 음식을 만들고 물을 데웠다. 약 30억 명은 전등을 사용할 수 있을 정도로 전력에 접근할 수 있었다. 10억 명 정도는 세탁기와 같이 노동을 절약하는 가전제품을 쓸 정도로 에너지와 부를 누렸다. 오로지 최상위 10억 명만이 비행기를 탈 여유가 있었고 미국은 세계 에너지 소비량의 절반을 소비했다.[13] 에너지는 부를 가늠하는 핵심적인 지표였다.

우리 모두 에너지 측면에서 부유해질 수 있을까? 석탄과 석유를 태운다면 불가능하다. 화석 연료 매장량은 유한하고 계속해서 화석 연료를 태우는 행위는 치명적이다. 기후 변화가 사기극이라고 해도 이 사실은 변하지 않는다. 한 해에 대기 오염으로 사망하는 사람은 700만 명에서 900만 명 정도 된다. 이는 교통사고 사망자 수의 6~7배이고 전쟁이나 테러 또는 모든 천재지변으로 사망한 사람들을 합한 수의 수백 배다. 나무나 석탄을 태워 요리하고 지난번 수확한 작물의 밑동을 태워서 농사를 짓는 사람들에게 가장 치명적이다. 다시 말해서 에너지 빈곤층에게 가장 치명적이다. 에너지가 빈곤한 지역에 거주하는 이들은 연료를 태우고 그 부산물을 들이마시기 때문이다.

인류 역사를 통틀어 대부분의 기간, 달리 선택의 여지가 없었다. 산업혁명 이후로 부유해진 사회가 거의 하나같이 대기 오염이 위험한 수준까지 높아진 이유는 바로 그 때문이다. 19세기에 런던 시민은 스모그에 질식했고 20세기에 뉴욕과 로스앤젤레스에서 같은 현상이 일어났다. 몇 년 전 중국 베이징의 대기 오염은 세계적으로 논란이 되었고 지금 인도의 델리도 마찬가지다. 그러나 가만히 보라. 대기 오염 문제는 사라진다. 로스앤젤레스는 부유해졌고 시민들은 이제 깨끗한 공기를 마신다. 런던도 마찬가지다. 19세기 런던의 대기 오염은 지금의 델리보다 훨씬 심했다.[14]

해나 리치(Hannah Ritchie)는《나는 이 빌어먹을 지구를 살려보기로 했다》에서 이렇게 말한다. "환경 보호는 경제와 대척점에 있는 듯이 표현되곤 한다. 기후 변화를 막느냐, 아니면 경제 성장을 이루느냐 양자택일의 문제로 담론의 틀이 짜인다. 환경 오염 대 시장이다. 이는 크게 잘못됐다."[15] 사회가 경제적으로 기술적으로 부유해지면 공기와 수질을 정화한다. 대기 오염은 에너지를 너무 많이 사용하거나 성장을 지나치게 추구해서 생기는 문제가 아니다. 돈이 없거나 다른 방식으로 성장할 기술이 없어서 대기를 오염시키는 에너지를 사용해 생기는 문제다.

기후 변화도 마찬가지다. 과거에 우리는 화석 연료를 사용하지 않고 어떻게 경제 성장을 해야 할지 그 방법을 몰랐다. 이제는 안다. 이게 바로 우리 시대의 기술이 만들어낸 기적이다. 태양 에너지 비용은 2010년부터 2020년 사이에 90퍼센트 하락했다. 같은 기간 동안 풍력 에너지 비용은 거의 70퍼센트 하락했다.[16] 태양 에너지는 인간의 폐를 상하게 하지 않는다. 풍력 에너지는 인간의 눈을 따갑게 하지 않는다. 태양 에너지도 풍력 에너지도 지구의 기온을 상승시키지 않는다. 20년 전에는 현대성이 재생 에너지와 공존 가능하다고 상상조차 할 수 없었다. 이제 이는 현실이 되었으므로 우리는 상상할 필요도 없다.

세계에는 1954년부터 2017년까지의 기간보다 2023년 한 해에 훨씬 많은 태양 에너지 시설이 설치되었다. 캘리포니아주와 텍사스주는 '마이너스 에너지 가격'을 기록한 시기가 반복되었다. 이해하기가 어렵겠지만, 마이너스 에너지 가격이란 공급이 수요보다 많아서 소비자가 돈을 받고 에너지를 소비하는 상황을 뜻한다. 태양 에너지 비용은 매우 빠른 속도로 하락하므로, 2030년 무렵이면 세계 대부분 지역에서 하루 중 대부분의 시간 동안 사실상 무료가 된다. 블룸버그NEF(BloombergNEF, 블룸버그 산하 에너지 조사 기관-옮긴이) 애널리스트 제니 체이스(Jenny Chase)는 〈뉴욕타임스〉와의 인터뷰에서 다음과 같이 말했다. "태양 에너지가 이제 지금 상황까지 도달했다는 사실이 믿기지 않는다. 거의 20년 전 당신이 20년 후에 상황이 이러리라고 내게 말했다면 나는 아마 당신이 제정신이 아니라고 했을지 모른다. 당신 면전에 대고 박장대소했을지 모른다. 진짜로 혁명이 일어나고 있다."[17]

"실증적 자료를 토대로 한 기술 예측과 에너지 전환"이라는 무미건조한 제목이 붙었지만, 내용은 흥미진진한 이 논문에서 연구자들은 석유, 천연가스 그리고 석탄의 가격은 물가 상승을 고려해 보정한 후에도 140년 전의 가격과 비슷하다는 사실을 깨달았다.[18] 그러나 재생 에너지는 계속 예상을 깨고 있다. 위의 논문 저자들은 가장 널리 쓰이는 예측 모델들이 추산한 태양 에너지 비용 예측지 2,905건을 살펴본 결과, 태양 에너지 비용은 한 해에 2.6퍼센트 하락하고 하락치는 6퍼센트를 넘지 않는다고 예측되었다는 사실을 깨달았다. 그런데 실제로 태양 에너지 비용은 해마다 15퍼센트 하락했다. 2022년 미국 에너지 정보청(US Energy Information Administration)은 향후 수십 년 동안 새로운 에너지 설비의 생애 주기 비용을 예측한 보고서를 발표했다. 태양 에너지는 이미 천연가스보다 저렴했다. 풍력 에너지는 1달러 더 비쌌다. 태양 에너지와 풍력 에너지 둘 다 석탄 가격의 절반 정도였다.[19]

기후 변화에 대한 글을 쓰는 환경 운동가 빌 맥키븐(Bill McKibben)은 다음과 같이 말했다. "우리가 밤낮으로 밝혀놓는 불 대신 하늘에 떠 있는 불에 의지할 수 있다. 9,300만 마일 떨어져서 지구를 데우는 거대한 가스 불덩어리의 에너지를 태양광 패널로 모으고 터빈으로 풍력 에너지를 아주 효율적으로 이용할 수 있다. 이러한 태양 에너지와 풍력 에너지가 생산하는 전기로 집의 난방과 냉방을 하고, 음식을 요리하고, 자동차와 자전거와 버스를 움직이게 할 수 있다. 연소하는 태양을 이용하면 우리는 연료를 태울 필요가 없다."[20]

이러한 기적의 에너지에 원자력이나 지구 표면 밑에서 끓어오르는 지열 에너지나 파도가 생산하는 수력 에너지를 보탤 수도 있다. 우리가 창의력을 발휘하고 청정에너지를 이용할 의지가 있다면 생산도 가능하고 사용도 가능한 청정에너지는 넘친다.

따라서 온실가스 배출의 속도는 얼마든지 조절할 수 있다. 이러한 사실을 분명히 깨닫기 위해서 새로운 에너지 기술을 구상할 필요도 없다. 그저 지금 서로 다른 나라들이 에너지를 생산하는 방식만 보면 된다. 미국은 1인당 탄소 15톤을 배출한다. 캐나다와 오스트레일리아도 거의 똑같은 양을 배출한다. 독일과 일본의 1인당 탄소 배출량은 8톤이고[21] 프랑스와 영국은 5톤이 채 안 된다. 생활 수준이 비슷한 나라들인데도 배출량이 천양지차다. 런던이나 파리나 도쿄나

베를린 도시를 배회하는 사람은 토론토나 시드니나 휴스턴의 거리를 걷는 사람에 비해 물질적 박탈감을 감지하지 못한다.

공간을 초월해 나타나는 이러한 사실은 시간도 초월해 나타난다. 1979년 미국은 1인당 이산화탄소 22.7톤을 배출했다. 캐나다는 18.2톤, 독일은 14.3톤, 오스트레일리아는 13.2톤, 영국은 11.5톤, 프랑스는 10톤을 배출했다.[22] 이 나라들은 모두 당시보다 오늘날 훨씬 부유하다. 그렇지만 그때보다 지금이 오히려 1인당 탄소 배출량이 더 적다. 이런 나라들이 자국이 소비하는 상품을 대부분 생산하는 개발도상국에서 수입함으로써 배출량을 개발도상국으로 이전했기 때문이 아니다. 연구 조사자들은 교역 데이터를 이용해 제조업에서 비롯되는 배출량의 움직임을 추적했다. 제조업 해외 이전을 고려해 보정하면 탄소 배출량 하락 폭이 줄긴 하지만(미국의 경우 21퍼센트 하락이 14퍼센트 하락으로 바뀐다) 완전히 상쇄되는 근처에도 가지 않는다.[23]

이런 나라들에서 하나같이 바뀌고 있는 것은 에너지원이다. 리치는 다음과 같이 말한다. "1900년 영국의 에너지는 거의 다 석탄에서 비롯되었고 1950년 무렵에도 여전히 에너지의 90퍼센트 이상이 석탄에서 나왔다. 현재 석탄이 공급하는 전기는 2%가 채 안 되는데, 영국 정부는 2025년 무렵까지 석탄 사용을 점진적으로 폐지하겠다고 선언했다."[24] 실제로 영국에서 마지막으로 석탄을 연료로 사용한 화력 발전소는 2024년 9월 폐쇄되었다.[25]

청정에너지로 오늘날 경제를 운영할 수 있다. 청정에너지로 경제를 개발할 수도 있다. 오늘날 그 어떤 경제 국가든 청정에너지로써 현재의 경제 수준을 초월할 수 있다. 우리가 이 책을 집필하는 동안 로렌스 리버모어 국립 연구소(Lawrence Livermore National Laboratory) 연구자들은 레이저 점화 핵융합 실험에서 그들이 사용한 에너지보다 더 많은 에너지를 생산하는 데 성공했다.[26] 우리는 핵융합의 작동 방식을 알고 있다. 행성들이 에너지를 생산하는 방식이 바로 핵융합 방식이다. 핵융합이 지구상에서도 가능한지(적어도 적정한 가격에 대규모 생산이 가능한지) 우리는 지금까지 몰랐었다. 그러나 우리는 이를 실현하는 데 점점 더 가까이 다가가고 있다.

미국은 자국이 에너지가 도달 가능한 잠재력의 종착역에 도달했으므로, 세계 나머지 국가들이 미국을 따라잡기만 하면 된다고 넘겨짚고 싶은 유혹을 받는다. 하지만 미국은 그런 상태에 도달하지 못했다. 미국은 인류와 에너지의 관계에 있어서 아직 초창기에 머물러 있다. 오늘날의 기술들은 미래에는 우스꽝스럽거나 심지어 야만스러워 보이게 된다. 컬럼비아대학교의 세계 에너지 정책 센터 연구 국장을 지낸 멀리사 랏(Melissa Lott)은 이렇게 말한다. "앞으로 100년 또는 200년 후에는 모든 게 완전히 달라진다. 사람들은 지금을 돌이켜보면서 우리가 에너지를 사용한 방식에 놀라움을 금치 못하게 된다. 사람들은 '아니, 저런 걸 태워서 에너지를 생산했어?'라고 말하게 되리라고 본다."[27]

화석 연료에서 비롯되는 에너지가 환경에 끼치는 영향을 분명히 알면서도 풍부한 청정에너지가 지닌 가능성을 실현할 엄두를 내지 못하는 사람들이 너무 많다. 오스틴 버넌(Austin Vernon)과 일라이 두라도(Eli Dourado)는 〈풍부하고도 남는 에너지(Energy Superabundance)〉라는 논문에서 가까운 장래에 실현될 가능성을 그려본다. 수직 온실 농법으로 토지를 훨씬 적게 사용하고도 더 많은 사람에게 식량을 공급할 수 있다. 담수화는 현재 이스라엘에서 물을 공급하는 주된 기술인데, 21세기 중엽 무렵이면 이 기술은 싱가포르에서 물 수요의 절반 이상을 공급하게 된다. 담수화 기술은 앞으로 새로운 수원이 가장 절실히 필요한, 상대적으로 빈곤하고 인구가 많은 국가도 감당할 수 있을 정도로 가격이 하락하게 된다. 대기 중의 이산화탄소를 직접 제거하는 기술도 실현 가능성이 커져서 시간이 갈수록 기후 변화를 역전시킬 길을 열어주게 된다.

그러나 미래에 청정에너지 경제를 구축하기 위해서 가장 먼저 할 일은 당장 지금 청정에너지 경제를 구축하는 일이다. 이는 버거운 과업이다.

뭐든지 전력화하기

우선 미국의 대부분 가구가 주로 어떤 식으로 지구를 덥게 만드는지 살펴보자. 미국인들은 자동차를 몰고 집을 난방하고 음식을 조리하고 빨래를 말린다. 이러한 활동을 하려면 수없이 많은 기계가 필요하고 이러한 기계들은 대부분 화석 연료로 작동한다. 탈탄소화를 하려면 이 모든 기계는 전기로 작동시켜야 한다.

에너지 애널리스트 샘 칼리쉬(Sam Calisch)와 솔 그리피스(Saul

Griffith)는 앞으로 몇 년 후면 소비자들이 1억 대의 기계를 청정에너지를 쓰는 대안으로 교체해야 한다고 내다본다.[28] 지금 소유하고 있는 자동차를 폐기 처분하게 되면 이를 전기 자동차로 바꿔야 한다는 뜻이다. 기존의 난방 장치가 마지막 온기를 토하고 사망하면 히트 펌프로 교체해야 한다는 뜻이다. 가스 스토브는 인덕션 스토브로 교체하고 천연가스로 작동하는 빨래 건조기는 히트 펌프를 쓰는 건조기로 교체해야 한다는 뜻이다.[29]

이 모든 새로운 기계들을 생산하는 일 자체가 제조업에서 극복하기 매우 버거운 난관이다. 사람들을 설득하기 어려운 문제이기도 하다. 사람들이 이러한 대안들을 쓰고 싶게 만들어야 한다. 즉 대안들은 탁월해야 하고, 여러모로 현재 대안들은 탁월하다. 전기 자동차는 내연기관을 장착한 자동차보다 훨씬 빨리 속도가 붙고 훨씬 소음이 적다. 인덕션 스토브로 물을 끓이는 데 드는 시간은 가스 스토브의 몇 분의 1밖에 되지 않는다. 이러한 장점들은 널리 알려지지 않고 있으므로(그리고 신기술은 성숙한 기술보다 훨씬 비싸므로), 보조금을 넉넉히 지급하고 광고도 적극적으로 해야 한다. 이러한 대안들이 훨씬 바람직하다는 사실은 삼척동자도 안다. 그러나 극복해야 할 난관들이 있다. 이러한 난관들을 부분적으로 또는 완전히 극복할 수 있다고 가정해보자. 이제 예전보다 훨씬 전기를 많이 소비할 기계가 수없이 많이 필요하다. 그 많은 전기는 다 어디서 구할까?

2022년 미국에서 생산된 전기의 약 60퍼센트는 화석 연료에서 비롯되었다.[30] 발전용 연료의 구성은 주마다 다르다. 사우스다코타주가 생산하는 전기의 84퍼센트는 재생 에너지에서 비롯되는데, 주로 풍력 에너지다.[31] 워싱턴주는 수력 발전 덕분에 전기의 74퍼센트를 재생 에너지에서 얻는다.[32] 반면 네바다주는 전기의 56퍼센트가 천연가스에서 비롯된다.[33] 와이오밍주는 석탄에서 71퍼센트의 전기를 얻는다.[34] 플로리다주가 태양 에너지에서 얻는 전기는 겨우 6퍼센트 정도다.[35] 플로리다주의 애칭이 햇빛을 뜻하는 '선샤인 스테이트(Sunshine State)'라는 사실이 무색하다.

가장 먼저 할 일은 화석 연료에서 비롯되는 전기의 60퍼센트를 0퍼센트에 가깝게 전환하는 일이다. 아니면 적어도 대기 중에 탄소를 배출하는 연료에서 비롯되는 전기를 0퍼센트로 하는 일인데, 그렇게 하면 탄소 포집이 가능한 천연가스가 역할을 할 여지를 남겨 놓을 수 있다.

그것만도 충분히 버거운 과업이다. 그러나 수없이 많은 새로운 기계들을 미국의 전력망에 꽂으려면 지금 생산하는 전기가 청정에너지에서 비롯되어야 할 뿐만 아니라 더 많은 전기가 필요하다. "2020년부터 2050년까지 15년마다 현재 전력망 전체가 공급하는 만큼의 전기를 공급할 전력망을 또 하나 구축해야 한다는 뜻이다"라고 프린스턴대학교 에너지 전문가 제시 젱킨스(Jesse Jenkins)는 말한다.[36] 게다가 새 전력망은 태양광 패널과 풍력 발전 터빈과 저장 배터리로 구축해야 한다.

젱킨스를 비롯한 연구팀은 이러한 새로운 전력망의 구체적인 모형을 구축했다. 탈탄소화로 가는 개연성 있는 방법은 59만 평방킬로미터의 면적에 풍력과 태양광 시설을 설치하는 방법이다. 이는 대략 코네티컷주, 일리노이주, 인디애나주, 켄터키주, 매사추세츠주, 오하이오주, 로드아일랜드주 그리고 테네시주를 합한 면적에 맞먹는다.[37] 게다가 신속하게 설치해야 한다. 각각 밴더빌트대학교와 UCLA에서 환경법을 가르치는 J.B. 룰(J. B. Ruhl) 교수와 제임스 살즈먼(James Salzman) 교수는 2023년 발표한 논문 〈친환경의 딜레마(The Greens' Dilemma)〉에서 이를 다음과 같이 생생하게 묘사한다. "지금 미국에서 가동 중인 최대 태양광 에너지 시설의 전력 생산량이 580메가와트라는 사실을 생각해보자. 재생 에너지 사용 목표치의 중간 수준 정도만 달성하려고 해도 400메가와트를 생산할 수 있는 태양광 에너지 시설을 앞으로 30년 동안 매주 새로 2개(하나당 토지 2,000에이커를 차지)씩 가동해야 한다."[38]

그렇게 많은 풍력과 태양광 에너지 시설을 구축하려면 설비를 제조하는 난관뿐만 아니라 정치적 난관도 극복해야 한다. 똑같은 양의 에너지를 생산한다고 할 때 풍력과 태양광 시설은 석탄이나 천연가스 시설보다 훨씬 많은 토지가 필요하다. 매입하기 쉬운 노지도 있지만, 대부분은 그렇지 않다. 사람들은 자신이 사는 지역 근처에 풍력 발전 시설이 우뚝 솟아오를까 두려워하고, 지역 공동체들은 대규모 태양광 패널이 깔릴까 우려한다. 공유지의 경우 풍력이나 태양광 에너지 시설을 구축하려면 연방 정부의 관할권과 주 정부의 관할권이 중첩되는 부분과 관련해 연방 정부와 주 정부가 협상해야 한다. 시설 설치 계획을 세우고 허가를 받는 데만도 몇 년이 걸릴지 모른다.

일단 시설을 가동해 전력을 생산하게 되면 전기를 전송해야 하는 데 때로는 아주 먼 곳까지 송전해야 한다. 오리건주보다 오클라호마주가 바람이 세고 메인주보다 애리조나주가 햇빛이 훨씬 더 눈부시지만, 완전히 전기로 작동하는 경제 체제가 되려면 서로 멀리 떨어져 있는 이러한 주들이 모두 통합 전력망에 연결되어야 한다. 전기를 한 장소에서 다른 장소로 옮기는 시설을 송전선이라고 하는데, 한 해에 4,100마일 이상의 송전선을 설치해본 적이 없다.[39] 그런데 재생 에너지 생산 목표치를 달성하려면 해마다 그 이상의 송전선을 설치해야 한다. 송전선 설치 프로젝트는 시행이 지연되고 예산이 초과하기 일쑤이고 계획된 프로젝트가 보류되는 경우도 허다하다. 2016년 로렌스 버클리 국립 연구소(Lawrence Berkeley National Laboratory)가 발표한 보고서에 따르면, 2021년 완공을 목표로 한 주요 송전선 설치 프로젝트 5건 가운데 완공된 프로젝트는 하나밖에 없었다. 다른 4건은 설치에 착수도 하지 못했다.[40]

수십 년 동안 미국의 리버럴 진영은 덴마크 사회 복지 체제에 얼마나 근접했는지를 성공의 지표로 삼았다. 리버럴 진영은 의료 보험 확대와 유급 휴가와 유급 병가의 확대, 근로 소득세액 공제와 자녀 세액 공제와 적절한 수준의 은퇴 연금의 확대를 위해 싸웠다. 모두 싸울 가치 있는 명분들이다. 그리고 이러한 투쟁에서 이기기는 했지만, 그 승리는 대체로 기존의 세제와 규정 안에서 투쟁한 결과다. 사회 보장 프로그램을 구축하려면 때로는 새로운 구조가 필요하지만 새로운 구조가 아주 많이 필요한 경우는 드물다. 리버럴리즘은 새로운 규제를 만들고 자금을 이전함으로써 세상을 바꿔왔고 지금도 바꾸고 있다.

그러나 기후 위기를 극복하려면 뭔가 다른 게 필요하다. 새로운 구조를 구축하는 리버럴리즘이 필요하다. 기간 시설 투자와 일자리 법안(The Infrastructure and Investment Jobs Act), 물가 상승 감축 법안(The Inflation Reduction Act), 반도체 산업 육성과 과학증진 법안(The CHIPS and Science Act)을 통해 청정에너지 투자, 보조금, 융자 보증 등에 모두 4,500억 달러가 투입된다. 워싱턴 정가에서는 이러한 법안의 규모를 보통 액수로 따진다. 돈이 많이 들수록 법안의 규모가 크다. 하지만 액수는 기껏해야 불완전한 지표다.

새로운 구조를 더 빨리 완성하려면 돈이 더 많이 필요하고, 더 적은 비용으로 완성할 수 있으면 돈은 남는다. 4,500억 달러는 추산한 금액일 뿐이다. 위의 법안들에 담긴 보조금은 대부분 용도가 정해져 있지 않다. 보조금을 이용할 수 있는 최대한 많은 프로젝트에 자금이 투입된다. 우리가 기간 시설을 구축하는 데 속도를 낼 수 있다면 위의 법안들에 따라 수조 달러를 투입할 수도 있다. 프로젝트 허가 나기가 어렵다면 4,500억 달러보다 훨씬 적은 액수가 투입될 수도 있다. 절대로 완공되지 않을 프로젝트에 수백억 수천억 달러를 낭비할지도 모른다. 즉 얼마나 자금을 투입하는지가 아니라 어떤 구조물이 구축되는지가 중요하다.

캘리포니아주의 멈춰 선 고속철도

1982년 캘리포니아주 주지사 제리 브라운(Jerry Brown)은 캘리포니아 전역에 고속철도를 건설하려면 어떻게 해야 할지 조사하는 법안에 서명했다. 캘리포니아 주민들은 이 법안을 환영했다. 1996년 캘리포니아는 고속철도청을 수립하고 미국에서 가장 빠른 철도를 건설한다는 계획을 수립했다. 철도 건설 계획을 수립한 이들은 은색 차량이 수백만 명의 부모와 자녀들을 태우고 철로를 따라 질주하는 모습을 상상했다. 실리콘밸리 기업가들, 할리우드 배우들 그리고 나홀로 여행객들은 시속 220마일로 미국에서 가장 큰 주를 통과하는 모습을 상상했다. 교통 지옥과 오염된 공기가 목을 조여오는 고속도로에 작별을 고하고 격조 있는 식당칸과 뒤로 젖혀지는 좌석이 있는 기차를 이용하게 되는 미래를 상상했다.

고속철도는 저온 핵융합(상온에서 발생하는 핵융합 반응-옮긴이)이나 하늘을 나는 자동차같이 미래에 등장할 기술이 아니다. 프랑스와 일본은 이미 1960년대에 고속철도 프로젝트의 지평을 열었다. 이 책을 쓴 우리 두 사람은 테제베(TGV)를 타고 파리에서 보르도까지 가보았고, 신칸센을 타고 도쿄에서 교토까지 가보는 등 외국에서 고속열차에 탑승한 적이 있다.

그런데 캘리포니아주의 고속철도 건설 프로젝트는 진전이 없었다. 하염없이 세월이 흘렀고 주지사가 여러 번 바뀌었다. 2008년 유권자들은 330억 달러를 들여 2020년까지 고속철도 첫 구간을 완성하는 계획을 승인했다. 그러고 나서 2011년 고속철도 건설 계획을 가장 열렬히 추진한 브라운이 거의 30년 만에 예상을 뒤엎고 주지사 자리를 탈환했다. 그는 2012년 신년 연설에서 고속철도가 자신의 중점 사업이라고 강조하면서 다음과 같이 말했다. "여러분이 나처럼 캘리포니아가 계속 성장하리라 믿는다면, 그리고 우리 주에 거주하는 사람들이 수백만 명 더 늘어나게 된다면 고속철도는 현명한 투자다." 캘리포니아는 이 프로젝트를 완성할 만반의 태세가 되어 있었다. 브라운 주지사는 "몇 주 안에 사업 계획이 수정되면 올해가 다 가기 전에 첫 삽을 뜰 수 있게 된다"라고 약속했다.

이번에는 브라운 주지사에게 동맹 세력이 있었다. 2009년 오바마 대통령은 미국 회복과 재투자 법안(American Recovery and Reinvestment Act)에 서명했다. "회복" 부분이 무엇을 뜻하는지 명백했다. 2008년 주택 시장 거품으로 금융 위기가 일어났다. 금융 위기는 대량 실업 사태로 이어졌다. 경제는 당장 도움이 절실했다. 그러나 정부는 단순히 경기 부양책 이상의 뭔가를 하고자 했다. 길이 기억될 업적을 남기고 싶었다. 정부는 미국의 힘과 번영의 세기의 토대가 될 야심 찬 프로젝트를 원했다. 오바마 정권의 비서실장 람 이매뉴얼(Rahm Emanuel)은 다음과 같이 말했다. "심각한 위기를 절대로 낭비하면 안 된다. 무슨 뜻이냐 하면, 위기는 지금까지는 할 수 없다고 생각한 일들을 할 기회라는 뜻이다."[41]

오바마가 서명한 법안의 "재투자" 부분은 이러했다. 수천억 달러를 들여 미래의 기간 시설을 구축하는 일이었다. 그리고 고속철도는 언론의 관심을 집중할, 재투자의 화려한 핵심 사업이었다. 2009년 4월 오바마는 다음과 같이 말했다. "도심에서 열차에 탑승한다고 상상해보라. 공항에 허겁지겁 도착해 터미널을 가로지를 필요도 없고, 연착이나 연발을 걱정하거나 활주로에 주저앉아 기다릴 필요도 없고, 짐을 분실하거나 신발을 벗고 보안 검색대를 통과할 필요도 없다. 시속 100마일 이상으로 도심을 순식간에 관통하고, 대중교통 정거장까지 몇 발짝만 걸으면 되고, 목적지에서 가까운 곳에 도착한다고 상상해보라. 미국을 재건할 얼마나 대단한 프로젝트인지 상상해보라. 모두 알다시피 이는 상상 속에나 존재하는 머나먼 미래의 현실성 없는 구상이 아니다. 바로 지금 일어나고 있는 일이다. 수십 년 전부터 일어나고 있는 일이다. 문제는 다른 곳에서는 오래전부터 일어나고 있는데 이곳 미국에서는 일어나지 않고 있는 일이라는 사실이다."[42] 오바마는 미국에서도 고속철도가 건설되기를 바랐다.

가장 명백한 후보지는 캘리포니아였다. 오바마는 이렇게 말했다. "캘리포니아 유권자들은 이미 대도시들과 도심을 연결하는 시속 220마일의 열차와 역들로 구성된 고속철도 체계를 추진하기로 했다. 그러면 고속도로의 끔찍한 교통체증과 공항의 혼잡을 덜게 된다. 샌프란시스코에서 로스앤젤레스까지 두 시간 반이면 도착할 수 있게 된다."

2009년 당시 캘리포니아의 고속철도 사업의 위상은 이러했다. 미국 대통령의 역점 사업이었다. 수십 년 만에 캘리포니아 주민이 선택한 가장 막강한 주지사의 역점 사업이었다. 캘리포니아 유권자들은 고속철도 사업을 실현하기 위해 수십억 달러를 할당했다. 게다가 연방 정부도 수십억 달러를 보탰다. 고속철도 사업을 추진하기에 이보다 더 우호적인 여건을 상상하기가 힘들다. 캘리포니아 고속철도청 대변인은 시청자들의 전화를 받는 라디오 프로그램에 출연해 청취자들에게 "2020년 샌프란시스코에서 로스앤젤레스까지 열차를 타고 가게 된다"라고 말했다.

그러나 고속철도 건설 사업은 부진했고 비용은 눈덩이처럼 불어났다. 2018년 마지막 신년 연설에서 브라운 주지사는 고속철도 건설 사업에 대한 캘리포니아 주민들의 지지를 끌어내려고 안간힘을 쓰면서 이렇게 말했다. "우리 앞을 여러 가지 난관이 가로막고 있지만 그렇다고 망연자실하거나 포기할 수는 없다."[43] 이듬해 브라운의 부지사로 일한 개빈 뉴섬(Gavin Newsom)이 주지사 직책을 이어받았다. 뉴섬은 첫 번째 신년 연설에서 이렇게 말했다. "현실을 직시하자. 현재 계획한 대로의 고속철도 건설 사업은 비용이 너무 많이 들고 너무 오래 걸린다. 회계 감사가 거의 이뤄지지 않고 투명성도 보장되지 않고 있다. 지금 당장 샌프란시스코에서 로스앤젤레스까지 갈 철도는 고사하고 새크라멘토에서 샌디에이고까지 갈 철도도 깔지 못했다. 그렇지 않다면 좋겠지만 현실이 그렇다."[44]

야심 찬 계획은 물거품이 되었다. 캘리포니아는 이제 샌프란시스코와 로스앤젤레스 같은 대도시들을 연결하는 고속철도를 건설하지 않고 있다. 캘리포니아주는 실패한 이 사업에서 뭐라도 건지려고 했다. 농업 중심지인 머세드(Merced)와 베이커스필드(Bakersfield)를 연결하는 철도다. 애초에 고속철도 건설 계획에 포함되었다면 아무도 승인하지 않았을 철도다. 대폭 축소된 고속철도 건설 계획 비용은 220억 달러에 달했다.[45] 그러나 이 노선에 산정된 비용도 눈덩이처럼 불어났다. 가장 최근의 예상치는 완공하려면 350억 달러가 들고 2030년부터 2033년 사이의 어느 시점까지는 승객을 실어 나르지도 못한다.[46] 그것도 모든 게 계획대로 순조롭게 진행될 때의 얘기다.

미국은 세계 다른 어느 나라에도 뒤지지 않을 정도로(아니 어느 나라보다도 많이) 철도 기술에 투자를 해왔다. 1800년대 말에 미국은 공기 저항력을 이용해 감속하는 에어브레이크(air brake)를 발명했고,[47] 철도 건설에서 세계의 선두주자였다. 중앙 태평양 철도 회사(Central Pacific Railroad Company)를 이끄는 캘리포니아주의 사업가들은 1860년대에 대륙 횡단 철도의 서부 일부인 몇백 마일 구간을 제외하고 전 구간을 건설했다. 이 건설 프로젝트는 거의 1,800마일에 달했지만 완공까지 6년밖에 걸리지 않았다. 요즘 6년은 캘리포니아주가 고속 열차 건설을 10년 더 연기해야 한다는 사실을 깨닫는 데 걸리는 시간이다. 캘리포니아주가 500마일 길이의 고속철도 체계를 완공하는 데 실패하는 사이에 중국은 2만 3,000마일이 넘는 고속철도를 건설했다.[48]

2023년 10월 우리 둘 중 한 사람(에즈라 클라인)은 캘리포니아주의 프레즈노(Fresno)를 방문해 캘리포니아 고속철도청이 건설한 철도 기간 시설을 둘러보았다.[49] 이 프로젝트는 정치적 환상과 물리적 현실 사이의 어정쩡한 상태에 갇혀 있었다. 고속철도청은 캘리포니아 주민들이 실제로 건설하기를 원한 로스앤젤레스부터 샌프란시스코 구간을 완공하기 위해서 필요한 자금도 정치적 지지도 태부족했다. 뉴섬 주지사가 제안한 베이커스필드부터 머세드 구간을 완공할 자금조차 없었다. 완공에 필요한 자금이나 정치적 지지를 어떻게 확보할지 아무런 구체적 방법도 보이지 않았다. 그러나 자금과 정치적 지지가 전혀 없지는 않으므로, 캘리포니아 주민들이 기왕 시작한 프로젝트를 마무리하기를 바랄 것이라는 희망을 품고 계속 건설은 하고 있다.

클라인은 철로를 건설한 엔지니어들과 함께 건설된 구간을 걸으면서 공학적인 문제보다는 정치적 문제에 관한 얘기를 더 많이 들었다. 클라인은 계획된 철로를 가로막는다는 이유로 철거한 99번 고속도로 구간에 서보았다. 거기서 멀지 않은 곳에는 데럴의 소규모 물건 보관소(Derrel's Mimi Storage)가 있었다. 사람들은 토지 사용권을 확보하는 절차란, 주 정부가 원하는 땅이 있으면 땅 주인에게 당신 땅이 필요하다고 얘기한 다음 땅 주인에게 얼마 정도 쥐어주고 그 땅을 가져가는 단순한 절차라고 생각한다. 하지만 실제로는 고속철도청이 그 땅을 확보하기까지 네 차례 토지 수용 요청서를 제출하고 2년 반 동안 법적 다툼을 해야 했다.

이러한 사연은 끊임없이 되풀이되었다. 일부 구간은 화물철도와 겹쳤다. 그러나 화물철도는 명절 연휴 기간에 너무 혼잡해서 10월부터 12월까지 건설을 잠정 중단해야 했다. 따라서 그러한 구간에서는 한 해의 상당 기간 건설이 중단되었다. 열차는 자동차보다 대기를 덜 오염시키지만, 고속철도 건설 계획은 구간마다 빠짐없이 환경 영향 평가를 여러 차례 통과해야 했고 곳곳에 법적 소송이 도사리고 있었다. 2012년에 시작된 환경 영향 평가 절차는 2024년 무렵에도 여전히 끝나지 않고 있었다. 2018년부터 2024년까지 고속철도청장을 지낸 브라이언 켈리(Brian Kelly)는 이렇게 말한다. "우리 직원들이 이 구간에 대한 환경 영향 평가 절차를 거치는 데만도 10년 넘게 일해왔다는 사실에 항상 놀라움을 금치 못한다."[50]

고속철도를 건설하는 데 그토록 오래 걸리는 까닭은 못을 박거나 콘크리트를 붓는 작업이 더뎌서가 아니다. 협상 때문이다. 법원과 협상하고, 자금을 대는 이들과 사업체 소유주와 주택 소유주와 농장 소유주와 협상해야 하기 때문이다. 이러한 협상은 시간이 걸리고 시간이 걸리면 돈이 더 든다. 이처럼 여러 차례 협상하다 보면 건설하려는 구간이나 설계가 변경되고 그러면 비용이 늘어난다. 이러한 협상을 하다 보면 유권자들은 실망하거나 짜증이 나고, 프로젝트가 신속히 진행되고 있다면 승인되었을 자금의 손실로 이어진다.

이러한 프로젝트를 제대로 하려면 시간을 두고 신중하게 추진해야 한다는 부류가 있다. 환경 영향 평가와 협상과 자문을 하느라 몇 년 더 걸린다고 해도 그럴 만한 가치가 있다고 그들은 생각한다. 그러나 거기에는 대가가 따른다. 켈리는 다음과 같이 말한다. "프로젝트의 비용 추산치는 시간이 흐를수록 늘어난다. 자금도 없고 결정도 못 하고 프로젝트가 굴러가도록 할 추진력도 없을 때 치르는 비용은 어마어마하다. 한 해에 2~3퍼센트, 이번처럼 물가 상승률이 높은 시기에는 5퍼센트 정도 인상된다." 건설이 점점 지연되면서 비용은 계속 오른다. 그러면 프로젝트는 비용이 너무 많이 들어 완성하지 못하게 된다. 그러면 공중은 믿음을 잃는다. 그리고 정치인들은 생각을 바꾸기 시작한다.

뉴섬 주지사는 이런 상황이 얼마나 부정적인 인상을 주는지 잘 안다. 그는 이런 상황이 얼마나 나쁜지 잘 안다. 그는 다음과 같이 말한다. "나는 시장으로서, 부지사로서 그리고 지금은 주지사로서 고속철도 프로젝트의 완공 시기가 몇 년에서 몇십 년으로 늘어나는 과정을 지켜보았다. 사람들은 정부에 대한 신뢰를 잃고 우리는 거대한 프로젝트를 건설하는 우리의 역량에 대한 자신감을 잃는다. 사람들은 내게 늘 묻는다. '1950년대와 1960년대의 캘리포니아는 도대체 어디로 갔을까?'라고 말이다."[51]

그런데 캘리포니아주만 그런 게 아니다. 오늘날 민주당 진영은 그 어느 공화당 지지자 못지않게 공공 부문의 경직성을 신랄하게 비판한다. 바이든 정권 때 물가 상승 감축 법안의 실행을 관장했던, 관록이 있는 존 포데스타(John Podesta)는 "연방 차원, 주 차원, 지역 차원 등 각급 정부에서 정책 실행의 지연이 만연해 있다. 프로젝트를 중단하는 데 이골이 나서 미국에서 뭔가를 건설하는 방법을 아예 잊어버렸다"[52]라고 말했다. 2022년 4월 당시 바이든 정부의 국가 경제 위원회 위원장으로 일하던 브라이언 디즈(Brian Deese)도 엠파이어스테이트빌딩을 완공하는 데 1년 남짓 걸렸다는 사실을 지적하면서 정부는 "미국이 예전처럼 신속하게 그리고, 이따금 실패한 적도

있지만 공정하게 뭔가를 건설할 수 있다는 사실을 보여줄 필요가 있다”라고 말했다.[53]

이에 대한 한 가지 반응(공화당 진영의 전형적인 반응)은 정부는 본질적으로 비효율적이라는 주장이다. 그러나 이런 주장은 데이터로 뒷받침되지 않는다. ‘운송 비용 프로젝트(Transit Costs Project)’는 여러 나라의 철도 건설 프로젝트의 비용을 추적한다. 서로 다른 프로젝트들을 1 대 1로 비교하기는 어렵다. 예컨대 터널을 뚫어야 한다면 비용이 훨씬 늘어나는 등 프로젝트마다 차이가 있기 때문이다.

그렇다고 해도 미국은 투자 금액과 비교해서 얻는 게 너무 없다는 사실이 두드러진다. 미국에서는 철도 1킬로미터(0.6마일)를 건설하는 데 6억 900만 달러가 든다. 독일은 철도 1킬로미터를 건설하는 데 3억 8,400만 달러가 든다. 캐나다는 2억 9,500만 달러면 된다. 일본은 2억 6,700만 달러다. ‘운송 비용 프로젝트’의 데이터베이스에서 가장 적은 비용을 들여 철도를 건설하는 나라는 포르투갈로 1킬로미터당 9,600만 달러다. 이러한 나라는 모두 미국보다 훨씬 터널을 많이 뚫는데,[54] 터널 굴착 경험이 축적되어 자신감이 생기기 때문인 듯하다. 기간 시설을 구축하는 기술이 향상될수록 기간 시설을 구축할 때 더욱 야심 찬 시도를 하게 된다.

미국보다 훨씬 적은 비용으로 기간 시설을 구축하는 나라들도 모두 정부가 프로젝트를 진행한다. 따라서 단순히 정부가 문제가 아니다. 노조도 문제가 아니다. 이 또한 우익 진영이 내세우는 주장이다. 위의 나라들의 노조 가입률은 미국의 노조 가입률보다 훨씬 높다.

건설이라는 수수께끼

1970년대에는 없었으나 지금은 존재하는 기술을 생각해보자. 전동 공구, 컴퓨터 모델링, 원격 화상 회의, 첨단 기계, 조립식 재료들과 세계적 운송업 등이 있다. 과거보다 훨씬 적은 비용으로 훨씬 빠르게 더 많은 시설들을 건설할 수 있다고 생각하게 된다. 그런데 그렇게 못 한다. 아니면, 적어도 안 한다.

1950년대와 1960년대를 통틀어 건설 부문의 생산성(같은 수의 인력과 기계와 똑같은 크기의 토지가 주어졌을 때 얼마나 더 많은 일을 해낼 수 있는지 측정)은 경제의 나머지 다른 부문에 비해 빠르게 성장했다. 그러더니 1970년 무렵 경제 전반의 생산성은 계속 증가하는데 건설 부문의 생산성은 하락하기 시작했다. 오늘날 그러한 생산성 차이는 더 크게 벌어졌다. 2020년 건설 부문 노동자는 1970년의 건설 부문 노동자보다 생산성이 낮다. 적어도 공식적인 통계 자료에 따르면 그렇다. 이를 전반적인 경제와 비교해보면, 1950년부터 2020년까지의 기간에 노동 생산성은 290퍼센트 증가했고, 제조업 부문의 경우는 놀랍게도 생산성이 9배나 증가했다.

시카고 연방준비은행(Federal Reserve Bank)의 회장이자 오바마 정권에서 경제 자문 위원회 위원장을 지낸 오스턴 굴즈비(Austan Goolsbee)와 시카고대학교 부스 경영대학원 경제학자 채드 사이버슨(Chad Syverson)은 〈미국 건설 부문의 생산성이 걸어온 야릇하고 끔찍한 경로(The Strange and Awful Path of Productivity in the U.S. Construction Sector)〉라는 신랄한 제목의 논문에서 이 모두가 통계 수치의 속임수인지, 속임수가 아니라면 뭐가 잘못되어왔는지 파헤치고 있다.

그들의 논문은 원인이 아닌 것을 제거해나가는 방식으로 원인을 찾고 있다. 첫째, 그들은 경제의 다른 부문보다 건설 부문에서 자본이 덜 투입됐는지 살펴본다. 아니었다. 그다음 그들은 측정의 오류인지 살펴본다. 1970년대 어느 시점을 기점으로 건설 산업에 투입된 노동이나 자재들을 과대평가했거나, 아니면 노동과 자재를 투입해 얻은 결과물을 과소평가했거나, 아니면 둘 다일 수 있다는 뜻이다. 그들은 이를 몇 가지 서로 다른 방법으로 분석했는데, 가장 흥미로운 방법은 노동자 1인당 집을 몇 채 지었는지 살펴보고 이를 평방피트로 보정했다. 여기서 생산성 변화 추세는 하락한다기보다 정체되는 듯이 보이고, 단독 주택 건설에서는 노동 생산성이 약간 상승하는 듯 보이기도 하지만 역시 건설 부문의 생산성은 경제의 나머지 다른 부문에서의 생산성 향상 추세의 근처에도 가지 못한다.[55]

이는 미국의 자료에서만 나타나는 특이한 현상이 아니다. 세계적으로 나타나는 현상이다. OECD가 1996년부터 2019년까지 기간 동안 29개국의 건설 부문 생산성을 추적했는데, 그 가운데 55퍼센트의 국가에서 그 시기에 생산성이 하락했다. 생산성이 한 해에 2퍼센트 이상 증가한 나라는 슬로바키아 공화국, 라트비아, 에스토니아 그리고 리투아니아뿐이었다. 소련과 동구권이 해체된 후 국가 재건에 착수한 비교적 빈곤한 나라들이다.[56]

건설 부문의 생산성이 하락한 원인이 투자가 저조해서도 아니고,

통계 수치의 오류도 아니면, 뭐가 원인일까? 여기서 굴즈비와 사이버슨의 조사는 막히는 듯하다. 그다음 펜실베이니아대학교 와튼 경영대학원은 도시들의 건설 관련 규제를 추적하고 굴즈비와 사이버슨은 건설 부문 생산성과 규제 부담의 관계를 조사해보았는데, 약간의 관계는 있으나 두드러지게 눈에 띌 정도는 아니었다. 그리고 그들은 생산성 증가율이 가장 높은 주와 가장 낮은 주들을 살펴보았다. 사이버슨에 따르면, 생산성 증가율이 최저인 주는 알래스카, 아이다호, 와이오밍, 델라웨어, 미시건이었다. 비교적 상위권인 주는 조지아, 노스캐롤라이나, 사우스캐롤라이나, 버지니아, 콜로라도였다. 건설 부문 생산성은 민주당 텃밭인 주와 공화당 텃밭인 주, 또는 도시가 많은 주와 시골이 많은 주에 따라 분명하게 나뉘지도 않는다.

사이버슨은 건설 부문 생산성에 영향을 미치는 단 하나의 원인이 존재하는 게 아니라고 생각한다. 그는 다음과 같이 말한다. "50년 동안 계속 생산성이 하락했다면 원인은 여러 가지라고 생각하는 게 맞다. 누구나 나름대로 자기만의 이론을 제시하는데 그 이론은 사람마다 다 제각각이다."[57]

그러나 굴즈비와 사이버슨은 경제학자다. 어쩌면 건설 부문 생산성이 하락한 원인은 그 부문 종사자들이 잘 알고 있을지 모른다. 에드 자렌스키(Ed Zarenski)는 주로 건설 비용 견적을 내는 역할을 하면서 건설 부문에서 40년 이상 일했고, 지금은 시장을 분석하는 회사인 컨스트럭션 애널리틱스(Construction Analytics)를 운영하고 있다. 건축 비용과 건설 물량을 면밀하게 추적하는 자렌스키는 건설 경기가 둔화되어왔다는 데 동의한다. 그리고 그 원인은 한 가지가 아니라는 데도 동의한다. 그러나 그는 자신이 건설 부문에 발을 들여놓았던 시기에 건설 산업이 어땠는지 돌이켜보고 그때를 지금과 비교해보면서 다음과 같이 자신이 겪은 일화들을 들려준다.

"70년대에 내가 건설업계에 발을 들여놓았을 당시에는 건설 프로젝트 하나당 견적을 한 번 냈다. 견적을 내고 입찰하고 프로젝트를 따내면 건설에 착수했다. 내가 건설업계를 떠난 2014년 무렵에는 입찰도 하기 전에 한 건당 견적을 무려 세 번이나 냈다. 그러면 건설 비용이 증가한다."

건설 현장도 많이 바뀌었다고 그는 말하면서 이렇게 설명한다. "내가 건설업을 시작할 당시 건설 현장 안전 수칙은 눈에 띄지도 않았다. 오늘날 현장의 안전 수칙은 전혀 딴판이다. 철제 빔 위를 걸어서 맞은 편으로 건너가지 않는다. 건물에서 추락하지 않도록 표시한 길을 따라 돌아가야 한다. 내가 은퇴할 무렵 날마다 건설 현장에서 했던 일이 있다. 현장에서 일과를 시작하기 전에 의무적으로 15분 동안 체조를 해야 했다. 이는 철저히 비생산적이지만 작업 중 현장에서 안전사고로 인한 부상을 줄이는 결과를 낳았다."

그리고 이 모든 변화의 이면에는 서류 작업, 또 서류 작업, 끊임없는 서류 작업이 존재한다. 자렌스키는 다음과 같이 말한다. "요즘 건설 일을 하려면 완공할 때까지 사무직 직원이 수백 명 더 필요하다. 현장에서 요구되는 규정들을 모두 준수한다는 사실을 증명하기 위해 정부, 보험 회사, 건물주에게 제출해야 하는 서류들이 늘어났다.

따라서 그러한 서류들을 작성할 사람의 수도 늘었다."[58]

풍요에서 비롯되는 조직화

경제학자 맨서 올슨(Mancur Olson)이 1982년 출간한 명저《국가의 흥망(The Rise and Decline of Nations)》은 생산성에 대한 수수께끼로 이야기를 풀어간다. 제2차 세계대전 후 독일과 일본의 도시들은 폭격으로 붕괴했고, 시민들은 사기가 꺾였으며, 경제는 만신창이가 되었다. 올슨에 따르면, 당시에 문제는 "이처럼 철저하게 패배한 국가들이 생존에 필요한 기본적인 요소들을 자체적으로 마련할 수 있을지였다."[59] 그런데 오히려 서독과 일본은 번성했다. 두 나라는 당시에 승전국인 영국보다 훨씬 빠르게 성장했다.

올슨은 서로 다른 집단들이 어떻게 협력하고, 왜 협력하지 않는지에 관한 연구로 유명하다.《국가의 흥망》에서 올슨은 국가들이 풍요 속에서 정체하고 혼돈의 여파 속에서 번성하는 이유에 대한 심층적인 이론을 제시했다. 그가 제시하는 핵심적인 이유는 집단행동을 할 역량이 있는 집단들[환경 보호 단체인 시에라 클럽(Sierra Club)이나 기업들의 이익을 대변하는 상공회의소를 생각하면 된다]은 형성되는 데 오래 걸리지만, 일단 결성되면 막강하고 집요해진다. 미국에 노령층이 존재한 게 하루이틀이 아니지만, 미국 은퇴자 협회(American Association of Retired Persons, AARP)가 결성되면서 노령층은 새롭게 막강한 정치적 영향력을 얻게 되었다. 노동자들은 노조를 결성하면서 훨씬 막강해졌다. 단체를 결성하기란 어렵지만, 일단 결성해 힘을 얻으면 집요해진다. 집단이 성공적으로 조직화하면 그 집단의 생존을 위해 투쟁하고 미래에 투자할 수 있게 된다. 따라서 "조직화와 집단행동을 위한 협력이 오로지 우호적인 여건에서 등장하고 시간이 흐르면서 힘을 얻게 된다면, 안정적인 사회에서는 시간이 흐름에 따라 집단행동이 가능한 조직이 더 많이 등장하게 된다"라고 올슨은 주장한다.[60]

조직화한 집단이 많을수록 분배를 두고 더 많이 다투게 되고, 로비 활동도 더 활발해지고, 복잡한 규제가 더 많이 생기고, 집단들 간의 협상이 더 활발하게 일어나고, 복잡한 프로젝트를 완성하기가 더 어려워진다고 올슨은 말한다. 풍요롭고 안정적인 사회에서는 훨씬 많은 협상이 이뤄진다. 따라서 더 많은 협상가가 필요하다. 이는 바람직하다. 사람들이 우려하는 바가 전달되고, 요구 사항이 충족되고, 서로 다른 아이디어들이 통합되고, 생각이 공유된다. 그러나 동시에 무슨 일이든 마무리하기 어려워진다. 캘리포니아주는 고속철도 수백 마일도 건설하지 못하는데 중국은 고속철도를 수만 마일 건설할 수 있는 이유는 바로 이 때문이다. 중국은 화물 보관 시설을 옮길지를 두고 여러 판사와 논쟁하느라 몇 년을 허비하지 않는다. 중국 당국의 막강한 힘은 남용과 독단으로 이어지기도 하지만, 고속철도의 신속한 건설로 이어지기도 한다.

《국가의 흥망》은 경제학 교과서의 고전이다. 그러나 시간이 흐르면서 올슨의 이론에서 허점이 드러났다. 일본은 경제적 성공 신화를 거둔 나라에서 성장이 정체된 나라로 변했다. 올슨의 주장에 따르면, 지리적으로 외부의 침략으로부터 자유롭고 정부의 연속성이 긴 역사를 자랑하는 미국이 독일보다 훨씬 경직성을 보여야 하는데, 그렇지 않다. 그리고 올슨은 위기를 극복하고 풍요를 누리게 되는 나라가 왜 그토록 드문지 그 이유를 설명하지 못한다.

올슨의 가장 큰 오류는 집단들이 재분배를 중심으로 조직화한다고 가정했다는 점이다. 올슨은 부유한 나라의 정치에서 일어난 탈물질주의적 전환을 완전히 놓쳤다. 자기 주머니를 채우려고 조직화하는 집단들도 있지만, 환경을 보호하거나 안전 기준을 강화하거나 자기가 사는 지역 공동체의 분위기를 보존하거나 자신들이 지닌 가치를 표현하기 위해 조직화하는 집단들도 있다. 이런 종류의 집단들은 사회의 진화를 촉진하는 원동력이다. 그들의 존재는 풍요에서 비롯된 질병이 아니라 풍요가 주는 선물이다.

그러나 1998년에 세상을 떠난 올슨이 옳았던 점도 있다. 풍요가 비용을 동반하는 선물이라고 한 그의 말은 옳았다. 그리고 그러한 비용은 의견을 구해야 하는 대상인 집단의 수가 많은 경제 영역에 집중되어 있다. 이러한 관점에서 보면 건설 산업에서 제기되는 생산성 하락 문제는 그다지 의아해 보이지 않는다. 컴퓨터 코드를 작성하는 제한된 영역에서 생산성을 구축하기는 비교적 쉽다. 사방이 벽인 공장 안에서 물건을 만드는 일의 생산성을 높이기는 좀 더 어렵지만 할 만하다. 새로운 건물이나 지하철 터널이나 고속도로를 건설한다면 공사 주변 지역과 지역 공동체와 기존의 도로와 응급 차량 접근 경로와 정치인 설득과 공원이 보이는 경관과 지진 가능성 등등 여러 가지 문제들을 헤쳐나가야 한다. 건설이 올슨의 이론에 가장 많이 노출되는 산업일지 모른다. 그리고 고속철도 같은 공공 프로젝트 건설은 타의 추종을 불허할 정도로 올슨의 이론에 취약하다. 사회 내에서 서로 다투는 수많은 관점 간의 균형점을 찾아내는 게 정부가 하는 일이다. 정부는 수익을 창출하거나 주주를 만족시키는 일 이상을 해내야 한다.

자렌스키의 경험은 올슨의 이론을 이야기로 풀어낸 느낌이 들었다. 그는 다음과 같이 말했다. "프로젝트에 대해 발언권을 행사하려는 사람들이 너무 많다. 단위 면적당 확보해야 하는 주차 공간도 많고 주차 공간이 시야에서 얼마나 안쪽으로 들어가 있어야 하는지도 충족해야 한다. 재활용해야 하는 물의 양도 정해져 있다. 40년 전에는 허가 하나 승인하는 공청회장에 30명이나 참가하지 않았다."[61]

사이버슨도 비슷한 사연을 들려준다. "승인을 거부할 이유가 수백만 가지다. 무슨 일이든 착수하거나 마무리하려면 먹여 살려야 할 입이 한두 개가 아니다. 일의 진척을 방해할 수 있는 사람들이 너무나 많다."[62] 비교적 부유한 지역이 특히 더하다. 2000년 이후로 워싱턴DC에서 주택 건설이 활발한 지역은 조지타운(Georgetown)이 아니라 남서부 지역인 데는 그럴 만한 이유가 있다. 부유한 지역의 주민들은 뭔가를 중지시키기 위해 조직화하는 방법을 잘 안다. 게다가 이미 조직이 결성되어 있는 경우가 많다. 프로젝트를 중지시키는 데 필요한 로비스트와 정책 결정자들에 대한 접근도 훨씬 쉽다는 점은 말할 필요도 없다.

이러한 역학 관계가 사이버슨과 굴즈비의 논문의 흥미로운 결론을 해석하는 데 도움이 된다. 두 사람은 건설 부문의 생산성이 가장 높은 주들을 살펴보고, 생산성이 비교적 높은 주들이 건설 산업에서 시장 점유율이 높지 않다는 사실을 지적한다. 건설 산업에서는 인력과 자재의 조직화가 극복하기 가장 어려운 문제라고 가정하면 이는 잘 이해되지 않는다. 지역의 규제, 지역 공동체에 대한 배려, 주변 지역 주민들의 우려, 정치인의 이해 등이 문제라고 가정하면 훨씬 이해하기가 쉽다. 부동산 개발업자들은 지역 정치에서 빠지지 않는 감초다. 그럴 수밖에 없다.

자렌스키는 다음과 같이 말한다. "지역의 정치 사정을 잘 아는 이들이 그 체제를 훨씬 쉽게 헤쳐나간다는 게 내 생각이다. 그런 이들은 관계자들을 만날 때 뭘 준비해 가야 하고, 그런 사람들에게 어떻게 얘기해야 하는지, 어떻게 해야 그들을 만족시키는지 잘 알고 있다. 따라서 일이 훨씬 순탄하게 진행된다."[63] 그러나 특정한 도시나 주의 사정에 대해 철저히 꿰고 있고 의사 결정자들과 우호적인 관계를 형성한다고 해도 그것이 다른 도시나 주에서도 반드시 먹히지는 않는다.

에드워드 글레이저를 비롯해 네 명의 공동 저자들은 한 논문에서 이러한 사연에 다음과 같이 첨언한다.[64] 그들은 다음과 같은 놀라운 사실로써 이야기를 풀어나간다. 1935년부터 1970년까지 건설 노동자 한 명당 생산한 주택의 수는, 자동차 산업의 노동자 한 명당 생산한 자동차 수나 공장 노동자 한 명당 제조한 총산출과 똑같은 속도로 증가하거나 때로는 더 빠르게 증가했다.[65] 지금 우리가 사는 세상(건설업 생산성은 하락하는데 제조업 생산성은 증가일로인 세상)은 새로운 현상이다. 역사적으로 필연적인 현상이 아니다.

글레이저와 그의 공동 저자들이 건설에 관여하는 회사들의 규모를 살펴보았더니 규모가 큰 건설 회사들이 규모가 작은 건설 회사들보다 훨씬 효율성이 높았다. 전혀 놀랄 일이 아니다. 그러나 주택 건설 시장은 소규모 회사들이 지배한다. 단독 주택 건설에서 고용되는 인력의 60퍼센트는 직원이 10인 미만인 회사들이다. 제조업 종사자는 대부분 직원이 500인 이상인 회사에서 일한다.[66]

미국의 주택 건설 시장을 그처럼 규모가 작은 회사들이 장악한 이유가 뭘까? 위의 연구자들이 데이터를 분석한 결과 건설 회사들이 건물을 짓는 땅의 크기는 점점 줄어들고 준수해야 하는 토지 용도 규정은 점점 늘어나면서, 도시와 주를 넘나들며 사업의 규모를 키우고 성장할 역량이 차단된다는 사실을 알아냈다. 제조업 공장은 한 장소에 자리 잡아도 제조한 물건은 어디든 팔 수 있다. 건설업자들은 각종 규제와 이익 집단들과 건물을 짓는 땅과 관련된 정치적 관계들을 지역마다 개별적으로 헤쳐나가야 한다.

올슨은 복잡한 사회는 복잡함을 가장 잘 헤쳐나가는 이들에게 보상한다는 해석을 제시한다. 그렇게 되면 가장 뛰어난 실력자들이 복잡한 여건을 헤쳐나가는 전문가가 될 유인책이 조성되고, 그들이 어쩌면 한층 더 복잡한 여건을 조성하는지도 모른다. 올슨은 다음과 같이 말한다. "어떤 사회든, 제도와 통치 이념이 무엇이든 상관없이, (해당 사회에) 가장 적응을 잘하는 이들에게 더 큰 보상을 한다.[67] 아직 나라를 건설하는 단계인 신생 국가는 엔지니어와 건축가들에게 기회를 창출해준다. 협상하는 단계에 돌입한 성숙한 국가는 변호사와 경영 컨설턴트에게 기회를 창출해준다."

관료 조직과 그들을 상대하는 데 따르는 좌절감을 피하려는 유인책도 있다. 온라인 결제 수단인 거대 기업 스트라이프(Stripe) 최고경영자 패트릭 콜리슨(Patrick Collison)은 너무 많은 인재가 실리콘밸리로 유입되지 않느냐는 질문을 받고 이렇게 답했다. "(미국에서) 고속철도 사업에 투신하는 야심 찬 젊은이들이 친구들을 설득해 동종 업계에 투신하라고 설득하는 데 크게 성공하리라고 생각하지 않는다. 여러 가지 이유로 인해 너무 많은 분야가 어느 정도 고속철도 부문처럼 된 듯하다. 인터넷은 마지막 개척지라는 시각이 있는데 완전히 틀린 시각이라고 생각하진 않는다."[68]

네이더의 돌격대

전후 미국의 정치는 뉴딜 리버럴리즘(New Deal Liberalism)과 작은 정부를 지향하는 보수주의의 반격으로 요약되곤 한다. 그러나 정부는 무모하고 위험하며 새로운 규정과 제약이 필요하다고 생각하게 된 사람들은 보수주의자뿐만이 아니었다. 리버럴도 그리 생각하게 되었다.

제2차 세계대전 후 고속도로 건설이 활발해지면서 자동차 판매가 폭증했다. 그러면서 교통사고 사망도 폭증했다. 교통사고 사망자 수는 1946년 3만 명에서 1960년대 말 5만 명 이상으로 늘었다. 1965년 랠프 네이더(Ralph Nader)라는 변호사는《속도와 무관한 불안전함(Unsafe at Any Speed)》이라는 제목의 책을 출간했다. 자동차의 안전성을 개선하길 거부하는 동시에 교통사고 사망자 증가를 운전자의 탓으로 돌리는 자동차 제조업체들의 행태를 신랄하게 폭로하는 내용이었다. 이 책은 뜨거운 반응을 불러일으켰다. 1966년 린든 존슨 대통령은 국가 교통과 자동차 안전 법안(National Traffic and Motor Vehicle Safety Act)과 고속도로 안전 법안(Highway Safety Act)에 서명했다. 이 두 법안은 새로운 자동차 안전 기준을 의무화하는 내용이었다.[69] 네이더는 곧 미국에서 가장 유명한 변호사로 손꼽히게 되었다.

그는 자신의 성공을 재현하기 위해 젊은 사회 운동가들을 모집해 소비자를 위해 정부와 대기업을 감시하는 명분에 동참시켰다. 네이더의 돌격대라고 불리게 된 그의 문하생들은 전문성과 소비자 보호를 융합한 활동으로 정치를 변모시켰다.[70] 1969년 〈크리스천 사이언스 모니터(Christian Science Monitor)〉의 한 기자는 이렇게 적었다. "워싱턴에서 이런 일은 한 번도 일어난 적이 없다. 비공식적이지만 정보로 무장한 외부자들로 구성된 집단이 민간 단체로서 다소 거만한 정부 위원회 회의에 몰려가 잘못이 있는지 들춰보고 대답하기 곤란한 질문을 했다."[71]

역사학자 폴 세이빈(Paul Sabin)이 그의 저서 《공적인 시민(Public Citizens)》에서 말했듯이, 네이더 같은 개혁가가 1960년대에 정부와 정부의 안전 관련 실적에 포화를 집중한 일은 정당했다. 세이빈은 다음과 같이 말한다. "정부는 과거에 애팔래치아산맥에서 석탄 회사들이 석탄을 채굴해 자연을 황폐화하고 진폐증에 걸린 석탄 광부들에게 제대로 보상도 하지 않는 상황을 방치했다. 정부 정책은 정유사들이 유색 인종 저소득층이 거주하는 지역에 마음껏 독성 가스를 폐기하도록 허용했고, 석유 유출로 수로와 해안을 오염시켜도 내버려뒀다."[72]

네이더는 정부를 비판하는 데 그치지 않았다. 그는 정부를 길들이는 사회 운동에 착수했다. 그의 돌격대는 수질 보호 법안(Clean Water Act)을 비롯해 역사상 가장 중요한 환경법들을 도입하는 데 공헌했다. 그들이 정부를 상대로 승리를 거두면 거둘수록 더 많은 시민과 집단들이 정부가 잘못하면 소송을 하기가 쉬워졌다. 그러나 그들이 구축하던 것은 리버럴리즘을 구성하는 중요한 부분(그리고 그와 관련된 제도와 법과 지도자들)이었다. 이는 정부를 상대로 끊임없이 소송을 제기하도록 설계되었고, 정부를 상대로 소송을 제기할 기회를 확대하는 법안과 규정을 더 많이 수립하기 위해 계속 투쟁하는 일이었다. 세이빈은 다음과 같이 말한다.

1970년대 초 공익적인 환경법 전문 법률 회사들이 주도한 소송은 대부분 정부를 표적으로 삼았다. 시에라 클럽 법률 기금은 1971년부터 1973

년 사이에 77건의 소송에서 승리했다고 과시했다. 그 가운데 대략 70건은 정부의 행동을 막거나 공적 절차에서 정부 규제와 승인 관행에 영향을 미치는 게 목적이었다. 환경 보호 기금(The Environmental Defense Fund)도 1972년의 소송과 관련해 제출한 개요에서 10개의 연방 정부 기관들의 약자를 나열하고 있다. 환경 보호 기금이 법적 조치를 요청한 65건 가운데 60건 이상의 소송에서 환경 보호 기금은 민간 프로젝트에 대한 정부의 승인 절차와 같은 공개 절차에 개입하거나 정부가 주도하는 프로젝트를 직접 비판했다. 환경 보호 기금이 직접 기업이나 민간 부문을 표적으로 삼은 소송은 5건이 채 되지 않았다. 마찬가지로 천연자원 보호 위원회(National Resources Defense Council, NRDC)는 첫 7개월 동안 제기한 소송 29건 가운데 기업을 직접 피고로 지목한 사건이 겨우 3건뿐이었다.[73]

환경 운동은 대대적인 성공을 거뒀다. 1970년부터 2020년까지 기간에 (납, 일산화탄소, 이산화황을 포함해) 가장 흔한 오염 물질의 배출량이 대략 80퍼센트 감소했다. 오늘날 휘발유로 달리는 신형 자동차와 SUV와 트럭은 1970년에 생산된 차량보다 99퍼센트 이상 오염 물질 배출이 줄었다.[74] 1977년과 1990년에 개정된 청정 대기 법안 덕분에 지난 50년 동안 적게는 40만 명에서 많게는 수백만 명이 때이른 사망을 모면했다.[75] 납 사용이 줄면서 납 중독으로부터 수만 명이 추가로 목숨을 건졌고 수백만 포인트의 지능 지수 손실을 막았다. 로스앤젤레스에서 '대기가 건강에 매우 해로운 날'은 1980년 160일에서 2010년대에는 평균 2일로 줄었다.[76]

그러나 이러한 승리의 이면을 살펴보면 네이더의 혁명은 정부에 새롭게 한 겹을 더 추가하는, 소송에 의한 민주주의를 조성했다. 1970년대와 1980년대에는 변호사의 수와 사건의 수가 폭증했다. 세이빈에 따르면, 그 결과 새로운 종류의 리버럴리즘이 등장했다. 정부를 사회적 문제를 함께 해결해야 할 동반자가 아니라 문제를 유발하는 장본인으로 여기는 리버럴리즘 말이다.[77]

2000년 공영방송국(PBS) 앵커 짐 레러(Jim Lehrer)가 네이더에게 대통령이 될 자격이 있다고 생각하는 이유가 뭐냐고 묻자 네이더는 이렇게 답했다. "정부 부서와 기관들에 대해 나보다 더 많이 소송을 제기한 사람은 보지 못했다."[78] 네이더와 그의 돌격대는 정부를 믿었다. 그들은 보수주의 진영의 가차 없는 공격으로부터 정부를 방어했다. 그들이 정부를 비판한 까닭은(정부와 싸우고 정부를 상대로 소송을 걸고 정부의 행동을 제약한 까닭은) 더 나은 정부를 만들기 위해서였다. 그러나 그들이 무기로 삼은 법과 절차는 누구든 사용할 수 있었다. 청정에너지 프로젝트를 환경 영향 평가로써 더는 진행하지 못하게 발을 묶어놓을 수도 있고, 당신의 마을을 가로지르는 고속도로를 정부가 건설하지 못하게 막는 절차는 비영리 단체가 당신의 집 주변에 적정한 가격의 주거 시설을 못 짓게 하는 데 이용할 수도 있다. 세이빈은 "마치 리버럴 진영은 망가진 자전거를 고치려고 해체했는데 다시 조립해 제대로 달리게 하는 방법을 찾아내지 못한 듯했다"라고 말한다.[79]

리버럴리즘의 변호사 문제

미시건대학교 법학대학원 교수 니컬러스 배글리(Nicholas Bagley)는 앞서 세이빈이 망가진 자전거에 비유한 정부를 아주 가까이서 지켜보았다. 그레천 휘트머(Gretchen Whitmer) 주지사의 수석 법률 자문으로 일한 그는 공화당 진영이 정부를 약하게 만들려고 집요하게 애쓴다는 사실을 감지했다. 그들은 온갖 서류 작성을 요구하고 각종 절차와 공청회와 문서 공개를 요구하고 소송을 걸었다. 마치 우익 진영은 자기들이 추구하는 목적을 달성하기 위해 네이더 돌격대가 써먹은 전술들을 연구하고 채택한 듯했다.

2017년 공화당 진영이 제안했지만 통과시키지 못한 규제 책임 법안(Regulatory Accountability Act)이[80] 이를 보여주는 좋은 사례다. 공화당 진영은 정부가 규제를 내놓을 때마다 일정 기간 공중으로부터 의견을 청취하고 대안을 구했고, 구두 청문회에서 그 규정의 영향을 받는 사람들이 규정을 제안한 정부 기관을 교차 심문할 기회를 주었고, 정부가 규제를 지속해서 평가하고 평가서를 제출하도록 의무화했다. 이런 조치들은 이론적으로는 그럴듯하게 들리지만, 정부가 제안하거나 실행하는 주요 규제 전반에 걸쳐 이런 조치들이 증가했고, 이런 요구를 수용해야 하는 정부의 부담은 버거울 정도가 되었다.

민주당 진영은 공화당 진영의 이러한 수법에 맞서 정부를 방어했지만, 그런 방어가 어떤 의미를 지니는지 눈치채지 못하는 듯했다. 공화당 진영이 더 많은 문서를 요구하고 더 많은 절차를 제안해 정부를 비효율적으로 만든다면, 제출해야 할 서류 작업량을 줄이고 절차를 간소화하는 게 정부를 더 효율적으로 만들지 않나? 아니면 배글리가 말했듯이 "새로운 행정 절차가 자유 지상주의적(libertarian, 미국의 리버럴 진영은 자유 지상주의를 보수 진영으로 분류한다-옮긴이) 의제를 추구하는 데 사용될 수 있다면, 기존의 행정적 제약을 완화해 진보주의적인 의제를 추구해야" 하지 않나?[81]

2019년 배글리가 〈미시건 법률 평론지(Michigan Law Review)〉에 기고한 글은 뜨거운 논란을 불러일으켰고, 이 글을 후에 니스카넨 센터(Niskanen Center)에서 정책 논문으로 발표했다. "절차 도착증(The Procedure Fetish)"이라는 제목의 이 글은 정부 내부, 리버럴 진영 내부, 배글리가 소속된 전문 분야 내에서 뭔가가 잘못됐다고 주장했다. 리버럴 진영의 법률 만능주의(그리고 이를 통한 리버럴 정부)는 결과를 지향하지 않고 절차에 집착하게 되었다. 리버럴 진영은 주 정부가 섬기는 유권자들을 위해 일을 성사시키기보다 끊임없는 규정과 제약을 준수함으로써 주 정부의 합법성이 확보된다고 확신했다.

배글리는 다음과 같이 말했다. "융통성 없는 절차적 규정들이 미국 주 정부의 대표적인 특징이다. "만연한 소송, 억지스러울 정도로 엄격한 신규 규정 고지와 의견 수렴 절차, 열성적인 환경 영향 평가, 정부 기관이 신설한 규정의 실행에 앞서 그 규정을 평가하는 작업, 인력 채용과 조달을 관장하는 쓸데없는 법적 규정들, 전국적인 법원의 금지 명령 등 준수해야 하는 절차들을 나열하자면 끝도 한도 없다. 이러한 절차들은 당장 우리가 당면한 긴급한 문제들을 해결하기 위해 진보주의자들이 정부에 요구하는 바로 그런 행동들을 정부가 못 하게 방해한다."[82]

이러한 절차들의 이면에는 두 가지 매우 현실적인 우려가 있다고 배글리는 주장한다. 바로 합법성과 책임 소재다. 미국 정부처럼 막강하고 거대한 정부는 어떻게 합법성을 유지할까? 어떻게 국민을 대상으로 정부가 하는 일에 대한 책임을 질 수 있을까?

이러한 두려움은 부분적으로는 이러한 규정들이 수립된 시대를 반영한다. 1946년에 수립된 행정 절차 법안(Administrative Procedure Act)은 연방 정부의 관료 사회의 작동을 관장하는 법으로서, "뉴딜 정책과 전쟁 중 정부가 행사한 강압적인 권력을 경계하게 된 법조계와 재계의 날카로워진 신경을 누그러뜨리려고 채택되었다".[83] 그러더니 1970년대에는 절차의 설계가 구축되면서 리버럴 성향의 변호사들은, 시민권 운동가들이 법정에서 이룬 영웅적인 성과에 힘입어, 정부가 실제로 국민을 위해 일하게 만들기 위해 법률 체계를 이용하기로 했다.

미국이 개발한 법률 체계는 독특하다. 다른 나라에서 주로 관료 조직이 내리는 결정을 미국에서는 판사가 내린다. 캘리포니아주립대학교 버클리 캠퍼스의 법학대학원 교수 로버트 케이건(Robert Kagan)은 이를 적대적 법률주의(adversarial legalism)라 일컬으면서 다음과 같이 말한다. "미국에서는 변호사, 법적 권리, 판사, 소송이 서유럽의 사회 운동가 성향의 국가에서 통치권을 장악한 거대한 중앙 관료 조직에 상응하는 기능을 하게 되었다고 해도 과도한 단순화라 보기 어렵다."[84]

　케이건에 따르면 미국이 현재와 같은 체제를 구축하게 된 이유가 있다. 미국 국민은 늘 정부를 불신해왔다. 그러나 미국 국민은 권력을 행사할 역량이 있는 정부가 필요하기도 하다. 미국 국민은 정부가 할 수 있는 긍정적인 역할을 하길 원한다. 뉴딜 정책과 위대한 사회(The Great Society) 정책이 실행된 후 정부에 대한 이러한 불신과 정부의 긍정적 역할의 필요성 간의 긴장 관계는 버티기 힘들 정도로 팽팽해졌다. 케이건은 다음과 같이 말한다. "1965년부터 1977년까지 기간 동안 의회는 새로운 정치 운동에 부응하고자 25건의 주요 환경 법안과 민권 법안을 통과시켰고, 직업 안전, 소비자 융자, 제품 안전, 민간 연금 기금, 그리고 지역 공공 교육을 규제하는 포괄적인 법규를 수립했다. 의회는 수백만 개의 기업들에 대해 구속력을 지니는 규제를 실행할 연방 규제 기관이나 사무국을 창설했다. 그러나 이러한 법과 규제를 실행하려면 의회는 이에 따르는 정부 권력의 분산 요구를 받아들여야 했다."[85]

　미국 국민은 그 어느 때보다도 정부에 많은 요구를 하고 있었지만, 그러한 요구를 실행하는 데 필요한 국민의 신뢰와 권한을 정부에 부여하려고 하지 않았다. 그러나 개혁가들은 그저 권력을 주 정부와 지방 정부에 순순히 내어줄 수 없었다. 리버럴 진영은 인종 분리 정책에 맞서 싸우면서 주 정부는 물론이거니와 지방 정부도 연방 정부가 요청하는 대로 하리라고 기대할 수 없다는 사실을 깨달았다. 따라서 그들은 사법부로 눈을 돌렸다. 얼 워런(Earl Warren) 대법원장하에서 사법부는 새롭게 리버럴 진영의 지지를 얻었다. 적대적 법률주의는 미국 국민이 원하는 정부와 미국 국민이 품고 있는 정부에 대한 불신을 조화시키는 방법이었다.

미국은 이례적으로 법률주의적이다. 늘 그래왔다. 1835년 알렉시드 토크빌(Alexis de Tocqueville)은 다음과 같이 말했다. "미국에서는 해결되지 않는 어떤 정치적 문제든 제기되기가 무섭게 곧 법적인 문제로 변한다."[86] 그때도 사실이었지만 지금은 한층 더 그러하다. 미국은 국민 1인당 변호사 수가 독일의 2배이고 프랑스의 4배다. 변호사 업무는 대부분 정부를 대상으로 소송을 거는 데 집중된다. 1967년 연방 법 집행과 관련된 사건은 미국인 10만 명당 3건이었다. 이는 1976년 무렵에는 13건, 2014년 무렵에는 40건으로 늘었다.[87]

미국의 일상에서 변호사가 차지하는 비중은 이례적으로 높다. 그러나 그들이 미국 정치의 최상층부를 장악하고 있다는 사실은 더욱 놀랍다. 배글리는 다음과 같이 말한다. "변호사는 미국 인구의 1퍼센트도 안 되지만, 하원의원의 3분의 1 이상, 상원의원의 절반 이상이 변호사다. 과거 10명의 대통령 가운데 족히 절반이 변호사였고 현직 주지사, 부지사 그리고 주무 장관 등 주 정부 공직자의 3분의 1 이상도 변호사다."[88] 민주당은 월터 먼데일(Walter Mondale)에서부터 카멀라 해리스에 이르기까지 모든 대통령과 부통령 지명자가 법학대학원 졸업자다[그런 면에서 해리스의 러닝메이트였던 팀 월즈(Tim Walz)는 민주당의 전통을 깬 이례적인 사례다]. 법률 훈련을 정치 경력을 쌓는 데 필요한 기본 요건으로 만들면 법률적 사고가 정치의 기본적인 사고가 된다. 그리고 법률적 사고는 결과보다는 법적인 용어와 절차 준수를 중심으로 이뤄진다.

올슨은 번영하는 성공적인 사회는 시간이 흐르면서 점점 복잡해져서 헤쳐나가기 어려워진다고 예측했다. 자기 목소리를 내는 집단들이 늘어나고 법과 절차도 늘어나기 때문이다. 이런 사회에서는 그런 복잡다단한 환경을 잘 헤쳐나가는 데 최적화한 사람들이 성공한다. 경제 부문에서 그런 사람들은 아마 경영 컨설턴트와 금융인들일지 모른다. 정치에서는 단연 변호사다. 변호사가 뭔가 문제가 있다는 뜻이 아니다. 그러나 그토록 많은 변호사가 필요하고 나라나 정치 체제가 제대로 작동하기 위해 변호사가 그처럼 중심적인 역할을 하는 나라나 정치 체제라면 뭔가 문제가 있을지 모른다. 수많은 집단의 이해관계를 균형 맞추는 데 골몰해 공익이 무엇인지 인식하지 못하는 체제가 되기 때문이다.

"합법성은 정부 기관들이 따르는 절차의 산물일 뿐이라고 할 수도 없고 가장 주된 산물조차도 아니다. 합법성은 정부가 역량이 있고, 제대로 알고 있고, 신속히 즉각적으로 대응하고, 공정하다는 일반적인 인식에서 비롯된다"라고 배글리는 말한다.[89] 정부가 실패하는 부분이 바로 이 부분이다. 캘리포니아의 고속철도청은 법은 충실히 따랐을지 몰라도 프로젝트를 완성하지는 못했다. 그 결과 정부에 대한 믿음은 커지기는커녕 오히려 줄었다.

퓨 리서치 센터(Pew Research Center)는 수십 년 동안 정부에 대한 국민의 신뢰를 추적한 여론 데이터를 축적해왔다. 정부에 대한 신뢰가 최고에 달했던 1964년, 국민의 77퍼센트는 정부가 항상 또는 대체로 옳은 일을 한다고 믿었다. 그 시점부터 정부에 대한 신뢰는 곤두박질친다. 1970년대에 워터게이트(Watergate) 사건 후 정부를 신뢰한다고 답한 국민은 30퍼센트 대로 주저앉았다. 1980년대에 이 수치는 40퍼센트 대로 반등하고 2001년 9·11 테러 사건 이후 잠시 60퍼센트 대를 찍었지만, 하락 추세는 부인할 수 없다. 2023년 무렵 정부에 대한 신뢰는 겨우 16퍼센트에 머물렀다.[90] 우리 두 사람이 보기에 이는 전적으로 성가신 정부 절차 때문도 아니고 그런 절차가 주된 원인도 아니다. 그러나 정부에 대한 신뢰를 담보하기 위해 수많은 절차가 구축된 수십 년 동안이라는 바로 그 기간에 정부에 대한 신뢰 또한 붕괴한 까닭은 우리가 정부를 합법성이라는 실패한 이론에 묶어두었기 때문은 아닌지 의문이 든다.

이제 정부는 탈탄소화라는 과업과 미국이 구축한 지형을 변모시키는, 한 세기에 한 번 있을까 말까 한 책임을 떠맡았다. 하지만 친환경 체제 구축을 촉진하기는커녕 방해하도록 설계된 법과 정부 기관과 습관들로써 그 과업과 책임을 완수해야 한다.[91]

<h2 style="text-align:center;color:#e8543f;">친환경 딜레마</h2>

2020년 J.B. 룰과 제임스 살즈먼은 〈새로운 친환경 정책과 기존의 친환경 법이 만나면 무슨 일이 일어날까?(What Happens When the New Green Deal Meets the Old Green Laws?)〉라는 제목의 논문을 발표했다.

두 사람은 서로 대결하는 두 대통령 후보가 미국의 에너지 기간 시설을 개조하는 구상을 발표하는 가상의 대통령 후보 토론을 상정하면서 말문을 연다. 한 후보는 석유와 가스 생산을 한층 더 늘리고, 고속도로를 더 많이 건설하고, 전국에 천연가스를 운송하는 파이프라인을 촘촘하게 깔자고 제안한다. 다른 후보는 재생 에너지를 기반으로 경제를 전환하고, 어디든 전기 자동차 배터리 충전기를 설치하고, 미국의 운송 체계를 뒷받침할 전국 고속철도망을 깔자고 제안한다. 룰과 살즈먼은 다음과 같이 말한다. "기간 시설 구축에 대한 이 두 가지 제안이 제시하는 미래상은 하늘과 땅 차이지만, 한 가지 핵심적인 면에서는 매우 유사하다. 환경 영향 평가와 프로젝트 승인이라는 악몽이 도사리고 있다는 사실이다."[92]

룰과 살즈먼은 다음과 같이 주장했다. "문제는 그린 뉴딜[Green New Deal, 일자리 창출, 경제 성장, 경제 불평등 완화 등과 더불어 기후 변화도 함께 다루는 공공 정책을 뜻한다. 프랭클린 루스벨트(Franklin Roosevelt) 대통령이 실행한 뉴딜 정책에서 파생된 명칭이다-옮긴이]의 경우 기존의 환경 영향 평가와 환경법 기준과 절차를 통해 처리된 적이 없는 수준의 전국적인 규모의 기간 시설을 구축해야 한다는 사실이다." 이게 가능하다고 믿을 만한 이유가 없었다. 그린 뉴딜에 반대하는 동맹 세력들이 환경 운동가들이 환경을 오염시키는 에너지 프로젝트에 반대하기 위해 사용한 바로 그 환경법과 규정을 이용해서 재생 에너지 프로젝트를 지연시키거나 무산시키는 사례들이 쌓여만 갔다. 룰과 살즈먼은 다음과 같이 말한다. "사람들은 대부분 송유관이나 송전선이 자기 집 뒷마당을 관통하는 데 반대한다. 마찬가지로 사람들은 자기 뒷 마당에 풍력 터빈이나 태양광 패널이 설치되는 데도 반대한다."[93]

룰과 살즈먼은 〈친환경 정책의 딜레마(The Greens' Dilemma)〉라는 제목의 후속 논문을 발표하고 이 문제를 훨씬 정밀하게 진단했다. 두 사람은 1970년대에 제정된 환경법들은 일종의 "대 타협안"이었다면서 다음과 같이 말한다.[94] "깨끗한 환경을 얻는 반대급부로 개발 사업은 허가와 이에 따르는 법적 다툼으로 인해 훨씬 비용이 많이 들고 더디게 진행되었다. 여러모로 이는 괜찮은 거래였다. 사실상 규제를 받지 않아온 온실가스와는 달리, 일산화탄소와 이산화황에서부터 대기 중의 납 등 모든 주요 대기 오염 물질 배출은 지난 50여 년에 걸쳐 상당히 줄었다. 지표수의 질도 1970년대 이후로 상당히 개선되었다."[95]

그런데 그 거래가 무산됐다. 1970년대에 직면했던 문제는 부주의하게 너무 많이 건설했다는 사실이다. 2020년대에 직면한 문제는 건설을 거의 안 하고 건설 프로젝트가 절차로 인해 마비되기 일쑤라는 사실이다. 그리고 이는 소수 법학 교수들만의 견해가 아니다.

보존 기금(Conservation Fund)의 회장이자 최고경영자인 래리 셀저(Larry Selzer)는 다음과 같이 말한다. "환경 보호 운동은 악한 자들이 세계를 파괴하지 못하게 막도록 진화했고 따라서 우리는 뭐든지 안 된다고 말하는 수법에 통달했다. 그러나 안 된다고만 해서는 우리에게 필요한 종류의 성장을 이루지 못한다. 주와 주를 연결하는 고속도로망은 장장 4만 9,000마일에 달한다. 주와 주를 연결하는 청정에 너지 연결망(태양광 패널 단지, 풍력 터빈, 지열 에너지를 생산하는 토지, 송전선, 파이프)은 길이가 50만 마일이 넘는다. 이는 규모가 어마어마한 프로젝트다. 건설하고, 건설하고, 또 건설해야 한다."[96]

룰과 살즈먼은 새로운 법이 필요하다고 생각한다. 기존의 법은 무차별적이라는 문제가 있다. 정유 시설 건설을 방해하기가 쉬운 만큼이나 풍력 터빈 설치도 방해하기 쉽다. 여기서 국가 환경 정책 법안(National Environmental Policy Act, NEPA)에 관심이 집중되지만, 문제는 정책과 그 정책을 관할하는 당국들이 서로 중첩되면서 낭비가 심하다는 사실이다. 국가 환경 정책 법안 외에도 룰과 살즈먼은 멸종 위기 생물 보호 법안, 철새 보호 협약 법안, 해양 포유류 보호 법안, 해안 지역 관리 법안, 수질 보호 법안, 연방 토지 정책과 관리 법안, 국가 삼림 관리 법안 등을 지적한다. 두 사람은 "전체적으로 60가지가 넘는 연방 허가 프로그램이 기간 시설 구축 승인에 관여한다. 연방 체제만 따져도 그 정도다. 주 차원과 지역 차원의 승인과 환경 영향 평가도 어느 프로젝트에든 적용된다."[97]

와이오밍주에서 연방 정부 소유지에 건설하는 초크체리(Choke-cherry)와 시에라 마드레(Siera Madre) 풍력 에너지 개발 프로젝트는 미국 역사상 최대 규모의 풍력 발전 단지 건설 계획이다. 이 프로젝트를 진행하려면 환경에 미치는 영향을 고려해야 할 뿐만 아니라 연방, 주, 지역 정부의 허가와 부지 허가를 담당하는 부서들을 거쳐야 한다. 모든 일이 순조롭게 풀린다면 2026년에 완공될 예정이다. 프로젝트가 제안된 지 18년 만에 완공된다는 뜻이라고 룰과 살즈먼은 지적한다. 이 같은 시간표는 당장 우리가 직면한 긴급한 기후 변화 상황을 해소하지 못한다. 더 빨리 건설하든가 재앙을 받아들이든가 양자택일해야 한다. 제3의 다른 선택지는 없다.

재커리 리스카우(Zachary Liscow)는 〈기간 시설 건설하기: 허가의 법과 경제학(Getting Infrastructure Built: The Law and Economics of Permitting)〉이라는 제목의 논문에서 미국은 환경의 질뿐만 아니라 정부에 대한 신뢰에서도 OECD 회원국들의 평균을 밑돈다고 지적하면서 이렇게 말한다. "국민의 참여를 강조하는 정서가 만연한데도 불구하고 미국 정부는 국민의 신뢰를 얻는 데 실패하고 있다."[98]

공공 건설 사업에 드는 비용 면에서는 미국이 앞서간다. 리스카우는 리아 브룩스(Leah Brooks)와 공동으로 작성한 또 다른 논문에서 20세기 하반기에 주와 주를 연결하는 고속도로 건설 비용이 3배로 뛰었다는 사실을 발견했다. 리스카우는 다음과 같이 말한다. "데이터가 빈약하기는 하지만, 입수 가능한 데이터를 보면 1980년대와 1990년대에 건설된, 주와 주를 연결하는 고속도로는 어느 시기, 또 어느 지역에 건설된 어떤 프로젝트와 비교해봐도 훨씬 비용이 많이 들었다(명목 가치가 아니라 실질 가치로 계산했을 때 그렇다). 그리고 2010년 이후로 건설된 고속도로는 세계 어디에서 건설된 고속도로보다도 훨씬 더 비용이 많이 들었다."[99]

대다수 환경 보호주의자가 보기에 이는 승리를 뜻한다. 그들은 고속도로는 건설하기 힘들어야 하는 법이라고 생각한다. 그러나 똑같은 구조의 법이 환경 보호주의자가 중요하게 생각하는 기간 시설에도 영향을 미친다. 리스카우는 다음과 같이 말을 잇는다. "다가올 수십 년 동안 실제로 어떤 프로젝트가 허가가 나는지 유념하는 게 중요하다. 전력망에 연결할 계획인 프로젝트들 가운데(이는 완벽하지는 않지만, 결국 무엇이 건설될지 가늠하는 하나의 지표다) 95%는 태양광 에너지 시설, 배터리 저장, 풍력 에너지 시설이다. 전기 공급량의 81퍼센트가 석유화학 연료에서 비롯되고, 겨우 19퍼센트가 탄소 배출 제로인 연료에서 비롯된 1969년에 비하면 상전벽해(桑田碧海)인 셈이다."[100]

새로운 문제가 발생하고 새로운 해결책을 찾으려면 새로운 법이 필요하다. 룰과 살즈먼은 환경적, 법적 장애물을 신속히 통과하는 종류의 프로젝트도 있었던 과거의 모델을 선호한다. 1996년의 법은 국경 보안에 우호적이었고 트럼프 행정부는 이를 십분 활용해 국경 장벽 일부를 건설했다. 또 다른 사례가 있다. 미국 의회는 냉전이 끝난 후 미국이 군사 기지가 너무 많은데 정상적인 의회 절차를 통해 기지들을 폐쇄하기가 정치적으로 불가능하다는 사실을 깨달았다. 그래서 의회는 독자적인 기지 폐쇄 위원회를 만들어 국방부로부터 받은 권고안을 바탕으로 기지 폐쇄 계획안을 제시했고, 이러한 계획들을 상원과 하원에서 단순하고 신속한 표결로 처리했다. 2024년 10월 바이든 대통령은 반도체 산업 육성과 과학 증진 법안에 따라 보조금을 받는 반도체 제조 시설들을 환경 영향 평가에서 면제해주는 법안에 서명했다.[101]

친환경 기간 시설에도 비슷한 방법을 적용할 수 있다. 룰과 살즈먼은 기후 변화 목표를 달성하기 위해 중요하다고 생각되는 프로젝트의 경우, 여러 가지 통상적인 장애물들을 신속하게 통과하도록 하는 체제를 만들자고 제안한다. 두 사람은 환경법을 새 시대에 맞게 개정하고 과거에 직면했던 난관이 아니라 오늘날 직면한 난관을 헤쳐나가기에 알맞게 조정한다면 이런 체제와 유사해진다고 생각한다.

그러나 이 체제의 곳곳에 도사리고 있는 수많은 서로 다른 장애물을 극복할 개별적인 법은 없다. 여기서 필요한 것은 정치 문화의 변화이지 단순히 법률 제정에서의 변화가 아니다. 리버럴 진영은 1970년대에 연방, 주, 지역 등 서로 다른 수많은 차원의 정부와 부서들을 상대로 힘을 써서 결정을 내리는 속도를 완화하고 잘못된 사례들이 드러나고 중단되도록 했다. 이제는 결정을 신속하게 내리도록 연방, 주, 지역 등 서로 다른 수많은 차원의 정부와 부서들을 상대로 힘을 써야 한다. 그동안 해결책이라고 배웠던 것에 어떤 문제가 있는지 볼 줄 알아야 한다. 하나도 쉬운 게 없다. 그리고 어떻게 적절한 균형점을 찾아야 할지가 늘 분명하지도 않다. 하지만 기후 변화 목표를 달성하도록 허락하지 않는 균형이라면 잘못된 균형임이 틀림없다.

3. 통치

→

샌프란시스코 소마(Soma) 지역 브라이언트가 833번지 태너핸(Tana-han)은 노숙자들을 위한 영구 지원 주거 시설로서 145개 원룸으로 구성되어 있다. 2021년에 완공된 이 시설은 이곳에 수용되는 사람들의 상처를 보듬고 희망을 주는 밝고 효율적인 건물이다. 정성스럽게 그린 벽화와 건물 장식들이 침수 피해를 받아 얼룩져 있다. 위층에 거주하던 사람이 수도꼭지를 틀어놓고 잠이 드는 바람에 생긴 피해라고 알려졌다. 거주자들이 별일이 없는지 사회 복지사들이 늘 들여다보고 반려견을 산책시키는 사람들이 곳곳에서 눈에 띈다.

그러나 태너핸이 두드러지게 눈에 띄는 이유는 건물의 미관 때문이 아니라 건축된 방식 때문이다. 태너핸은 3년 전 완공됐는데 원룸 하나당 비용이 40만 달러가 채 들지 않았다.[1] 샌프란시스코만 지역에서 적정 가격의 주거 시설을 건설하려면 건설 기간과 비용이 태너핸의 거의 2배가 든다. 캘리포니아주립대학교 버클리 캠퍼스의 터너 주거 혁신 센터(Terner Center for Housing Innovation)에 따르면, "샌프란시스코에서 적정 가격의 주거 시설을 건설하려면 보통 6년 이상 걸리고 비용은 한 가구당 60만 달러에서 70만 달러까지 든다".[2] 샌프란시스코는 현재 적정 가격의 주거 시설을 짓는 속도와 비용으로는 주택난을 조금도 완화하지 못한다. 하지만 태너핸을 완공한 속도와 비용이 보편화된다면 전망은 밝다.

그렇다면 태너핸이 시간과 비용을 절약한 비결은 뭘까? 이에 대한 해답을 리버럴이 들으면 침통해할 만하다. 태너핸은 정부로부터 자금 지원을 받으면 준수해야 하는 산더미 같은 규정과 규제를 피하려고 민간 기금을 사용했다. 그러나 태너핸이 그리할 수 있었던 까닭은 일을 성사시키기 위해 토지 용도 규제를 단순화하고 협상을 한 시와 주 관리들의 지원이 있었기 때문이다. 태너핸은 우리가 정부를 논할 때 겪는 혼란을 그대로 드러낸다. 정부는 단수가 아니라 복수다. 서로 다른 파벌과 관리들과 규제와 절차들이 서로 다른 방향으로 나아가려고 다툰다. 정부가 돌아가는 방식에 대해 가장 답답하고 짜증이 나는 사람들은 정부에서 일하거나 정부를 이끌 책임을 진 사람들이다.

태너핸은 주차장과 보석(保釋) 보증금 납부소였던 자리에 지어졌다. 건설 허가를 받기가 순탄했던 듯 보인다. 하지만 적정 가격의 주거 시설 용도로 허가가 난 토지가 아니었다. 태너핸 프로젝트가 가능했던 이유는 2017년 주 상원의원 스콧 위너(Scott Wiener)가 특정한 종류의 적정 가격 주거 시설 건설 프로젝트의 경우 지역 승인 절차를 신속하게 통과하도록 하는 법안을 통과시켰기 때문이다.[3] 태너핸 개발을 주도한 주거 시설 촉진 기금(Housing Accelerator Fund) 회장 리베카 포스터(Rebecca Foster)는 다음과 같이 말한다. "이 프로젝트는 기획부의 심사 평가나 관리 감독 이사회를 거칠 필요가 없었다. 우리는 넉 달 만에 승인을 받았다. 전례 없는 일이었다."

그러나 여기까지는 건설 절차를 시작할 수 있다는 뜻일 뿐이다. 적정 가격의 주거 시설을 건설하려면 보통 공적 자금을 이용한다. 공적 자금을 이용하려면 그에 따르는 요구 사항을 준수해야 한다. 14B라고 알려진, "도급 조례에서 지역 기업과 차별 금지"의 예를 들어보자.[4] 이 규정은 1984년 소수 집단이나 여성이 소유한 도급업체들을 우선 고려하기 위해 채택되었다. 그러나 1996년 캘리포니아는 209호 법안을 통과시켰는데 그 내용은 다음과 같다. "주 당국은 공공 채용, 공공 교육, 또는 공공 계약에서 인종, 성별, 피부색, 민족, 국적을 토대로 개인이나 집단을 차별하거나 우대하지 말아야 한다."[5] 샌프란시스코는 이러한 계약 관련 의무 조항들을 철폐하는 대신 소규모 기업들을 우대하는 방향으로 다시 작성했다. 개정된 조례에 따르면, "공중은 샌프란시스코에서 탄탄하고 활력 있는 소규모 기업들을 육성하는 데 이해가 걸려 있다". 소규모 기업으로 우대를 받을 자격을 얻으려면 도급업자는 연평균 매출이 1,200만 달러 미만이어야 한다.[6] 하지만 이러한 상한선 때문에 몇 가지 문제가 생긴다. 샌프란시스코에서 공공 주거 시설을 건설하려면, 예산과 납기를 맞추는 데 능숙한 덕분에 규모와 매출이 성장한 대규모 도급업자들에게는 일을 맡기지 못하게 된다. 샌프란시스코 노동 시장은 빠듯하고 건설 시장의 인력은 더욱 빠듯하다. 할 일이 없어 빈둥거리는, 역량 있는 소규모 도급업자들은 많지 않다.

그 결과 실제로는 몇몇 소규모 도급업자들이 대다수 적정 가격 주거 시설 건설을 맡아 납기가 지연되고 예산을 초과하기 일쑤라고 포스터는 말한다. 게다가 14B 규정을 준수한다는 사실을 시 당국에 증명하는 비용도 들어간다. 14B 같은 규정하에서 태너핸 규모의 적정 가격 주거 시설 프로젝트를 완성하려면 6~9개월이 더 걸리고 비용은 수백만 달러가 더 든다.

문제는 14B만이 아니다. 지역 채용 규정도 있다. 예술 위원회는 도급업자의 건물 설계를 보고 이견을 보이기도 한다. 장애인 편의 시설과 관련해서는 시장실로부터 추가로 검토를 받아야 한다. 장애인에게 편한 건물을 만든다는데 누가 이의를 제기할 수 있겠는가? 그러나 이러한 프로젝트들은 이미 미국 장애인법(Americans with Disabilities Act)을 준수하게 되어 있고, 추가로 검토를 하려면 시간과 비용이 더 든다. 포스터는 다음과 같이 말한다. "그들은 도급업자가 건물을 완공한 다음에 와서 문지방이 2센티미터 어긋났다느니, 문이란 문은 다 규정에 어긋난다느니 하면서 트집을 잡는다. 따라서 입주가 한두 달 미뤄진다. 그렇게 되면 프로젝트 소요 자금 신청 마감일을 놓치고 세액 공제액을 조정해 200만 달러가 더 들게 된다. 따라서 이러한 규정은 큰 파급 효과가 있다."[7]

태너핸은 샌프란시스코에서 모듈식 주거 시설로 지은 최초의 적정 가격 주거 시설 프로젝트다. 1층을 제외하고 모두 캘리포니아주

벌레이오(Vallejo)에 있는 공장에서 조립된다. "그 덕분에 시간과 비용을 절약하는 목표를 달성하는 데 분명히 도움이 되었다"라고 포스터는 말한다. 그러나 일부 지역 노조들은 분개했다. 벌레이오에 있는 공장에도 노조가 있는데도 말이다. 여기서도 진보주의 진영에서 추구하는 목표들이 서로 충돌한다. 지역 노조의 보호를 받는 일자리는 바람직하다. 모듈식 주거 시설은 심각한 주택난을 겪는 주에서 주택을 훨씬 저렴한 비용을 들여 빨리 완공하는 방법이다. 여러분이라면 어느 쪽을 선택하겠는가?

태너핸은 칠스 슈와브와 헬렌 슈와브(Charles Schwab and Helen Schwab)가 내놓은 6,500만 달러 기금 덕분에 가능했다.[8] 이 기금에는 주거 시설을 3년 이내에 완공해야 하고 비용은 한 가구당 40만 달러 이하여야 한다는 조건이 따라왔다. 이 프로젝트는 민간 자금으로 비용을 충당했으므로 공적 자금에 수반되는 기준과 규정들을 피할 수 있었다. 그렇다고 해서 샌프란시스코의 정치 체제가 이 프로젝트에 반대했다는 뜻은 아니다. 관리 감독 위원회는 이 개발 프로젝트가 계속 굴러가도록 하는 데 필요한 임대차 계약을 승인했다. 그러나 이 프로젝트가 성공한 비결은 민간 자금이었다.

공적 자금을 포기함으로써 적정 가격의 주거 시설을 훨씬 더 적은 비용을 들여 훨씬 더 빨리 지을 수 있다는 사실이 기가 막힌다. 정부가 권력과 돈으로 뒷받침하는 프로젝트라면 일이 더 빠르게 진행되어야 하지 않나?

잘못된 구분

미국 국민이라면 미국 정치 노선은 강하고 적극적인 정부를 믿는 리버럴 진영과 정부를 불신하는 보수 진영으로 나뉜다는 생각에 익숙해져 있다. 그러나 사실은 훨씬 더 복잡하다. 리버럴 진영은 정부를 믿는다면서 정부가 실제로 일을 하기 어렵게 손발을 묶는 정책을 끊임없이 통과시킨다. 보수 진영은 작은 정부를 원한다고 말은 하면서 정부가 막강한 권한과 힘을 행사하는 국가 안보와 감시 체제를 지지한다. 양 진영 모두 자기들이 원하는 정부와 그 정부가 했으면 하는 역할이 모순된다. 큰 정부와 작은 정부 구분은 보통 정부의 본질적 차이라기보다 정서적 차이이다.

양쪽 진영 모두 학자들이 "정부 역량"이라 일컫는 것에 초점을 두지 않는다. 정부 역량이란 정부가 목표를 달성하는 능력을 말한다. 때로는 정부가 더 관여해야 하고 때로는 덜 관여해야 한다. 그러나 늘 정부가 달성하려는 목표가 무엇이고 이를 가로막는 장애물이 무엇인지에 초점을 맞춰야 한다. 그렇지 않으면 불합리가 판을 친다.

유럽 전역은 정부가 관리하는 의료 보험 체제가 협상을 통해 약값과 치료비를 낮춘다. 미국에서는 공공 의료 보험에 대한 두려움 때문에 민간 보험과 공공 보험이 마구 뒤섞여 있고, 이 두 보험 체계는 정책을 조율하지도 않고 효과적으로 약값과 치료비를 낮추기 위해 협상하지도 않는다. 예컨대 미국에서 체중 감소 약품 오젬픽(Ozem-pic) 가격은 영국이나 프랑스 가격의 10배에 달한다.[9] 영국과 프랑스는 제약사들의 제품 가격을 제한할 수 있는 국립 의료 보험 체계가 있지만, 미국은 없다. 그 결과 의료 보험이 국내총생산(GDP)에서 차지하는 비율로 볼 때 유럽의 납세자들은 미국의 납세자들보다 의료비 지출을 덜 한다. 그래서 미국 국민은 공공 지출에 더해 어마어마한 민간 의료 보험 비용을 지출한다. 미국의 취약한 의료 보험 체계로 인해 미국 정부는 더 커지고 미국 국민은 더 가난해졌다.

그러나 리버럴 진영도 자신들이 추구하는 목표가 뭔지 잊어버렸다. 골수 리버럴 성향의 잡지 〈아메리칸 프로스펙트(The American Prospect)〉 공동 창간인 밥 커트너(Bob Kuttner)는 태너핸 사례와 관련해 문제를 좌익 진영이 편안해하는 틀에 끼워 맞추려고 하면서 다음과 같이 말했다. "미국에는 공공 주거 시설 건설 부문이 규모가 작고 주거비 보조금으로 지급할 자금이 제한되어 있다. 미국은 대체로 민간 개발업자들에게 의존하고 있다. 토지 용도 규제를 철폐하고 다가구 주거 시설을 건축하기 쉽게 만들 수도 있지만, 그래봐야 적정 주거 시설 부족량의 극히 일부를 충족시킬 뿐이다." 그의 이러한 발언에서는 (정부가 건설하는 공공 주거 시설이든 임대료 보조금을 지급하는 주거 시설이든) 정부가 마련하는 해결책을 믿는 쪽을 더 편안해하고, (토지 용도 규제를 폐지하고 민간 개발업자의 재량에 맡기는 등) 시장에 맡기는 해결책에 대해서는 불편해하는 기미가 보인다.

주택 개발의 현실은 이러한 이념적 구분 노선을 따라 깔끔하게 나뉘지 않는다. 커트너는 토지 용도 규제를 폐지하고 다가구 주거 시설을 건설하기 쉽게 만들어봤자 문제 해결에 크게 도움이 되지 않는다고 말한다. 그는 이러한 주장을 뒷받침하는 증거를 제시하지 않지만, 그의 주장과 상반되는 증거는 있다. 텍사스주 휴스턴은 토지 사용과 관련해 규제가 어느 정도 있기는 하지만 토지 용도 규제법은 없다.[10] 그 결과 휴스턴은 로스앤젤레스나 샌프란시스코나 시애틀이나 보스턴보다 주택을 건설하기가 훨씬 쉽다.

2023년 샌프란시스코 도시 권역은 7,500건의 신규 주택 건설 허가를 발급했다. 보스턴 도시 권역은 1만 500건을 발급했다. 뉴욕시, 뉴어크, 저지시티가 발행한 허가 건수는 합해서 4만 건을 약간 밑돈다. 휴스턴 도시 권역은 거의 7만 건의 허가를 발급했다.[11] 이러한 격차는 수십 년 동안 계속되어왔고 그 결과는 분명히 드러난다. 휴스턴은 미국의 그 어떤 주요 도시보다 노숙자 비율이 낮다. 휴스턴 관리들은 휴스턴의 노숙자 한 명에게 주거 시설을 제공해주는데 1만 7,000달러에서 1만 9,000달러가 든다고 추산하는데, 이 가운데 약 1만 2,000달러는 주거 시설 비용이고 나머지는 관련 서비스를 제공하는 비용이다.[12] 샌프란시스코에서 노숙자 한 명당 드는 비용은 연간 4만 달러에서 4만 7,000달러 사이이고, 주거 시설에만 3만 5,000달러가 들어간다. 이처럼 두 도시 사이에는 큰 격차가 있다. 휴스턴에서 주택 가격 중앙값은 30만 달러를 약간 웃도는 반면, 샌프란시스코에서는 170만 달러를 약간 웃돈다.[13] 휴스턴도 주택 가격 적정성 문제로부터 자유롭지는 않지만, 민주당 텃밭인 수많은 주의 대도시에서 나타나는 정도의 심각한 노숙자와 주택 가격 적정성 문제는 없다.

리버럴 진영은 가장 절실히 필요한 건 적정 가격의 주거 시설인데, 민간 주택 개발업자들은 수익을 창출하는 건물을 지으려 한다고 탄식한다. 그러나 얼마나 많은 주거 시설을 건설해야 하는지는 논외로 하고, 주거 시설을 적정한 가격에 공급하려면 건설 비용을 낮춰야 한다. 샌프란시스코에서 2023년 주 정부가 발표한 보고서에 따르면, 신규 주거 시설 건설을 승인하는 데 평균 523일이 걸렸고, 건설 허가가 나는 데 605일이 걸렸다. 그나마 기획 단계에서 지역 공동체의 반대로 무산되지 않은 프로젝트에 해당하는 얘기다.[14] 건설 프로젝트가 온갖 장애물을 극복하고 진행되려면 수익률이 상당해야 하는데(게다가 부유한 주변 지역이 신규 건설을 받아들일 만해야 한다), 그러자면 개발업자들은 고급 콘도 건설을 추진하게 된다.

그러나 리버럴 진영이 추구하는 주거 시설 정책의 부조리함은 리버럴 진영이 지지한다고 주장하는 종류의 주거 시설에 초점을 맞추면 가장 극명하게 드러난다. 바로 유권자와 지역 정부 둘 다 지지한, 비영리 개발업자들이 지은 적정 가격의 주거 시설이다. 2016년 로스앤젤레스 시민들은 HHH 법안을 압도적인 찬성률로 통과시켰다. HHH는 재산세 인상을 통해 조성한 120억 달러로 노숙자들을 위해 1만 가구의 아파트를 새로 짓는 투표안이었다. 에릭 가세티(Eric Garcetti) 시장은 "로스앤젤레스 유권자들이 우리에게 향후 10여 년에 걸쳐 길거리의 노숙자 문제를 완전히 해결하라는 임무를 부여함으로써 우리 도시의 미래를 완전히 바꿔놓았다"라고 말했다.[15]

2024년 3월 무렵 로스앤젤레스시는 HHH 법안에 따라 4,344가구를 건설했다.[16] 2022년 회계 감사에서 가구당 평균 건설 비용은 약 60만 달러로 나타났다.[17] 이는 휴스턴의 주택 매매가 중앙값의 거의 2배였다. HHH 투표안은 문제가 많았지만, 진짜 문제는 HHH가 통과되기 전으로 거슬러 올라간다. 공적 자금을 이용하려다 보니 온갖 요구 사항을 준수해야 하고, 완공 날짜가 지연되고, 추가로 달성해야 하는 목표가 생기면서 건설 속도가 느려지고 비용이 증가했다.

HHH는 주택 개발을 위한 비용 전액이 아니라 일부를 제공하도록 설계되었다. HHH를 옹호하는 이들은 주거 시설 1호를 짓는 데 드는 평균 비용에 포함된 HHH 기금은 겨우 13만 4,000달러 정도라고 지적한다.[18] HHH는 다른 곳에서 건설 비용을 충당할 수 있는 프로젝트에 종잣돈을 제공하도록 설계되었다. 그럴듯하다. 외부의 자금을 지렛대 삼음으로써 납세자들의 세금이 실제 금액 이상으로 유용하게 쓰이도록 한다. 그러나 실제로는 적정 가격 주거 시설 건설 프로젝트를 진행하려면 네 군데, 다섯 군데, 여섯 군데 서로 다른 기금을 확보하고, 각종 세액 공제 혜택과 자선 기부금과 주 정부와 지역 정부가 제공하는 장려금을 끌어와야 한다는 뜻이다.

적정 가격 주거 시설 프로젝트 컨설팅을 하는 CTY 주택 건설 (CTY housing) 창립자 야스민 통(Yeasmin Tong)은 "누구든 이 아파트를 짓는 데 비용이 겨우 5만 달러가 들었다고 말할 수 있었으면 하고 바란다. 그러려면 기금을 확보하는 절차를 네다섯 차례 거쳐야 한다. 많게는 열 군데의 서로 다른 기금을 딴 프로젝트도 봤다. 그만큼 시간이 걸린다"라고 말한다.[19]

자금을 지원하는 주체마다 요구하는 바도 다른데, 이 또한 건설 프로젝트를 한층 더 복잡하게 만든다. 통은 이렇게 말한다. "개발업자는 이 기금 저 기금에 손을 벌려야 한다. 처음에 저소득 가구를 위한 주거 시설을 짓겠다고 한다고 치자. 그러나 기금 확보에 실패한다. 그러면 참전 용사를 위한 주거 시설을 집어넣거나 가정 폭력 피해자에게 주거 시설을 제공하기로 한다. 기금을 제공하는 사람들이 끊임없이 바뀌면서 그들이 요구하는 사항도 바뀌어 건설 프로젝트는 끊임없이 재조정된다."

론 갤퍼린(Ron Galperin)은 2013년부터 2022년까지 로스앤젤레스 시 감사관을 지냈다. 그는 HHH 회계 감사를 책임졌다. 그는 각 호당 건설 비용이 얼마가 들었고, 자금이 어디서 비롯되었으며, 건설 프로젝트가 세운 목표를 달성하고 있는지 추적했다. HHH가 내는 1달러당 다른 자금원들로부터 5달러를 확보하려고 애쓰는 상황을 보고 그가 칭찬했으리라고 생각하겠지만 실제로 그는 자금의 구조를 보고 분노했다.

갤퍼린은 이렇게 말했다. "규제와 규정과 제약과 한계와 더불어 한껏 부풀어 오른 비용을 보면, 기본적으로 이 돈은 전부 규제라는 야수에게 먹이를 주는 데 쓰이게 된다. 물론 HHH는 시 당국으로부터 평균 13만 4,000달러를 받지만, 장애물을 극복하느라 온갖 재주를 넘다 보면 그 비용이 13만 4,000달러를 넘을지도 모른다. 이런 구조를 만들다니 우리는 완전히 정신이 나갔다."[20]

게다가 공적 자금을 쓰게 되면 개발업자들이 훨씬 높은 기준을 충족해야 한다. 통은 다음과 같이 말한다. "우리는 적정 임금을 지급해야 한다. 따라서 인건비에 최소한 20퍼센트에서 30퍼센트 가산액이 붙는다. 지속 가능성 관련 요구 사항도 충족해야 한다. 기획부가 건물과 고속도로의 거리가 가까우므로 고급 환기 시설을 설치해야 한다고 한 프로젝트도 있었다. 적정 가격 주거 시설 개발 프로젝트는 하나같이 친환경 건축 규정을 준수해야 한다. 캘리포니아주의 친환경 건축 규정은 미국 어느 주보다도 수준이 높다. 그 기준에 맞춰 건물을 지어야 할 뿐만 아니라 그 기준에 맞춰 건축했다는 사실을 확인해줄 컨설턴트도 필요하다. 그러면 비용은 늘어난다."[21]

위에 언급한 요구 조건들은 하나같이 추구할 가치가 있는 목표다. 그러나 적정 가격의 주거 시설을 저렴한 비용으로 신속하게 짓는 일도 추구할 가치가 있는 목표다. 로스앤젤레스는 실패하고 있었다. 그것도 처참하게. 그렇게 실패하고 있는데, 고속도로 근처에 주거 시설을 지으면 특수 공기 정화 시설을 요구하는 게 말이 되는가? 주거 시설이 완공되지 않으면 수많은 이들이 고속도로 밑에 천막을 치고 살게 생겼는데 말이다. 이런 질문을 하면 냉담하다고 생각할지 모르겠다. 하지만 더 많은 주거 시설이 절실히 필요한 현실에서 그런 질문을 하지 않는 게 더 잔인하다.

이러한 추가 요구는 주거 시설의 질을 향상하려고 애쓰는 기획 위원회만 하는 게 아니다. 아예 그런 시설이 들어서기를 바라지 않는 이웃 주민들도 그런 요구를 한다. 해변 산책로로 유명한 캘리포니아주 베니스(Venice)에서는, 베니스 델 지역 공동체(Venice Dell Community) 프로젝트가 시 당국이 소유한 주차장 공간을 노숙자, 저소득 예술가와 저소득 가구들을 위한 140가구 규모의 주거 시설로 만들기로 하고 유명한 건축가에게 설계를 맡겼다.[22] 그런데 이 개발 프로젝트에 반대하는 지역의 주택 소유자들이 집단으로 항의하고 소송까지 제기했다. 그들은 "만성적인 주차 공간 부족 문제를 해결하기 위해 베니스에 절실히 필요한 땅"이라면서 신규 주거 시설은 "건전한 건축 설계 원칙들과 완전히 동떨어진 흉물"이 된다며, "환경 영향 평가도 거치지 않고 쓰나미 위험 지역이자 연방 긴급 사태 관리청(Federal Emergency Management Agency, FEMA)이 특수 홍수 피해 지역으로 지정한 위치에 지어지고 있다"라고 주장했다.[23] (로스앤젤레스 시민들은 당장 적정 가격의 주거 시설이 필요하다고 말하면서도 자기가 사는 지역 주변에 그런 시설이 들어서는 데는 결사반대했다.)

지역 사회의 반대를 극복하려면 각종 요구에 합의해야 하고, 그러면서 건설 비용이 눈덩이처럼 불어났다. 지역 사회의 반대를 무마하기 위해 개발업자들은 몸값 비싼 건축가에게 설계를 맡기고, 끊임없이 계획을 수정하고, 심미적인 면에서 그리고 건축 설계 면에서 온갖 양보와 추가를 하고, 변호사와 회계 감사관을 추가로 고용하는 등 극복해야 할 장애물이 끝도 한도 없었다. 개발 프로젝트가 이 모든 장애물을 다 극복한다고 해도 한 가구당 건설 비용은 훨씬 커지고, 그러면 당연히 이 프로젝트는 해당 지역 사회가 다음 프로젝트를 반대하기 위해 무기로 휘두를 자료 역할을 한다.

어쩌면 커트너가 주장하듯이, 문제는 단순히 공공 (또는 보조금을 지원하는 '사회적'이라는 용어로 새롭게 단장된) 주택이 충분치 않다는 사실인지도 모른다. 싱가포르에서는 인구의 거의 80퍼센트가 공공 주거 시설에 거주한다. 공공 주택은 미국에서 평판이 나쁘지만, 메릴랜드주의 몽고메리 카운티 같은 지역에는 외관이 수려한 주거 시설이 들어섰고, 조지아주 애틀랜타 같은 대도시들은 주택 공급 물량을 늘리기 위해 공공 프로젝트로 실험을 하고 있다. 그러나 모든 건설 프로젝트의 성패를 결정하는 요인들이 마찬가지로 똑같이 사회적 주거 시설의 성패도 결정한다. 망치로 못을 박는 노동자가 공무원이든 민간 도급업자이든 상관없이 정부는 주거 시설을 적정 가격에 빨리 지어야 한다. 그럼에도 리버럴이 장악한 정부 내에서 리버럴이 설계한 규정과 제약으로는 적정 가격에 빨리 주거 시설을 짓기가 불가능하다.

하이디 마스턴(Heidi Marston)은 2019년 말부터 로스앤젤레스 노숙자 서비스 관리청을 이끌었지만 2022년 4월 좌절감을 느끼고 사임했다. 그녀는 이렇게 말했다. "내가 그곳에 근무하는 동안 38개의 기금 지원이 들어왔다. 그리고 각 기금 지원자는 우리뿐만 아니라 우리가 기금을 지원하는 비영리 단체까지도 해마다 또는 2년마다 한 번씩 회계 감사를 했다." 기금이 정확히 의도한 대로 쓰이는지 확인하기 위한 회계 감사였다. 그러나 바로 그것이 문제의 일부였다.

마스턴은 다음과 같이 말을 이었다. "연방 정부가 지원하는 기금은 그 어떤 기금보다도 제약이 많다. 해마다 우리는 주택도시개발부로부터 자금을 지원받는다. 시 당국도 우리에게 자기들 몫의 자금을 지원하지만, 연방 정부가 지원하는 자금은 회계 감사에 더해, 인건비로 지출하면 안 된다든지 하는 그들 나름의 조건들을 추가한다. 이 모든 조건이 프로젝트 진행 과정에서 추가된다."[24]

이러한 조건들이 어떻게 생기는지 짐작하기는 어렵지 않다. 시 당국은 직원 머릿수를 늘리기보다 집을 짓는 데 그 돈을 쓴다는 사실을 보여주고 싶어 한다. 주택도시개발부는 우선 고려해야 할 사항이 한두 가지가 아니고, 자금줄을 쥐고 있는 의회 의원들의 욕구와 요구를 충족시키려고 애쓴다. 퇴역 군인 노숙자 증가 등 현실적이고 고통스러운 문제들을 해결하기 위해서 세액 공제 규정이 추가된다. 기금 신청자들은 기부자들에게 그들이 기부한 돈이 유용하게 쓰이고 있다는 사실을 보여주고 싶어 하는데, 이를 증명할 유일한 방법은 회계 감사뿐이다. 누구든 부정행위나 낭비했다는 의심을 살까, 또는 자금이 끊기거나 공중이 등을 돌릴까 두려워한다.

각각의 개별적인 결정은 합리적이다. 그런데 그러한 결정들이 모여서 만들어내는 결과는 참담하다. 실력 있고 헌신적인 사람들을 채용해 공공 사업을 맡겨놓고 그 일을 잘 해내기가 도저히 불가능하게 만든다. 그들에게 사회가 안고 있는 가장 어려운 문제들을 해결하라고 해놓고(그들은 대체로 그들이 민간 부문에 종사했다면 받았을 급여보다 훨씬 적은 급여를 받는다) 그런 문제들을 풀기 위해서 꼭 필요한 재량권과 민첩성을 빼앗아버린다. 그러고 나서는 일을 그만두는 사람이 왜 그렇게 많은지 의아해한다.

마스턴은 다음과 같이 말한다. "노숙자 문제 해결에 거금이 투입된다. 특히 로스앤젤레스는 더하다. 내가 쓸 수 있는 예산이 거의 10억 달러다. 그런데 그 돈에 수반되는 제약이 너무 엄격해서 돈을 지출하기가 불가능하다. 내게 10억 달러와 그 돈을 지출할 재량까지 주면 얘기가 달라진다.”[25]

마스턴의 사연을 듣고 있자면 배글리가 한 주장이 떠오르지 않을 수 없다. 리버럴 진영은 결과보다 절차에 집착하게 되었다는 주장, 그리고 리버럴 진영은 공중의 의지를 실행함으로써가 아니라 규정을 준수함으로써 합법성을 추구한다는 주장 말이다. 로스앤젤레스의 노숙자 문제는 재앙 수준이다. 공중은 정부 당국의 굼뜨고 비효율적인 대응에 분노한다. 그리고 노숙자 문제 해결을 담당하는 부서는 회계 감사 서류를 작성하고 기금 제공자의 구체적인 요구 사항에 따라 엄격하게 예산을 집행했는지 확인하는 데 시간을 낭비한다.

‘만능’이 되려다 ‘무능’해지는 리버럴리즘 문제

2022년 컬럼비아 법학대학원 산하 세이빈 기후 변화법 센터(Sabin Center for Climate Change Law)를 창설한 마이클 제라드(Michael Gerrard)는 “취사 선택이 필요한 시기(A Time for Triage)”라는 제목의 글에서, 리버럴 진영이 그토록 절실히 필요하다고 생각하는 기후 변화 방지 기간 시설을 구축하기가 왜 그리 어려운지 그 이유를 다음과 같이 설명했다. “환경 보호주의 공동체는 기후 변화를 부인하지는 않지만, 타협을 부정한다. 소중하다고 생각하는 것을 모조리 보존하려고 결정을 못 내리고 꾸물거리기에는 이미 너무 늦었다. 우리가 구원하려는 것을 모조리 구원하려고 몇 년이고 심사숙고할 시간이 없다."[26]

민주당이 통치하는 지역의 각급 정부마다 직면하는 문제는 한 가지 프로젝트에 너무 많은 목표를 추가한다는 점이다. 동시에 너무 많은 목표를 달성하려는 정부는 아무것도 달성하지 못하고 만다. (보수 진영도 절차와 제약을 추가하는 성향이 없지는 않지만, 그들은 정부가 업무를 제대로 수행 못 하게 하려는 의도에서 그리한다. 그리하여 정부가 실패하고 비효율적으로 되면 그들의 목표 달성에 성공한 셈이 된다.)

이를 '만능이 되려다 무능해지는 리버럴리즘'이라고 일컫겠다. 물론 만능이면 가장 좋다. 하지만 뭐든지 다 잘할 수는 없다. 할 수 있을 만큼만 선택해야 한다. 아카데미 수상작 영화 〈에브리싱 에브리웨어 올 앳 원스〉에는 이것 저것 몽땅 집어넣은 베이글(everything bagel)을 만들려다가 아무것도 빠져나오지 못하는 블랙홀이 되는 장면이 나온다. 공공 사업도 마찬가지다. 정부가 적절한 수의 목표와 기준과 규정을 추가하면 많은 일을 해낼 수 있다. 그러나 목표를 너무 많이 추가하면 공공 사업은 그 무게를 견디지 못하고 붕괴한다. 캘리포니아주에서 추진한 고속철도 사업처럼 말이다.

2022년 바이든 대통령은 반도체 산업 육성과 과학 증진 법안에 서명했다. 바이든 행정부는 21세기에 반도체는 20세기에 석유가 한 역할을 하게 되고 미국은 반도체 제조 부문에서 다시 선두 주자가 되어야 한다고 생각했다. 바이든 정부의 상무장관 지나 레이먼도

(Gina Raimondo)는 말했다. "이는 무엇보다도 최우선으로 국가 안보 문제다. 우리에게는 달성해야 할 국가 안보 목표가 있다. 더는 말이 필요 없다. 타협의 여지가 없다."[27]

반도체 산업은 미국이 발명했다(실리콘밸리의 '실리콘'은 반도체를 만드는 재료를 일컫는다). 그러나 오래전 미국은 미국이 발명한 부문에서 우월적 지위를 상실했다. 반도체 산업 협회의 보고서에 따르면, 미국이 세계 반도체 제조 역량에서 차지하는 비율은 1990년 37퍼센트에서 2020년 12퍼센트로 하락했다.[28] 그 이유에는 비용 문제도 있다. 반도체 산업 협회에 따르면, 미국에서 10년에 걸쳐 반도체 제조 시설을 구축하고 운영하는 데 드는 비용은 대만, 한국, 싱가포르보다 30퍼센트 높다.[29]

2023년 바이든 행정부는 미국에서 새로운 반도체 제조 공장을 건설하기 위해 반도체 제조업체들에 390억 달러를 지원하는 지원금 공고문을 발표했다. 이 지원금 공고문을 읽어보면서 야릇한 기분이 들었다. 국내에서 반도체를 제조하는 데 드는 비용이 감당하지 못할 정도로 비싸져서 포기한 산업을 정부가 되찾아 오려 하고 있었다. 그러나 지원금 공고문은 비용 문제에 초점을 맞추고 있지 않은 듯했다. 솔직히 말하면, 그 어떤 문제에도 초점을 맞추고 있지 않은 듯했다.

지원금 공고문 12쪽을 보면 사전 응모 서류에 "국가 환경 정책법에 따라 적합한 평가 수준을 정하기 위한" 환경 관련 설문에 답하라고 권장하고 있다. 20쪽을 보면 지원금 신청자들은 "해당 지역에서 경제적으로 불리한 여건에 있는 개인들이 일자리를 얻을 수 있는 경로를 조성하기 위해 동업자들과 협력해 형평성을 실행하는 전략을 의무적으로 제시"하도록 하고 있는데, 여기에는 경제적으로 불리한 여건에 있는 개인들을 채용하고 "다양성, 형평성, 포용 그리고 접근성을 장려하기 위한 구체적인 방안들을 비롯해 인력을 충원할 새로운 경로들을 구축하는 노력을 포함한다". 21쪽과 22쪽에서는 "건설 산업에 여성과 그 밖에 경제적으로 불리한 처지에 있는 개인들을 포용"하고 프로젝트 근로 조건 합의를 장려하고 "시설과 건설 근로자들을 위한 보육 시설 제공"을 의무화하고 있다.

24, 25, 26쪽에서는 지원금 신청자들에게 소규모 기업뿐만 아니라 소수자 집단, 퇴역 군인, 여성이 소유한 기업체를 공급 사슬에 포함할 방법을 구체적으로 밝히고 이를 달성할 방법 일곱 가지를 구체적으로 제시하라고 밝히고 있는데, 그중 하나는 "공급 사슬을 과업별 또는 수량별로 잘게 쪼개서 접근성을 확대하고 소규모, 소수 집단, 퇴역 군인, 여성이 소유한 사업체의 참여를 장려하는 방식으로 도급업체의 프로젝트 완공 시간표를 짜라"고 권하고 있다. 게다가 "운송, 적정 가격 주거 시설, 학교 같은 분야에 대한 지역 공동체의 투자뿐만 아니라 기후와 환경을 보호할 계획을 의무적으로 제출"하도록 하고 있다.[30]

이는 대부분 바람직한 목표다. 그러나 이 프로젝트에 포함하기에 바람직한 목표일까? 지원금 공고문에서는 각 목표의 장단점에 대한 논의가 전혀 없다. 정부 당국은 그들의 요구 사항이 장단점이 있다는 사실을 인정조차 하지 않고 있다.

레이먼도는 다음과 같이 말한다. "이러한 요구 사항들은 하나같이(아니, 딱히 요구 사항이 아니라 넌지시 권장하는 사항이다) 프로젝트의 효율성과 직접 관련이 있다고 생각하는 기준이나 요인들이다. 인력이 7,000명에서 9,000명이 필요한 새로운 건물을 지으려 한다. 건설업에서 실업률은 사실상 0이다. 여성을 건설업자나 배관공이나 용접공으로 유치할 방법을 찾지 못하면 성공하지 못한다. 따라서 보육 시설을 생각해야 한다."[31]

그러나 대만 반도체 기업들은 건설 산업에서 여성의 역할을 확대할 방법을 정말 알고 있을까? 공급 사슬을 다변화하는 역량은 어느 정도일까? 이 모두는 추구할 가치가 있는 목표들이다. 다만 너무 욕심을 내다가 결국 성과가 기대에 못 미치게 된다.

이러한 법안과 지침을 보면 추가하는 항목은 있어도 삭제하는 항목은 거의 없다는 사실을 절대로 놓칠 수가 없다. 절차에 항목을 추가할 때는 열성적이지만 항목을 폐지하는 법은 거의 없다. 이민자 관련 규정을 폐지해서 숙련된 반도체 산업 근로자들이 미국에 와서 일하기 쉽게 하는 반도체 산업 육성 법안을 생각해보라. 반도체 제조 공장의 건설과 운영의 걸림돌인 숙련 근로자 부족 문제를 해결하는 가장 직접적인 방법이 되었을지도 모른다. 반도체 제조 공장을 국가 환경 정책법으로부터 면제해주거나 일종의 신속 처리 절차를 부여하는 규정을 만들 수도 있었다. [2024년 말, 환경 영향 평가는 공장 건설에 걸리는 시간을 '몇 년'은 연장할지 모른다는 우려가 일자, 마크 켈리(Mark Kelly)와 테드 크루즈(Ted Cruz) 두 상원의원이 이를 고려한 법안을 상정했고 바이든 행정부가 이 법안에 서명했다.]

분명히 말하지만, 바이든 행정부가 반도체 산업 육성과 과학 증진 법안에 접근한 방식은 전혀 이례적인 사례가 아니다. 연방 정부가 보조금을 지급할 때는 보통 보조금 수혜자가 각종 목표와 유권자들을 고려하게 만들려고 애쓴다. 캘리포니아 주민들은 대부분 고속철도 건설이 로스앤젤레스나 샌프란시스코 근처의 회랑보다 훨씬 인구가 적은 센트럴밸리에서 시작됐다는 사실을 의아해했다.[32] 왜 하필 거기서 시작하지?

캘리포니아주가 미국 회복과 재투자 법안에 따라 연방 지원금을 신청할 당시 오바마 행정부는 빈곤한 지역 공동체에서 대기 오염을 개선할 신청자들에게 우선권을 주었다. 따라서 연방 정부가 제공한 30억 달러는 실제로 고속철도 건설에 쓰이지 않았다. 특정 지역에서 대기 오염 문제를 해결하는 방법으로 고속철도 건설을 시작했다. 센트럴밸리는 캘리포니아 해안 지역보다 훨씬 빈곤하고 대기 오염이 심했다. 따라서 연방 정부의 지원금은 센트럴밸리에 제공되었고 거기서 고속철도 건설이 시작되었다. 캘리포니아주는 승객도 많지 않고, 정치적 지지도 얻지 못하고, 완공하는 데 필요한 재정적 뒷받침이 있을 가능성도 낮은 지역에서 고속철도를 건설하고 있다. 공교롭게도 이런 현실은 고속철도 프로젝트를 위해서 바람직하지 않을 뿐 아니라 캘리포니아주 전역에 걸친 대기 오염 문제 해결에도 바람직하지 않다.

국민에게 봉사하기가 이토록 어려워선 안 된다

1960년 이후 연방 정부 지출은 5배 이상 증가했다. 물론 물가 상승을 고려한 수치다.[33] 그러나 연방 정부의 민간인 인력 규모는 거의 변하지 않았다. 1960년에 200만 명을 약간 밑돌았고 지금은 200만 명을 약간 웃돈다. 중국과 싱가포르 같은 나라에서 공직은 크게 존경받는 직업이고, 두뇌가 명석한 졸업생들이 경쟁률 높은 국가 고시에 합격해 정부에서 일자리를 얻는다. 미국에서 '관료'라는 단어는 욕설 취급을 받는다. 공화당 진영은 수십 년 동안 정부를 악마화해왔고 대체로 이 논쟁에서 이겼다. 공화당 진영 내에서는 뭐든 외주를 주거나 민영화할 수 있다는 믿음이 지배적이다. 그들은 정부는 방만하고 민간 부문은 효율적이라고 생각한다.

민주당 진영은 정부에 대한 공화당 진영의 관점을 공유하지는 않을지 모르지만, 행동은 그렇게 한다. 2008년 캘리포니아주가 본격적으로 고속철도망 건설에 착수할 당시 캘리포니아주의 고속철도청은 직원이 달랑 10명이었다. 그중 한 사람은 소셜 미디어의 그래픽을 디자인하는 업무를 책임졌다. 이 업무는 컨설팅 회사들로 넘어갔다. 그중 하나인 WSP(William Sale Partnership)는 고속철도망 건설에 겨우 330억 달러가 들고 12년이면 완공할 수 있다고 추산했다. 그러나 WSP에 프로젝트 재정 자문단, 케임브리지 시스터매틱스(Cambridge Systematics), 아룹(Arup), 타이린(TYlin), HNTB, PGH 웡 엔지니어링 (PGH Wong Engineering), 해리스 앤드 어소시에이츠(Harris & Associates), 아카디스(Arcadis), STV, 세너(Sener), 파슨스 코퍼레이션(Parsons Corporation)이 합류했다. 〈로스앤젤레스타임스〉의 랠프 바터비디언 (Ralph Vartabedian)의 보도에 따르면, 외주는 "이 프로젝트 실행에서 결정적인 실수인 것으로 드러났다. 이러한 오판으로 인해 캘리포니아 고속철도청은 이 과업의 난이도를 일관되게 과소평가한 몸값 비싼 컨설턴트들에게 지나치게 의존하게 되었다".[34]

캘리포니아주는 세계에서 가장 부유한 정치체로 손꼽힌다. 캘리포니아주는 세계에서 가장 야심 찬 철도 프로젝트를 추진하고 있었다. 그러나 캘리포니아주는 고속철도청 내에서 전문 지식을 제공하고 프로젝트를 관리할 최고의 철도 설계사와 엔지니어들을 채용하지 않았다. 캘리포니아주는 주 당국이 기획하고 관리하고 심지어 진정으로 이해할 역량도 없는 프로젝트를 재정적으로 뒷받침하고 관리 감독하고 있었다. 고속철도청장이었던 브라이언 켈리는 다음과 같이 말했다. "과거 어느 시점엔가 고속철도청에는 이런 사고가 팽배했다. '내부 인력과 업무는 소규모로 유지하고 컨설턴트들에게 의뢰해서 철도를 건설하자.' 내가 철도청 업무를 시작할 당시 주 정부가 이 프로젝트 책임을 맡았으므로, 주 정부의 역량을 구축할 필요가 있다는 게 내 철학이었다. 내가 프로젝트를 시작할 당시에 고속철도청의 인력은 70퍼센트가 컨설턴트, 30퍼센트가 주 정부 공무원이었다. 지금은 공무원이 55퍼센트이고 컨설턴트가 45퍼센트다."[35]

샌프란시스코만 지역에서는 사뭇 다른 방향으로 이야기가 전개되었다. 2012년 샌프란시스코만 지역 고속 운송(Bay Area Rapid Transit,

BART)은 프랑스 기차 제조사인 알스톰(Alstom)과 계약을 맺고 25억 8,000만 달러에 기차 775량을 구매하기로 했다.[36] 2023년 무렵 뜻밖의 일이 발생했다. 기차를 예상 납기보다 더 빨리 더 싼 가격에 들여오게 되었다. 비용은 추정치에서 거의 4억 달러가 삭감되었다.[37] 트레인닷컴(train.com)의 보도에 따르면, 비용 절감의 주된 원인은 "BART의 자체 인력이 엔지니어링 업무를 더 많이 담당하기로 한 결정이었다. 프로젝트 담당 팀에는 다른 여러 부서에서 신규 기차 차량 프로젝트를 성공적으로 마무리한 엔지니어들이 포함되었다".[38] 이는 이례적인 사례도 아니다. 리스카우의 연구에 따르면, 주 정부의 교통 관련 부서들에서 고용률이 주민 1,000명당 한 명이 늘면 고속도로 1마일당 건설 비용이 26퍼센트 줄었다.[39] 정부가 모든 일을 혼자 해내지는 못한다. 그러나 정부는 프로젝트가 제대로 진행되는지 관리 감독할 수 있을 정도의 지식은 갖출 필요가 있다.

젠 팔카(Jen Phalka)는 정부 서비스를 혁신하기 위해서 기술 산업과 정부 간에 가교 역할을 하는 시민 기술 단체 코드 포 아메리카(Code for America) 창립자다. 그녀는 어렵지만 중요한 이 일을 하면서 결실도 거뒀지만 좌절감도 맛보았다. 그녀는 오바마 정권의 백악관에서 정부를 디지털화하는 업무에 관해 자문도 했다. 그녀는 정부가 제대로 작동하도록 하려고 애썼거나 애쓰고 있는, 이상주의적인 기술 전문가 세대의 대모에 해당하는 인물이다. 이러한 업무를 담은 그녀의 회고록 《리코딩 아메리카(Recoding America)》는 그런 이들의 사연을 담았다. 읽기가 고통스러운 책이다.

2020년 1월 팔카는 코드 포 아메리카에서 맡은 역할을 내려놓기로 했다. 그녀는 정부를 디지털화하는 문제에서 잠시 벗어나고 싶었다. 그런데 팬데믹이 터졌고, 봉쇄령이 내려졌고, 갑자기 수백만 명이 일자리를 잃었다. 뜻밖에도 일자리를 잃은 이들은 하나같이 실업 보험에 의존하고 있었고 실업 보험은 주 정부가 관리한다. 그런데 주 정부의 실업 보험 체제는 이 정도 수준의 수요를 감당할 채비가 되어 있지 않았다. 캘리포니아주의 고용개발부가 담당하는 실업보험 체제는 극심한 혼돈에 빠졌고 수백만 명이 실업 급여 지급이 부당하게 지연되거나 거절되는 일을 겪었다.[40] 팔카는 이를 구제할 대책 위원회를 공동으로 이끌어 달라는 요청을 받았다.

기술적으로는 특별히 새로울 게 없는 임무였다. 실업 보험은 상당히 단순하다. 사람들이 실업 보험을 신청하면 신청을 수용하거나 거부하면 된다. 그리고 나서 수당이 지급된다. 기술 부문의 기준에서 보면 이로써 문제가 해결된 셈이다. 팔카는 다음과 같이 말한다. "캘리포니아주 관리들 몇몇이 비공식적으로 내게 말했다. 그들은 고용개발부 직원들이 기술에 무능하고 우리 대책 위원회가 쉽게 문제를 해결할 수 있을 거라고 말이다." 그러나 대책 위원회는 그렇게 생각하지 않았다. "우리끼리는 과연 우리가 도움이 될지 의구심을 품었다."[41]

팔카는 정부 기술을(그리고 그 기술을 통제하는 온갖 규제를) 층층이 쌓인 침전물로 생각하게 되었다. 새로운 문제들이 등장하면 새로운 층이 추가되었다. 하지만 이미 쌓인 층이 제거되는 법은 거의 없었다. 팔카는 "새로 한 층이 쌓일 때마다 그 층은 기존의 기술의 한계에 제약을 받았다. 기존의 체계가 새롭게 수정 보완되기는커녕 문제가 추가되었다."[42] 정부 기술을 새롭게 수정 보완할 때 부딪히는 난관은 이러한 기존 체제의 기능들을 수정 보완하고 조율하거나 폐기하는 일이다. 게다가 이 모든 업무를 처리하는 동시에 민간 기술 기업이라면 자체적으로 절대로 부과하지 않을 조달과 계약 관련 규정을 따라야 한다.

고용개발부에서는 핵심적인 기술 층을 단일 고객 데이터베이스라고 일컬었는데, 이는 1980년대의 IBM 대형 컴퓨터로 가동한다.[43] 그중 일부는 코볼(Common Business Oriented Language, COBOL)이라고 하는 프로그래밍 언어로 쓰이는데, 이 언어는 1959년으로 거슬러 올라간다. 코볼은 지금은 거의 사용되지 않고, 이를 이용해 프로그램하는 방법을 아는 엔지니어를 찾기도 힘들다. 설상가상으로 단일 고객 데이터베이스의 일부는 흑색 바탕화면에 텍스트가 녹색으로 입력되는 구식 모노크롬 화면상에 구동하도록 설계되었다. 이런 디스플레이는 단종되었으므로, 고용개발부 직원들이 시스템에 접속하려면 가상의 에뮬레이터(emulator, 다른 컴퓨터의 기계어 명령대로 실행하는 기능-옮긴이)를 사용해야 했다. 구식 컴퓨터의 제약을 모방할 수 있는 신식 컴퓨터에 소프트웨어를 구동한다는 뜻이다.

그러더니 더 많은 층이 추가되었다. 2002년 고용개발부는 딜로이트(Deloitte)와 계약을 맺고 업무를 온라인화하기로 했다. 딜로이트는 웹 브라우저를 통해서 IBM 대형 컴퓨터에 접속하는 체계를 하나 구축했다. 그리고 수작업으로 신분을 확인하도록 분류된 신청서들을 모아서 관리하는 또 하나의 체계를 구축했다. 딜로이트는 수당을 신청하는 일반 사람들이 이용할 웹사이트 역할을 할 세 번째 체계를 구축했다. 이 모든 체계에는 각자 나름의 하부 체계들이 있었다. 그리고 그러한 하부 체계들 안에서 신청서들은 아무도 들여다보지 않는 장소에 모이거나 갇힐 가능성도 있었다. 팔카와 대책 위원회는 밀린 신청서가 23만 건에 달한다는 얘기를 들었다. 실제로 밀린 신청서가 몇 건인지 정확히 계산할 수 있게 데이터베이스를 정리하는데 7주가 걸렸다. 그리고 실제로 밀린 건수는 120만 건에 달했다.

고용개발부는 그들이 사용하는 기술을 구축하거나 관리하지 않는다. 주 정부의 소프트웨어 엔지니어 부서가 그러한 기술을 구축하지도 관리하지도 않는다. 혼돈이 일어날 당시 고용개발부는 이론상으로는 몇 주 만에 맺게 되어 있는 기술 체계 현대화 계약을 10년 전부터 성사시키려고 애써왔다. 다시 말한다. 고용개발부는 10년 동안 기술을 현대화하지 않았다는 뜻이다. 그들은 기술 체계를 현대화하고 관리할 외부 기업과 대규모 계약을 체결하려고 10년 동안 공을 들여왔다. 그 계약은 실행하는 데 11년이 걸릴 것으로 예상되었다.

고용개발부에서 발생한, 켜켜이 쌓인 침전층이 만들어낸 혼돈은 전혀 이례적인 사건이 아니다. 캘리포니아주는 사법부에 공동 문서 관리 체계를 도입하려고 10년 동안 5억 달러를 지출했지만 결국 포기했다.[44] 미국 연방 정부 국무부의 영사업무국은 2009년부터 비자와 여권 체계를 현대화하고 통합하려고 애써왔다.[45] 국세청은 2000

년 핵심적인 체계인 개인 마스터 파일(Individual Master File)을 대체하는 작업에 착수했다. 이 작업은 이제 2030년에 완성되리라 전망된다.[46]

팔카는 이렇게 말한다. "끝 모르게 연장되는 현대화 작업을 맡은 공무원들은 게으르지도 어리석지도 악의적이지도 않다. 나는 그런 공무원을 수백 명 만나봤는데 그들은 이루 말할 수 없을 정도로 헌신적이고 양심적이고 상당히 창의적인 경우도 흔하다. 국세청 직원들은 팬데믹 기간에 한 달마다 거의 4,000만 가구에 자녀 세액 공제 지급금을 보내고 경기 활성화 지급금 수표 8,000억 달러어치를 우편으로 발송했는데, 그런 엄청난 양의 업무를 감당하거나 신속히 처리하도록 설계되지 않은 체계에 의존해 업무를 처리해야 했다." 문제는 그들이 새롭게 수정 보완하려는 체계가 "상상할 수 없을 정도로 복잡"해졌고 "이러한 공무원들이 체계를 새롭게 수정 보완하기 위해 따라야 하는 모든 규정도 더욱 복잡해졌다는 데 있다".[47]

고용개발부의 밀린 업무 가운데 최악은 수작업으로 신분을 확인하는 업무를 관리하는 체계였다. 그러나 이 체계 안에서 업무를 하려면 경륜과 인정받은 능력과 끈기 있는 노력이 필요했다. 고용개발부의 위기가 시작되자 선출직 공직자들은 고용개발부에 인력을 더 많이 채용하라고 요구했다. 따라서 고용개발부는 딜로이트와 또 다른 계약을 체결하고 5,000명을 더 채용했다. 주지사는 신규 채용자들을 닦달했다. 하지만 신규 채용 인력을 훈련해 고용개발부에 쌓인 밀린 업무를 줄이려면 몇 년이 걸렸을지 모른다. 그리고 밀린 업무를 처리할 능력이 있는 직원들은 혼란에 빠진 신입 직원들의 질문에 답하느라고 정작 작업하는 데 써야 할 시간을 빼앗겼다. 그때부터 팔카의 팀은 팬데믹 전보다 밀린 작업을 처리하는 데 걸리는 시간이 2배에서 5배까지 늘어났다고 팔카는 밝혔다.

신규 채용자 수천 명을 해고하는 게 그들을 훈련하는 일보다 훨씬 비용이 적게 들고 훨씬 쉽다. 그러나 고용개발부 지도부는 그렇게 생각하지 않았다. "주지사실, 주 의회, 연방 정부의 노동부, 그리고 고용개발부의 업무에 대한 관할권이 있는 모든 감독 기관 등을 비롯해 상부에서 내려오는 지시 가운데 유일하게 일관성 있게 내려오는 지시는 가능한 한 빨리 신규 인력을 채용하라는 지시였다"라는 얘기를 팔카는 들었다.[48] 그런 감독관들에게 그들의 생각이 틀렸다고 말하면 아무에게도 도움이 되지 않았다. 그리고 그들이 그런 말에 귀 기울이리라고 아무도 믿지 않았다. 고용개발부 업무 수행이 위기에 처한 시기에 인력을 해고하면 모양이 좋지 않았을 것이다.

또 다른 선택지도 있었다. 수작업으로 신분을 확인해야 하는 경우는 신청자가 작성한 서식에 적힌 정보가 고용개발부가 그 사람에 대해 지닌 정보와 정확히 일치하지 않을 때 발생한다. 예컨대 법적 서식에는 "조너선"이라고 적혀 있는데 고용주는 "존"이라는 이름으로 임금을 지급하는 경우다. 사회 보장 번호 중 하나를 잘못 입력해도 수작업으로 확인해야 한다. 이런 사례들이 왜 수작업으로 신분을 확인해야 하는 경우인지 이해가 간다. 그러나 이러한 사소한 오류와 사기 행위 사이에는 관계가 없었다. 바로 전 4분기에 수작업으로 신

분을 확인한 18만 3,167건 가운데 부당한 행위로 판단된 건수는 겨우 804건이었다.[49]

오히려 아무런 하자가 없는 신청서에서 사기 행위가 훨씬 많이 적발되었다. 팔카는 다음과 같이 말한다. "요즘 세상에서는 신용 평가 서비스, 소매점, 고용주의 데이터에 침투해 신분을 도용하고 이렇게 훔친 신분은 다크 웹에서 자유롭게 거래된다. 도용한 신분을 이용한 사기 신청서는 수작업이 필요하다는 경고 신호가 뜨지 않는다. 신청서에 입력한 데이터가 고용개발부가 대조 확인하는 정보와 정확히 일치한다. 사기 신청서는 흔히 훔친 데이터의 복사본이기 때문이다."[50]

고용개발부는 훨씬 신속하고 효과적으로 신분을 확인할 수 있는 새로운 체계를 실행하고 있었지만, 나날이 쌓여가는 밀린 업무를 해결할 방법을 찾아야 했다. 수작업으로 신분을 확인하는 규정을 완화하는 게 명백한 해답이었다. 그러한 절차가 제대로 작동하지는 않았지만 그래도 여전히 절차는 절차였다. 그 절차를 따르는 게 안전했다. 절차를 따르지 않으면 위험을 감수해야 했다. 사기 행위는 실제로 일어나고 있었고 사기 행위가 얼마나 팽배해 있는지 알려지면 난리가 날 테고, 그러면 사기 행위 방지 규정들을 완화한 사람이 가장 큰 책임을 떠안게 되어 있었다. 설사 그들이 완화하기 전의 규정이 사기 행위를 적발하는 데 실패하고 업무 체계를 무너뜨릴 정도로 업무가 밀리게 된다고 해도 말이다.

결국 고용개발부는 그냥 신청서 접수를 중단해버렸다. 여러 주 동안 고용개발부는 신규 신청서를 접수하는 포털을 닫아버렸다. 고용 개발부는 밀린 업무를 처리하고 신규 신분 확인 프로그램을 설치하는 업무에 인력을 대부분 재배치했다.

이 와중에 캘리포니아주 의회의 한 의원은 고용개발부가 신청서와 소통을 10여 가지 이상의 언어로 제공하도록 의무화하는 법안을 상정했다고 팔카는 회고한다. 이러한 언어들은 대부분 이미 1973년 캘리포니아주가 통과시킨 법에 따라 의무화되어 있고, 여러 가지 연방 법과 규정에서도 의무화하고 있었다. 고용개발부는 기존의 이 모든 규정을 준수하지 않고 있었다. 심지어 영어 사용자에게도 효과적인 서비스를 제공하지 못하고 있었다. 이미 의무화한 규정들도 지키지 못하고 있는데 의무 규정이 더 늘어난 셈이었다.

덧셈이 아니라 뺄셈이 필요했다. 팔카와 그녀의 팀은 캘리포니아주의 실업 보험 체계를 관장하는 규정과 규제 그리고 법제화한 규정과 규제가 점점 늘어나기만 하는 상황을 반복해서 겪었다. 그렇게 되면 법은 점점 복잡해지고 갱신하기가 어려워진다. 신규 채용자를 구하기도, 훈련하기도 더 힘들어진다. 그리고 밀린 업무를 처리하기가 더 힘들어진다. 팔카는 다음과 같이 결론을 내렸다. "의회 의원들은 선한 의도에서 하는 일이지만, 이미 업무 처리를 지연시키고 있는 여러 겹의 장애물에 새로 정책들을 여러 겹 보태면 어떤 결과가 나올지 이해하지 못한 채(그리고 때로는 그런 결과를 무시한 채) 끊임없이 여러 정책을 보탠다."[51] 정부가 더 많은 일을 하려면(아니, 이미 하는 일을 제대로 하려고만 해도) 우선 업무를 줄이도록 허용해야 할 때도 있다.

선택하는 정부가 제대로 작동하는 정부다

2023년 6월 11일 휘발유 8,500갤런을 실은 탱커(Tanker) 트럭이 전복됐다. 이 트럭은 필라델피아 I-95 교각 아래에서 불이 붙어 운전사가 숨지고 교각을 지탱하는 철제 기둥을 녹였다. 하루에 자동차 16만 대가 지나다니는 I-95 교각은 붕괴했다. 이는 도로에서 발생한 참사에 그치지 않았다. 지역적 참사였다. I-95는 동부 해안 지역의 주요 운송 경로로 손꼽히고, 뉴욕과 워싱턴을 연결하는 중요한 도로다. 펜실베이니아 주지사 조쉬 셔피로(Josh Shapiro)를 비롯해 공직자들은 무너진 다리를 다시 건설하려면 몇 달은 걸린다고 경고했다.

펜실베이니아주의 규정하에서는 몇 달이나 그 이상이 걸릴 게 분명했다. 펜실베이니아주 교통부 장관 마이크 캐롤(Mike Carroll)은 "컨설턴트에게 설계를 맡기겠다"라면서 다음과 같이 말했다. "연방 고속도로청이 최종 설계를 승인하면 관심 있는 업체들로부터 입찰 신청을 받는다. 그리고 나서 입찰을 진행하고 선정된 업체와 계약을 맺는다. 12개월에서 24개월 정도 걸릴 예정이다."[52]

그러나 셔피로 주지사는 수많은 공공 프로젝트의 진행을 더디게 하는 규정과 의무 조항들로부터 교각 재건 절차를 면제해주는 비상사태 선언에 서명했다.[53] 속도가 최우선 과제였다. 환경 영향 평가서도 요구하지 않기로 했다. 긴 입찰 절차도 생략하고 조달 규정도 제쳐놓기로 했다. 캐롤 장관이 참사 현장에 도착하자, 과거에도 주 정부가 함께 일했던 적이 있는 회사인 C. 애보니지오 컨트랙터스(C. Abbonizio Contractors)는 재건할 교각에서 이미 다른 작업을 하고 있었다. 그들은 교각을 폭파할 업체로 선정되었다. 고속도로 건설업체인 버클리 앤드 컴퍼니(Buckley & Company)의 롭 버클리(Rob Buckley)도 그 근처에서 또 다른 프로젝트를 진행하고 있었다. 그의 회사도 교각 재건 작업에 참여하게 되었다. 캐롤 장관은 이렇게 말했다. "비상 선언으로 입찰 과정을 생략하고 업체들을 선정할 수 있는 역량이 생겼다. 소방국이 참사 현장 정리를 끝낸 날 바로 교각 재건 작업에 착수했다."

펜실베이니아주 당국은 노조에 가입한 인력만 이용했다. 그들은 강력히 일을 밀어붙였다. 작업은 하루 24시간, 일주일 내내 쉬지 않고 진행되었다.[54] 작업 현장에 카메라를 설치해 24시간 유권자들이 작업 현장을 지켜볼 수 있도록 했다. 셔피로 주지사는 소셜 미디어 트위터(Twitter)와 틱톡(Tiktok)으로 진전 상황을 알렸다. 그는 주지사로서 직면하게 된 I-95 재건이라는 시련을 객관적인 교훈으로 승화했다. 그때까지만 해도 믿는 사람이 거의 없었던 교훈으로 말이다. 바로 정부도 거대한 규모의 프로젝트를 신속하게 완공할 수 있다는 교훈이었다. 게다가 노조의 인력을 이용해서 그리할 수 있다는 교훈이었다. 정부의 자체적인 규정이 아니라 비상사태에 필요한 속도로 해낼 수 있다는 교훈이었다.

"이 모든 의사 결정의 공통분모는 가능한 한 빨리 이 일을 완성하자는 공감대였다"라고 캐롤 장관은 말했다. 그는 애보니지오 직원들이 스크루드라이버로 고속도로 표지판을 해체하는 장면을 목격한 일을 회상했다. 그는 그들에게 무슨 일을 하는지 물었고 그들은 혹시 교통부가 표지판을 다시 사용할지 몰라서 보관해두려고 한다고 답했다. 캐롤 장관은 "그놈의 표지판, 기계로 그냥 넘어뜨려라"라고 말했다며 낄낄 웃었다. 어느 날 밤 캐롤 장관은 다음 며칠 동안 비가 내린다는 일기예보를 보았다. 그는 작업하는 팀에게 날씨에 개의치 말고 그냥 도로 포장 작업을 진행하라고 했다. 이는 교통부의 규정에 어긋나는 지시 사항이었지만, 그날 밤에 내린 비는 가늘었고 곧 빗줄기가 굵어질지도 모를 일이었기 때문이다.[55] 비 때문에 작업을 중단하면 작업을 재개할 때까지 며칠을 기다려야 할지 몰랐다. 캐롤 장관은 다음과 같이 말한다. "비상사태 선포는 상황을 완전히 바꿔 놓았다. 나는 정상적인 프로젝트에서라면 감수하지 않았을 위험을 감수했다. 잘못될 수도 있었지만, 다행히 그렇게 되지 않았다."

여기서 캐롤 장관이 하는 말을 진지하게 받아들일 필요가 있다. 그는 위험을 감수했다. 규정이 존재하는 데는 그럴 만한 이유가 있다. 공개 입찰을 거치지 않고 업체를 선정하면 신속하긴 하나 부정부패의 소지가 있다. 비가 내릴 때는 아스팔트를 깔지 않는 이유가 있다. 그러나 이러한 문제들을 선택에 맡기지 않고 규정으로 만들면서 캐롤 장관 같은 사람들로부터 재량권과 판단을 박탈했다. 우리는 프로젝트가 산으로 간다고 하더라도 규정을 철저히 지키는 편을 택한다. 그러면 일부 위험 요소들을 최소화하겠지만 작업이 지연되고 비용이 늘어나는 일이 다반사다.

비상사태 선포 덕분에 셔피로 주지사는 선택을 할 수 있었다. 그는 노조 인력을 쓰기로 했지만, 다른 수많은 이해관계와 절차들은 무시했다. I-95는 (처음에 예상했던 '몇 달'이 아니라) 겨우 12일 만에 복구되었다. 셔피로 주지사는 일을 "끝내주게 잘해냈다"라고 바이든 대통령은 말했다.[56] 그의 지지율은 급상승했고 미래의 대통령 후보로 언급되기 시작했다. 정부가 맡은 일을 완수하면 국민은 지지를 보낸다.

〈워싱턴 포스트〉는 셔피로 주지사에게 그가 터득한 교훈에 대한 글을 기고해 달라고 부탁했다. 셔피로 주지사는 자신이 터득한 첫 번째 교훈은 "강력한 지도력에 힘을 실어줘라"였다고 말한다. 재건 업무의 열쇠는 재건 업무를 책임진 사람들이 제대로 일을 할 수 있게 해주는 일이다. 셔피로 주지사는 "이 프로젝트의 요소들을 담당한 관리자들이 결단을 내리고 책임을 지도록 하고, 필요할 때는 그들에게 스스로 결정할 재량권을 부여해 힘을 실어줬다. 서로 책임 떠넘기기로 쳇바퀴 돌 듯하는 관료 조직에 맡기고 질질 끌지 않았다".[57] 정상적인 상황이라면 셔피로 주지사가 선택한 절차는 불법일지 모른다. 그러나 민주당 진영과 펜실베이니아 유권자들은 모두 셔피로 주지사의 선택을 마음에 들어 했다. 이 사례가 통상적인 절차에 대해 지니는 의미는 무엇일까?

브링크 린지(Brink Lindsey)는 자신의 논문 〈국가의 역량: 국가의 역량이란 무엇이고, 어쩌다 우리는 그 역량을 잃었으며, 어떻게 하면 되찾을 수 있을까?(State Capacity: What Is It, How We Lost It, and How to Get It Back)〉에서 다음과 같이 적확하게 지적한다.

가장 절실히 필요한 것은 생각의 변화다. 즉 지난 50여 년 동안 우리가 현재의 지경에 이르게 만든 지적인 추세들을 뒤엎는 일이다. 우익 진영의 경우, 최근 몇십 년 동안 보였던 정부에 대한 조건 반사적인 반감을 버리고 거대하고 복잡한 복지 제도의 합법성과 규제를 수용하며 (경찰과 군대뿐만 아니라) 국가 공무원들이 하는 중요한 역할을 인정해야 한다. 좌익 진영의 경우, 1960년대 이후로 진보주의 진영 주도의 정부 팽창을 이끌어온 탈중앙화 형식주의 모델을 재고하고, 법정에서 사회 운동 단체들이 행사하는 거부권을 축소하고, 정책 설계의 초점을 진보 진영의 권력 견제에서 벗어나 권력이 실제로 효과적으로 행사되는 방향으로 전환해야 한다.[58]

리버럴 진영은 정부가 맡은 임무를 완수하도록 하는 방법으로써 선출된 정치인과 정부 관리들을 신뢰하기보다 규제와 법적 절차를 신뢰하는 쪽을 선택했다. 과거에는 그런 방법이 통했을지 모르지만 지금 우리가 당면한 문제들을 생각해보면 그런 방법은 틀렸다. 정부가 크냐 작으냐는 우리가 던져야 할 질문이 아니다. 정부가 잘 작동하는지가 문제다. 정부는 정부가 따르는 규정이 아니라 정부가 하는 업무의 결과물을 통해 정부라는 존재를 정당화할 필요가 있다.

4. 발명

→

커털린 커리코(Katalin Karikó)는 헝가리 북부 대평원에 있는 작은 마을에서 태어났다. 진흙과 짚으로 지은 그녀의 집은 수돗물도 없었다. 난방은 금속판 난로에다가 마을 장난감 가게에서 나온 톱밥을 태웠다.[1] 어렸을 때 그녀는 학교 교실이 아니라 집 옆에 있는 작은 정원에서 처음으로 과학을 배웠다. 어느 해인가, 미국에서 콜로라도 감자잎 벌레라고 일컫는 병충해가 그녀 가족이 지은 감자 농사를 망쳤다. 그녀는 땅바닥에 무릎을 꿇고 손으로 감자에서 흑백 무늬의 벌레를 뜯어내고 줄기에 다닥다닥 붙은 분홍색 알을 긁어내 작물을 살리려 했다. "따분하고 역겨운" 작업이었다고 그녀는 훗날 말했다.[2] 아이에게는 재미없는 일이었을지 모르지만, 의학계에 몸담을 사람에게는 안성맞춤인 훈련이었다.

젊은 여성으로 성장한 커리코는 헝가리 남쪽 국경 근처에 있는 도시 세게드(Szeged)에 있는 생물 연구소 과학자가 되었다.[3] 연구소가 국가로부터 재정적 지원을 못 받게 되자 그녀는 자기 자동차를 영국 돈 900파운드에 팔고 헝가리의 화폐 통제법을 피하기 위해 이 돈을 자기 딸의 봉제 곰 인형 속에 넣고 꿰맸다. 그녀는 가족과 함께 펜실베이니아로 이주했다. 미국으로 이주하고 첫 몇 년 동안 커리코는 학계를 부평초처럼 떠돌았다. 그녀는 여러 대학교 연구소를 전전하다가 펜실베이니아대학교에 채용되었다.

커리코가 펜실베이니아대학교에 채용될 당시 과학자들은 인체의 명령 체계를 직접 편집하게 되리라는 희망에 부풀어 있었고 DNA 연구 분야에 돈이 쏟아져 들어왔다.[4] 커리코는 다른 분야에 관심을 지니게 되었다. 메신저 리보핵산, 즉 mRNA였다. DNA가 바이오테크 분야의 왕이라면, mRNA는 나약한 시종에 불과했다. mRNA는 세포 안에 있는 세포핵에서 새로운 단백질을 만드는 기능을 하고 정보를 실어 나르는 한 가닥짜리 분자다. 이러한 임무를 완수하고 나면 mRNA는 해체된다.

DNA는 mRNA보다 여러 가지 기술적 장점이 있었다. 그중 하나는 게놈(genome)의 핵심이라는 점이다. 그러나 커리코는 mRNA의 단점으로 보이는 구조적 취약성이 오히려 장점이라고 생각했다. 인간이 편집한 mRNA를 이용하면 이론적으로 인간의 세포를 공장으로 변모시켜 그 어떤 단백질도 생산할 수 있다고(그리고 장기를 치료하거나 질병을 퇴치할 수 있다고) 그녀는 생각했다. 그리고 임무를 완수하고 나면 mRNA는 흔적도 남기지 않고 인체에서 사라져버린다. 커리코는 말했다. "사람들은 내가 RNA에 그토록 관심이 지대한 이유를 이해하지 못했다. 그들에게는 RNA가 지닌 잠재력이 보이지 않았다. 아무도 RNA가 약품을 제조하는 데 적합하다고 생각하지 못했다."[5]

펜실베이니아대학교에서 커리코는 미국에서 가장 규모가 크고 가장 중요한(그리고 그 연장선상에서 세계 최대이자 최고의) 과학 기관인 국립 보건원(National Institutes of Health, NIH)을 비롯해 수십여 곳에 연구 자금 지원 신청서를 제출했다. 2년 동안 그녀는 거의 매달 새로운 연구 자금 지원 신청서를 제출했다. 하지만 탈락에 탈락을 거듭했다. "매일 밤이 깊도록 나는 일만 했다. 연구 자금을 받아야 한다는 일념에서. 그리고 거듭해서 탈락했다."[6] 국립 보건원은 그녀의 연구가 너무 위험하다는 이유를 들어 탈락시키기도 했다. 그녀의 실험이 성공하리라고 증명하기에는 데이터가 너무 부족하다는 이유로 탈락한 적도 있다. 그녀가 제출한 신청서 평가 점수가 너무 낮아서 아무런 회신도 받지 못한 적도 있다.

실패와 실망으로 점철된 긴 세월을 겪으면서도 커리코는 사기를 잃지 않았다. 그녀는 과학을 사랑했다. 애써 새로운 것을 발견하고 우여곡절 끝에 무지에서 벗어나는 기나긴 여정이 과학이었다. 그녀의 방 벽에는 거듭해서 거절을 당하던 어두운 시기에 영감을 준 레오나르도 다빈치(Leonardo da Vinci)의 문구가 걸려 있다. "시도는 절대 틀리지 않는다. 오직 그대의 기대치가 틀릴 뿐이다."[7] 그녀는 회고록에서 이렇게 말한다. "나는 뼛속까지 과학자였다. 나는 그 무엇보다도 세상이 어떻게 작동하는지 알고 싶었다."[8]

그러나 5년 동안 끊임없이 연구 자금 신청서가 탈락한 후 커리코는 미국에서 과학의 생명줄이라고 할 연방 정부의 연구 자금을 한 푼도 유치하지 못했다. 국립 보건원을 비롯해 연구 자금을 지원하는 기관들은 수없이 여러 차례 그녀의 연구 자금 신청서를 탈락시켜서 그녀는 몇 번이나 탈락했는지조차 잊어버렸다. 펜실베이니아대학교는 그녀의 지위를 '선임연구원'으로 강등시켰다. 이 직함은 아무 힘도 없고 사실상 억지로 만든 자리였다. 학내에 이 직함을 가진 사람은 그녀 말고는 아무도 없었다. 1990년대 중엽 무렵 과학자로서 커리코의 미래(그리고 mRNA 과학 자체의 미래)는 막다른 골목에 다다랐다. 거절당하고 무시당하고 연구 자금도 받지 못한 그녀의 연구는 창작자를 흥분시켰으나 망각 속으로 말없이 소멸한 아이디어들이 산더미처럼 쌓인, 눈에 보이지 않는 묘지에서 메말라 사라질 운명인 듯이 보였다.

2020년 커리코가 강등되고 수십 년이 흐른 후 신종 코로나 바이러스 팬데믹이 전 세계를 휩쓸었다. 절박해진 국가들은 팬데믹을 수습하려고 다양한 정책들로 실험했다. 어떤 곳에서 효과가 나타나는 정책도 있었다. 그러나 모든 곳에서 효과가 나타나는 정책은 거의 없었다. 이탈리아는 전국적으로 엄격한 봉쇄령을 내렸고, 스웨덴은 대부분 상업 시설의 영업을 허용했다. 미국 정부의 대응은 산만했다. 펜실베이니아주는 여름에도 식당의 실내에서 식사를 허용한 한편, 필라델피아는 11월에 시 조례에 따라 자기 집 현관 앞에 앉아서 맥주를 홀짝거리는 행위도 불법화했다.[9]

팬데믹이 시작된 지 1년째 접어들면서 과학자들은 여전히 가장 기초적인 질문을 두고 갑론을박하고 있었다. 마스크 의무 착용이 효과가 있나? 2021년 예일대학교와 스탠퍼드대학교를 비롯해 명망 있는 여러 기관은 마스크의 효과에 대한 무작위 배정 대조군 연구의 결과를 발표했는데, 방글라데시의 600개 마을에 거주하는 약 35만 명을 대상으로 한 데이터도 포함되었다.[10] 연구자들은 외과 수술용 마스크를 쓴 마을 사람들이 감염 징후를 덜 보였다는 결론을 내렸다. 그러나 2년 후 세계적 규모의 마스크 효과 연구에서 대규모 데이터를 분석한 공동 저자는 "마스크가 그 어떤 효과가 있다는 아무런 증거도 없다"라고 결론을 내렸다.[11] 팬데믹을 퇴치하기 위해서 전 세계는 규정이나 법이나 국경 통제 정책보다 훨씬 보편적으로 적용 가능한 뭔가가 필요했다. 세계적인 해결책이 필요했다. 대규모로 면역에 도달하게 해줄 의약품이 필요했다.

그 후로 일어난 일은 기적에 가까웠다. 2020년 전까지는 미국 역사상 연구 개발부터 대중에게 보급하기까지 3년이 채 걸리지 않은 백신이 존재하지 않았다.[12] 코로나19(COVID-19) 백신은 10개월 만에 이를 달성했다. 12월 미국 식품의약국(Food and Drug Administration, FDA)은 mRNA 기술을 바탕으로 한두 가지 코로나19 백신에 대한 긴급 사용을 승인했다. 커리코가 제안한 이 기술을 기존의 과학계가 거부한 지 수십 년이 지나서였다.[13] 첫 백신은 화이자가 독일 기업 바이오엔테크(BioNTech)와 공동 개발했다. 두 번째 백신은 미국의 스타트업 바이오테크 기업인 모더나(Moderna)가 개발했다. 대중의 행동을 교정하는 대부분 정책과는 달리, 백신은 모든 나라에서 모든 연령의 성인들의 사망률을 낮추는 데 즉각적으로 효과가 있었다. 모든 연구가 중증, 특히 고령자의 중증을 완화하는 데 효과가 있음을 입증했다. 미국에서 백신이 정부의 긴급 사용 승인(Emergency Use Authorization, EUA)을 받고 1년 뒤, 백신 비접종 고령자는 접종 고령자보다 사망률이 10배 높았다.[14] 영국의 임페리얼칼리지 런던의 분석에 따르면, 백신 접종을 시작한 후 1년 동안 전 세계적으로 백신이 1,000만에서 2,000만 명의 목숨을 구했다.[15]

이 책의 앞부분에서 우리는 주택에서부터 청정에너지에 이르기까지 21세기에 번영하는 데 필요한 것들을 구축하는 작업을 미국 정부가 어떤 방식으로 방해했는지 살펴보았다. 그러나 팬데믹은 사뭇 다른 종류의 난관이었다. 규제하거나 보조금을 지급하거나 뭔가를 구축해서 빠져나갈 수 있는 종류의 문제가 아니었다. 쇼핑객에게 아무리 수많은 마스크를 배포하고 식당에 아무리 많은 아크릴 칸막이를 설치해도 백신이 한 일을 해내지는 못한다. 공중 보건을 위협하는 긴급한 상황이 종식되려면 뭔가 완전히 새로운 것이 필요했다. 뭔가를 구축해서 코로나19라는 문제에서 빠져나올 방법은 없었다.

발명을 통해서 빠져나와야 했다.

발명의 정치학

발명(새로운 상품을 만들거나, 체계를 구축하거나, 아이디어를 생각해내 문제를 해결하는 행위)은 인류가 진보하는 토대다. 생각 실험을 하나 해보자. 오늘날 미국인의 평균 수명은 약 80세다. 따라서 현재의 수명으로 따지면 2025년의 세상은 1785년의 세상에서 겨우 3세대 후인 셈이다. 시간을 초월해 세 명의 80세 노인이 서로 손을 잡고 있는 셈이다. 3세대 이전인 1780년대로 돌아가면 자동차, 화장지, 대량 생산되는 비누가 없는 세상에 진입하게 된다. 식량과 관련된 부문에서 보자면 깡통 따개, 살균, 냉동 기술도 없었던 세상이다. 의약품 분야에서는 항생제, 마취제, 백신도 하나 없던 세상이다. 과거와 현재를 구분해주는 가장 중요한 부문은 생물학도 심리학도 아니다. 바로 기술이다. 세상이 변했다면 이는 우리가 세상을 바꿨기 때문이다.

현대 리버럴 정치는 발명 덕분에 가능하다. 리버럴 진영이 오늘날 보편적으로 쓰이기를 바라는 상품이나 용역은 거의 모두 3세대 전만 해도 존재하지 않았던 기술에 의존하고 있다. 일부는 0.5세대 전만 해도 존재하지 않았던 기술이다. 고령자 의료 보험과 빈곤층 의료 보험(Medicaid)은 고령층과 빈곤층이 현대적 병원에 접근하도록 해준다. 이러한 병원에서 쓰이는 플라스틱 정맥주사 주머니, MRI, CT 스캔 기계, 맥박 산소 농도계 등과 같이 꼭 필요한 수많은 기술은 지난 60년 동안 발명되었다. 이처럼 꼭 필요한 기술들이 이미 존재하므로 새로운 아이디어를 생각해내기보다 이미 존재하는 재원을 공평하게 분배하는 데 집중할 때가 되었다고 말하고 싶은 유혹을 느낄지 모르겠다. 그러나 이런 주장은 상상력의 빈곤보다 더 나쁘다. 일종의 세대 간 도둑질에 해당한다. 세계가 더는 개선되지 않는다고 주장하면 진보의 가능성을 품은 소중한 뭔가를 미래로부터 훔치는 셈이다. 그 가능성이 없으면 진보주의 정치는 사망한다. 정치 자체가 희소한 상품들을 두고 서로 가지려고 아귀다툼을 벌이는 전쟁판이 되고, 그러한 전쟁에서 한 사람의 승리는 다른 사람의 패배가 된다.

세상은 새로운 발명 없이는 해결하지 못하는 문제들이 가득하다. 기후 변화를 막는 청정에너지 혁명이 일어나려면 이미 개발한 재생에너지 시설을 확대해야 한다. 그러나 탈탄소화를 하려면 아직 대규모로 사용하지 못하는 기술이 필요하다. 청정 제트 연료, 탄소를 덜 배출하면서 시멘트를 제조하는 방법, 대기에서 수백만 통의 탄소를 제거하는 기계 등이다.

의료 보건 부문에서는, 지난 몇 세기 동안 발명된 기술들 덕분에 죽음의 행성(질병이 만연했던 1850년 이전에는 아기 두 명 중 한 명이 16세 생일을 맞기 전에 사망했다)이 세대를 거듭할수록 기대 수명이 늘어나기를 고대할 수 있는 세상으로 바뀌었다. 하지만 여전히 새로운 돌파구가 필요한 수많은 해결되지 않은 문제들이 산적해 있다. 암을 퇴치하는 연구[16]에서는 실망스럽게도 거의 진전이 없다. 알츠하이머병과 정신분열증 같은 복잡한 질병들은 기본적으로 이해하지도 못하고 있고 치료 방법도 요원하다. 세포의 노화 과정은 오리무중이다. 성인 결핵이나 C형 간염에 효과적인 백신이나 새로운 팬데믹이 발생하면 즉시 대량으로 보급할 수 있는 백신 플랫폼도 아직 없다. 지금으로부터 수십 년 후 우리 아이들은 21세기에 만성 통증이나 질병을 앓는 사람들이 타액이나 혈액 검사를 통해 '내가 왜 아플까?'라는 기본적인 질문에 답할 수 없었다는 사실을 알고 경악할지도 모를 일이다. 질병이 미지(未知)로 가득한 우주라고 친다면 우리는 그 우주 속의 작은 태양계 하나를 가까스로 탐험한 셈이다.

오늘날 대단해 보이는 발명은 곧 우리 삶의 필수품처럼 느껴지게 될지도 모른다. 자율주행 전기 자동차는 탄소를 배출하지 않고 인간의 잘못된 판단이나 반사적 행동으로 인한 수많은 교통사고 사망으로부터 우리를 해방해준다. 거대한 담수화 시설은 바닷물을 마실 수 있는 물로 변모시킨다. 로봇이 집을 짓고, 가장 위험하고 진을 빼는 노동을 기계가 대신하는 경제 체제가 구축된다. 웨어러블(wearable) 기기로 우리 몸을 스캔해 질병이 있는지 확인한다. 바늘로 찌르는 대신 피부에 바르는 백신이 출시된다. 이 가운데 일부는 비현실적이며 어처구니없다고 생각될지 모르지만, 거절당하고 무시당하고 연구비 지원도 받지 못하다가 팬데믹 당시 갑자기 등장해서 수백만 명의 목숨을 구한 mRNA 기술보다 어처구니없지는 않다. 이러한 아이디어들이 우리가 살아 있는 동안 실현되고 사용되려면 발명을 지금보다 훨씬 진지하게 받아들이는 정치 운동이 필요하다.

그렇다면 그런 정치 운동은 어디 있을까? 발명은 미국 정치에서 핵심적인 역할을 하는 경우가 드물다. 예컨대 보건 의료 부문에서 민주당 진영은 수십 년 동안 전국민 의료 보험 제도를 위해 싸워왔다면, 공화당 진영은 의료 보험 확대 적용을 일관되게 반대해왔다. 그러나 워싱턴에서 일어나는 이 싸움은 의료 보험을 구매하는 방식을 공공으로 할지 민영으로 할지를 두고 주로 벌어질 뿐, 어떤 의료 서비스를 구매할 수 있는지는 거의 거론되지 않는다. 결국 앞으로 진보주의 진영은 모두가 보험 혜택을 받는 데 그치지 않고, 그 보험 혜택을 통해서 각종 치료 방법에 접근하도록 해 환자들을 질병과 끔찍한 고통에서 해방하는 목표를 추구한다. 기술은 이러한 보편주의적 정책의 가치를 확장한다.

진보 진영이 그들이 추구하는 정치에서 발명의 중요성을 과소평가한다면 보수 진영은 발명에서 정부 정책의 필요성을 과소평가한다. 2014년 구글 최고경영자 에릭 슈미트(Eric Schmidt)와의 토론에서 투자자이자 기업가인 피터 틸(Peter Thiel)은 "정부가 기술을 불법화했다"라면서 정부의 법이 혁신을 가로막는다는 기술 낙관주의자와 자유 지상주의자의 정서를 표출했다. 그러나 실리콘밸리에서 탄생한 중요한 성과는 대부분 정부의 보조금에 의존했다. 일론 머스크(Elon Musk)는 현재 진보주의적 정책을 신랄하게 비판한다. 하지만 그 또한 오래전부터 정부의 보조금 정책의 수혜자다. 2010년 테슬라가 처음으로 가족 친화적인 세단 모델 S를 출시하기 위해 현금이 필요할 당시 오바마 정부의 에너지부로부터 4억 6,500만 달러를 지원받았다.[17] 그의 로켓 발사 기업 스페이스 X(Space X)는 민주당 정부와 공화당 정부하에서 미국항공우주국(NASA)으로부터 수십억 달러를 지원받았다. 머스크는 기술의 진보가 공공 정책에서 비롯되는지, 아니면 민간 부문의 창의력에서 비롯되는지에 대해 뜨거운 논쟁을 불러일으켰다. 그러나 그는 공공 부문의 의지와 민간 부문의 천재성이 협력하면 어떤 결과가 나올 수 있는지를 널리 알리는 걸어

다니는 광고판이다.

　정부는 단순히 기술을 규제하는 데 그치지 않고 기술을 창조하는 작업에서도 핵심적인 행동 주체다. 전자레인지에 데운 아침을 먹고 스마트폰으로 공항까지 데려다줄 차를 호출하는 미국인은 여러 가지 기술과 체계(전자레인지, 스마트폰, 고속도로, 제트기)를 연속적으로 이용하는데, 정부 정책이 이러한 기술을 발명하거나 개발하는 과정에서 핵심적인 역할을 했다. 연방 정부의 과학 부문 지출은 전반적인 경제를 뒷받침하는 토대가 된다. 2023년에 발표된 한 연구에 따르면, 제2차 세계대전 이후 미국에서 일어난 생산성 향상의 25퍼센트가 정부가 지원한 연구 개발에서 비롯되었다.[18] 다트머스대학교의 경제학자 하이디 윌리엄스(Heidi Williams)는 다음과 같이 말한다. "과학적 연구와 발명이 경제 성장과 인간의 안녕과 복지를 증진하는 핵심적 원동력이다. 그러나 과학자들은 연구와 발명이 얼마나 중요한지를 의회 의원들에게 전달하고 소통하는 일을 제대로 하지 않고, 의회 의원들은 과학 정책을 중요하게 여기지 않는다."[19]

　팬데믹은 발명의 필요성을 다시 한번 증명했다. mRNA 코로나19 백신은 수백만 명의 생명을 구했고 미국은 의료비를 1조 달러 이상 절약했다.[20] 하지만 mRNA 코로나19 백신은 커리코의 강한 의지력이(그리고 때마침 등장한 복사기가) 아니었다면 개발이 안 되었을지도 모른다.

세계를 구한 주사

1997년 어느 가을날, 펜실베이니아대학교에서 강등당한 커리코는 신경외과 건물에 있는 자신의 작은 사무실을 나와 과학 학술지에 실린 논문 몇 편을 복사하러 갔다. 가장 가까운 대형 복사기는 생의학 도서관이 있는 로버트 우드 존슨 건물 안에 있었다.[21] 복사기를 사용할 차례가 오기를 기다리던 그녀는 드루 와이스먼(Drew Weissman)이라는 면역학자에게 말을 걸었다.[22] 커리코는 그에게 자신이 치료 방법으로서의 mRNA에 관심이 있다고 말했다. 와이스먼은 그녀에게 자신은 좀처럼 돌파구를 찾기 어려운 인간 면역 결핍 바이러스(Human Immunodeficiency Virus, HIV) 백신을 연구하고 있다고 말했다. 그들은 짧은 대화를 통해 번뜩이는 생각을 떠올렸다. 인체에 특정한 단백질을 만들도록 가르치는 능력이 있는 합성 mRNA가 HIV 같은 바이러스를 퇴치하는 면역 반응을 일으킬 수 있지 않을까?

두 사람은 의기투합했고 공동 연구는 운명처럼 느껴졌다. 커리코는 이렇게 말했다. "우리는 각자 상대방에게 필요한 지식과 기술을 지니고 있었다. 나는 면역학은 잘 모르는 RNA 과학자였고, 그는 RNA 연구 경험이 없는 면역학자였다."[23]

그러나 진전은 답답할 정도로 더뎠고 국립 보건원은 두 사람이 제출한 연구 자금 신청서를 하나같이 탈락시켰다. 와이스먼은 이렇게 말했다. "사람들은 mRNA에 관심이 없었다. 연구 자금 신청서를 검토한 사람들은 mRNA는 훌륭한 치료제가 아니니 헛수고 말라고 했다.”[24] 두 사람은 다른 프로젝트에서 받은 연구 자금을 모았다. 와이스먼은 HIV 연구와 관련해 연방 정부의 연구 자금을 받고 있었고 그는 이 자금을 mRNA 연구에 할애했다. 한편 커리코는 펜실베이니아대학교 동료들이 받은 연구 자금 일부를 확보했다. 한동안 연구에서의 진전도 연구 자금 확보만큼이나 여의치 않았다. 첫 실험에서 mRNA 주사를 맞은 쥐는 끔찍한 염증을 일으켰다.

수년 동안 시행착오를 거듭한 끝에 두 사람은 마침내 2000년대 초 면역 체계에 심각한 문제를 일으키지 않고도 세포 안으로 진입할 수 있는 mRNA 치료 방법의 돌파구를 찾았다. “나는 말할 수 없이 기뻤다”라고 커리코는 말했다.[25] 그러나 과학계는 그들의 발견을 대체로 무시했다. 두 사람이 연구 결과를 권위 있는 과학 학술지 〈네이처(Nature)〉에 제출하자 편집자들은 그 논문을 일언지하에 거절했다. 전문 분야 학술지 〈면역(Immunity)〉은 두 사람의 논문을 상당한 편집을 거친 후에야 2005년에 학술지에 싣기로 했다. 논문이 발표되기 전날 밤, 와이스먼은 커리코에게 “내일을 시작으로 당신 전화통에 불이 붙을 거예요”라고 말했다.[26] 그의 예상은 빗나갔다. 논문이 출간된 후에도 수년 동안 커리코는 겨우 두 차례 발표 요청을 받았다. “우리는 돌파구를 찾았다고 생각했지만, 과학계를 돌파하는 데는 실패했다”라고 그녀는 말했다. mRNA 발견에 대한 학계의 미온적인 반응으로 인해 커리코는 과학계의 스타가 되기는커녕 해고 대상이 되었다. 2013년 대학 당국이 그녀가 정교수 직책을 얻을 자격이 있을 정도로 외부에서 연구 자금을 끌어오지 못한다는 사실이 명백하다고 판단했고 그녀는 학계를 영원히 떠났다. "나는 해고되었다. 강제로 은퇴한 셈이다"라고 그녀는 말했다.[27]

mRNA는 과학계의 주목을 받는 데 실패하고 있었지만, 민간 부문은 전혀 다른 반응을 보였다. 미국에서 커리코와 와이스먼의 연구는 박사 후 과정인 연구자, 교수, 벤처 투자자 등 배짱 있고 무모하기까지 한 무리의 관심을 얻었다. 그들은 개조를 뜻하는 'Modified'와 RNA를 합성한 모더나(Moderna)라는 이름의 회사를 설립했다. 면역 요법 연구 경험이 있는 독일의 부부 과학자 우구어 자힌(Ugur Sahin)과 외즐렘 튀레치(Özlem Türeci)도 커리코와 와이스먼의 연구에서 큰 잠재력을 보았다. 그 부부는 mRNA를 기반으로 하는 암 치료 방법을 연구하는 기업 바이오엔테크를 비롯해 몇 개의 회사를 설립했다. 2013년 그들은 커리코를 부사장에 앉혔다. 튀레치는 다음과 같이 말했다. "우리가 처음 시작했을 때 업계에서는 의구심이 컸다. 승인받은 상품도 없는 새로운 기술이었기 때문이다. 약품 개발은 규제가 엄격한 분야라서 사람들은 경험이 축적된 경로에서 이탈하기를 꺼린다." 바이오엔테크와 모더나는 빌앤드멜린다 게이츠 재단(Bill&Melinda Gates Foundation) 같은 자선 단체들과 투자자들의 지원에 힘입어 승인받은 상품 없이도 수년 동안 연구를 이어갔다.

코로나 바이러스 전염으로 중국 우한 도시가 봉쇄될 무렵, 모더나와 바이오엔테크는 mRNA 기술을 다듬는 데 몇 년을 바쳐온 상태였으므로, SARS-CoV-2(코로나 바이러스의 공식 명칭)의 의문을 그처럼 신속하게 풀 수 있었다. mRNA는 코로나 바이러스 감염증을 일으키는 바이러스의 자물쇠를 딸 완벽한 열쇠를 제시했다. 코로나 바이러스는 바이러스 입자를 둘러싼 단백질이 못이 박힌 공 모양처럼 왕관 형태라서 '코로나(Corona, 왕관)'라는 이름이 붙었다. 합성 mRNA가 인체의 세포에 구체적인 지시를 전달해 '스파이크 단백질(Spike Protein)'을 복사하라고 명령하면, 면역 체계는 이 단백질을 공격하도록 훈련을 받는다. mRNA 백신을 접종한 사람이 나중에 완전한 바이러스에 노출되면, 인체는 스파이크 단백질을 인지하고 잘 훈련받은 군대의 공격으로 이를 퇴치해 중증의 위험을 낮춘다.[28]

코로나 바이러스 감염증을 통해 mRNA의 과학은 거의 즉각적으로 그 가치를 입증했다. 2020년 1월 11일 중국 과학자들이 코로나 바이러스의 유전자 염기 서열을 발표했다. 48시간 안에 모더나의 mRNA 백신 제조법이 완성되었다. 2월 말 무렵 백신 제품들이 임상 실험을 위해 메릴랜드주 베데스다로 운반되었다. 12월 무렵 백신은 승인을 받았다. 역사상 가장 최단기간에 개발한 백신이었다. 현재까지, 수십억 회분의 mRNA 백신이 세계 곳곳으로 운송되었다.[29] 2023년 그동안 국립 보건원으로부터 연구 자금 지원을 받으려고 오랜 세월 고군분투해온 커리코와 와이스먼은 수백만 명의 목숨을 구한 기술을 발명한 공로로 노벨 생리의학상을 받았다.

mRNA 백신은 과학의 개가였다. 커리코와 와이스먼뿐만 아니라 화이자와 모더나 그리고 우리 모두에게 말이다. 그러나 mRNA 백신은 미국 과학계에 분명히 경종을 울려주기도 한다. 커리코는 펜실베이니아대학교에 재직하는 동안 그녀의 mRNA 연구 프로젝트를 진행할 연구 자금을 미국 정부로부터 "단 한 푼도" 받지 못했다고 말했다.[30] "심지어 지금도 나는 20년 전 탈락한 연구 자금 지원 신청서에 담긴 내용의 일환인 치료법을 연구하고 있다."[31]라고 그녀는 말한다.

세계적인 명성을 얻기 전까지 국립 보건원 같은 연구 자금 지원 기관들로부터 끊임없이 거절을 당한 과학자는 커리코뿐만이 아니다. 제임스 로스먼(James Rothman)은 2013년 노벨 생리의학상을 수상한 후 인터뷰어에게 자신은 연방 정부가 젊은 과학자들을 상대로 "훨씬 큰 위험을 기꺼이 감수했던" 1970년대에 연구를 시작한 사실을 감사하게 생각한다며 다음과 같이 말했다. "나는 5년 동안 실패한 끝에 처음으로 성공의 기미가 보이기 시작했다. 요즘도 그러한 지원이 존재한다 생각하고 싶지만 예전만 못하다고 생각한다."[32]

최고 수준에서 미국의 과학은 진보의 원동력(대담하게 위험을 감수하는 기술)에 역행하는 쪽으로 치우치게 되었다. 매사추세츠공과대학교(MIT) 경제학자 피에르 아졸레이(Pierre Azoulay)는 다음과 같이 말한다. "제구실을 못하고 삐걱거리는 기관들이 발명을 방해하고 있다. 주택 건설이나 청정에너지 시설 구축과 크게 다르지 않다. 미국의 과학은 가장 흥미로운 아이디어를 지닌 사람보다 기존의 체제를 어떻게 헤쳐나가야 하는지 잘 아는 이들에게 유리한 절차와 규범들을 축적해왔다."[33]

한마디로, 미국(그리고 미국의 과학)은 커리코 문제를 안고 있다.

어떤 면에서 보면 미국의 학계는 지금만큼 규모가 컸던 적이 없다. 1930년대에는 미국 전역의 모든 대학교 교수를 합해도 겨우 8만 명에 불과했다.[34] 오늘날 교수 숫자는 150만 명이 넘는다.[35] 지식을 추구하기가 지금처럼 쉬웠던 적이 없다. 인간의 유전자, 단백질, 세포에 대한 정보는 예전보다 많아졌고 데이터를 연구하고 복사하고 붙이고 조직화하고 통계 및 분석하는 도구도 다양해졌다. 멀리 떨어져 있어도 인터넷을 통해 협업이 그 어느 때보다도 쉬워졌다. 과학의 가치를 인정한다면 우리 사회는 뭐든 제대로 해온 듯한 느낌이 든다.

확실히 발명이라는 분야는 전망이 매우 밝아 보인다. 지난 몇 년 동안 새로운 유전자 치료법, 당뇨와 비만을 퇴치하는 약물, 글을 쓰는 작업에서부터 코딩 그리고 단백질의 형태를 예측하는 일에 이르기까지 복잡한 작업을 폭넓게 수행할 수 있는 (오픈AI의 챗GPT와 구글의 모회사 알파벳의 딥마인드 등과 같은) AI 도구들이 등장하는 놀라운 광경을 목격했다.

그러나 왠지 모르게 수많은 분야에서 진보의 속도가 줄어드는 느낌이다. 2020년 4월 세계가 팬데믹으로 몸부림치기 시작할 무렵, 스탠퍼드대학교와 MIT 경제학자들이 〈아이디어를 찾기가 점점 어려워지고 있는가?(Are Ideas Getting Harder to Find?)〉라는 귀가 솔깃한 제목의 논문을 발표했다.[36] 그 질문에 대한 답은 당연히 그렇다였다. 의학에서부터 농업에 이르기까지 기초 과학은 점점 생산성이

저하되고 있다. 스탠퍼드대학교 경제학자이자 이 논문의 공동 저자 니컬러스 블룸(Nicholas Bloom)은 다음과 같이 말했다. "21세기에 의학 부문에서 어떤 일이 일어났는지 보자. 심장 질환 연구에서 학술지에 실린 논문의 수는 증가했고 임상 실험 수도 치솟았지만, 이를 통해 구한 목숨의 수나 연장한 수명 같은 양적인 진전은 크게 둔화했다. 그 결과, 추가로 1년 생명을 연장하기 위해서는 점점 더 많은 연구를 해야 한다."[37]

과학적 진보가 훨씬 많이 이뤄져야 한다고 할 만한 분야가 있다면 암 연구다. 1971년 닉슨 대통령은 국립 암 관리 법(National Cancer Act)에 서명하고 "암과의 전쟁"을 선포했다. 그로부터 30여 년 후인 2013년, 국립 암 연구소(National Cancer Institute, NCI) 소장 앤드루 본 에셴바흐(Andrew von Eschenbach)는 "2015년까지 암으로 인한 고통을 줄이고 사망을 퇴치"하겠다고 선언했다.[38] 6년 후 오바마 대통령은 "우리 세대 안에 암을 완치"하겠다고 약속했다.[39] 그 후 대통령 선거를 두 차례 치른 뒤 바이든 대통령은 "우리가 달 탐사에 성공했듯이 암도 퇴치하겠다"라고 다시 다짐했다.[40] 그러나 암 연구에서 진전은 평탄하게 진행되지 않았다. 아동 백혈병같이 치명성이 줄어든 암의 종류도 있지만, 예후가 좀처럼 개선의 여지가 보이지 않는 암 종류도 있었다. 자궁암이나 췌장암같이 상당한 투자를 했음에도 불구하고 사망률이 계속 증가하는 암 종류도 있었다. 중증 암 환자들을 치료하는 약품들이 수없이 승인을 받았지만, 애초에 암을 예방하는 목적으로 승인받은 약품은 놀랍게도 거의 없었다.[41] 스크립스

국제 연구소(Scripps Research Transnational Institute) 소장 에릭 토폴(Eric Topol)은 다음과 같이 말했다. "특히 지출 규모를 생각해보면, 이 연구는 전반적으로 크게 실망스러웠다. 치료 약은 많지만 대부분 환자의 생명을 몇 달 연장하는 데 그쳤다."[42]

이런 수수께끼를 풀 해답은 도대체 뭘까? 연구하는 과학자도 늘고, 지출도 늘고, 학력도 높아지고, 지식도 더 축적되고, 기술도 더 많이 발명되고, 논문도 더 많이 발표되었는데 진전의 속도가 둔화했다니? 2008년 노스웨스턴대학교 경제학자 벤저민 존스(Benjamin Jones)는 과학 전반에 걸쳐 진보하는 속도가 둔화한 이유를 설명하는 설득력 있는 이론을 제시했다. 이 이론은 두 가지 간단한 관찰에서 출발한다. 첫째, 태어날 때부터 전문가인 사람은 없다. 둘째, 자연계의 신비를 하나씩 풀어감에 따라 시간이 흐르면서 어떤 지식 분야든 (예컨대 물리학이나 화학) 총체적 전문성은 증가한다.[43] 의학 같은 분야에서 전문성이 구축되면 나무에서 가장 낮은 가지에 매달려 따기 쉬운 열매를 따는 셈이다. 낮은 가지에 매달린 열매를 다 따면 그다음 높은 가지에 매달린 열매를 따야 하고, 그러려면 더 많은 재원이 필요하다. 존스는 이처럼 점점 더 어려워지는 난관을 "지식의 부담(burden of knowledge)"이라고 일컬었다.

지식의 부담은 개연성이 있을 뿐 아니라 실제로도 명백히 존재한다. 한 가지 간단한 사례를 들어보자. 한 유럽 과학자가 최초로 발견하고 기록한 원소는 인(phosphorous)이다. 그 사연은 이렇다. 1600년대 중엽, 한 독일 연금술사가 집에서 간단한 실험을 했다. 소변을 끓여 수분을 증발시키고 잔여물에 열을 가했다.[44] 그렇게 해서 인이 탄생했다. 고등학교에서 화학 수업을 들은 학생이라면 누구든 요즘 이 실험을 재현할 수 있지만, 과학의 새로운 지평을 열게 되리라는 기대는 못 한다. 가장 최근에 발견된 원소들은 좀 더 복잡하다. 원소 117인 테네신(tennessine)은 테네시주에 있는 한 연구소가 희귀 금속 버클륨(berkelium)의 동위원소를 만들고 방사성 물질 22밀리그램을 러시아로 보내, 거기서 핵 연구 시설의 또 다른 과학자들이 150일 동안 1초에 6조 개의 칼슘 이온을 쏴서 특화 장비를 이용해 1초도 안 되는 시간 동안 테네신이 아주 약하게 깜박거리는 모습을 감지한 결과 탄생했다.[45] 그다음 합성 원소는 어떻게 감지될지 예단하기 어렵지만, 뜨거운 소변을 담은 단지 안에서 발견되지는 않으리라 장담한다.

위의 사례가 좀 엉뚱하다면, 이런 사례는 어떤가. 유전학의 대부는 그레고르 멘델(Gregor Mendel)이다. 1800년대 중엽 체코슬로바키아 수도사 멘델은 수도원 정원에서 형태, 색깔, 꽃의 모양이 다양한 완두콩들을 길렀다. 그는 수세대에 걸쳐 교배를 통해 완두 식물들을 키우면서 완두콩들이 자기 특징들을 후 세대에게 물려줌으로써 어떤 교배종이 나올지 예측할 수 있다는 사실을 알아챘다. 1866년 그는 이 실험의 분석 결과를 발표했고 아무도 관심을 보이지 않았지만,[46] 훗날 멘델의 연구를 재발견한 일단의 식물학자들은 독자적으로 유전의 원칙을 확인했고 유전학 분야가 탄생했다.

그로부터 160년이 흘러 유전학은 획기적인 발견을 하기가 정성스럽게 정원 가꾸기보다 훨씬 복잡한 성숙한 과학 분야가 되었다. 예컨대 정신분열증 같은 복잡한 질병이 여러 유전자와 환경이 복합적으로 작용해서 어떻게 일어나는지 아직 밝혀지지 않았다. 매사추세츠 주 케임브리지에 있는 브로드 연구소(Broad Institute) 같은 기관이 정신분열증의 유전적 요인을 조사하고자 할 때 과학자들은 전 세계 수천 명의 게놈의 염기 서열을 밝히고 이 질병을 지닌 사람들에게서 공통으로 발견되는 특징들을 찾는다. 게놈 전체에 걸친 연관 연구라 일컫는 이러한 연구를 하려면 유전학자, 신경과학자, 컴퓨터 프로그래머, 연구 보조원 수백 명이 여러 팀을 조직해 오랜 세월에 걸쳐 함께 연구해야 정신분열증이라는 수수께끼를 푸는 데 한 발짝 더 다가가게 된다. 멘델처럼 뛰어난 과학자라고 해도 한 사람이 자기 뒷마당에서 이 모든 일을 홀로 해낼 수 있다고 생각한다면 어불성설이다.

존스의 주장을 한마디로 요약하면 그렇다. 과학의 진보는 저주를 동반하는 축복이다. 아직 해결되지 않은 문제는 이미 해결된 문제보다 보통 훨씬 풀기 어렵다.

과학적 진보를 계속 따라잡기 위해 더 많은 재원이 필요하다면, 해결책은 명백하다. 과학자들을 더 많이 채용하고 돈을 더 쓰면 된다. 이는 엉뚱한 생각이 아니다. 아주 좋은 생각일지 모른다. 윌리엄스에 따르면, "경제에서 차지하는 비중으로 볼 때, 정부가 지원하는 연구 개발은 지난 60년 동안 하락해왔다".[47] 과학 부문에 대한 지출이 경제 성장을 뒷받침한다고 할 때, 이는 미국에서 그동안 기초 연구에 대한 투자가 턱없이 부족했다는 뜻이다.

한편 뛰어난 사람들이 미국으로 이주하도록 이민을 유치하는 정책은 수십 년 동안 과학과 기술 분야에서 미국이 성공한 비결이었다고 진보 연구소 연구원 제러미 뉴펠드(Jeremy Neufeld)가 말했다. 그는 "원자폭탄 발명을 추진한 맨해튼 프로젝트와 달 착륙을 추진한 아폴로 프로그램을 비롯해 미국 역사상 가장 위대한 업적은 외국에서 태어난 사람들의 기여가 아니었다면 불가능했을지 모른다"라고 말했다.[48] 이민자가 미국 인구에서 차지하는 비중은 겨우 14퍼센트에 불과하지만, 1990년부터 2016년까지 미국에서 나온 특허의 23퍼센트는 이민자가 출원했고, 2000년부터 2023년까지 미국이 수상한 화학, 의학, 물리학 부문 노벨상 수상자의 38퍼센트가 이민자이고, 지난 20년 동안 미국에서 탄생한 10억 달러 가치의 스타트업 기업 절반 이상도 이민자가 설립했다.[49]

그러나 오늘날 이러한 인재 영입은 위기에 처해 있다. 정치에서 이민 문제는 국경 통제 정책에 대한 논쟁에 묻혀버리면서 외국에서 태어난 학생이 미국에 체류하기가 더 어렵게 되어버렸다. 미국 정부가 영주권을 취득하기 위해 기다려야 하는 시간을 연장하는 한편, 처리하지 못한 이민 신청서가 점점 더 많이 쌓이면서 미국으로 귀화하려는 인재들이 기다리다 지쳐 다른 곳으로 이주해버리는 일이 일어나고 있다. 2007년 이후로 학생 비자로 미국에 온 국제 학생들이 미국에 체류하면서 직장에 다니려고 비자를 신청하는 건수가 3분의 1 이상 줄었다.[50]

뉴펠드는 한 가지 정책을 딱 꼬집어서 비판한다. 외국인 숙련 기술자에게 주로 발급하는 H-1B 비자다. 1990년 미국은 한 해에 H-1B 비자 발급 수를 6만 5,000건으로 제한했다.[51] 이 수치는 2000년대 초 8만 5,000건으로 늘었다. 그러나 이민 정책과 관련해 20년 동안 투쟁이 계속됐음에도, H-1B 비자 발급 건수는 인구 성장이나 과학자, 엔지니어, 연구자의 절실한 수요에 걸맞게 증가하지 않았다. 이처럼 의도적으로 인재 유치를 제약하면 전도유망한 많은 외국인 학생과 연구자들이 학업을 마친 후 미국을 떠나 자신의 기술과 혁신적인 잠재력을 다른 곳에서 발휘할 수밖에 없다. 1985년 미국으로 이주한 커리코가 이주 시기를 몇 년만 더 늦췄다면 H-1B 비자 발급 상한선으로 인해 미국으로 이주하지 못했을지 모른다. 그리고 아마도 mRNA 연구도 지연되어 참사가 일어났을지도 모른다. 고숙련 기술 이민자 유치를 강화하고 확대해 미래의 커리코와 같은 인재들을 미국으로 유치하면 그들이 앞으로 생명을 구하는 과학적 돌파구를 마련하게 될지 모른다. H-1B 비자 발급 건수를 2배로 늘리고, 특히 취업 비자로 일하는 사람들의 평균 임금을 인상하면 미국의 과학과 기술을 변모시킬지 모른다.[52] 뉴펠드에 따르면, "점점 더 중요한 발명이 탄생하면 생산성이 높아지고 미국 전체가 더 부유해진다".[53]

재정적 지원과 과학자 수를 늘리면 미국이 지식의 부담과 싸우는 데 도움이 될지 모른다. 그러나 이른바 '커리코 문제'가 해결되지는 않는다. 주택 공급량은 충분치 않은데 시장에 주택 지원 자금을 풀면 주택 가격이 인상되듯이, 결함이 있는 과학 체계에 대한 재정적 지원을 늘리면 문제가 오히려 악화한다.

커리코 문제는 다음과 같이 규정하기로 하자. 과학 부문에 대한 미국 정부의 지원은 젊은 과학자와 위험을 감수해야 하는 아이디어에 불리한 방식으로 편파적으로 제공되어왔다. 가장 분명한 사실은 미국의 과학계는 점점 나이가 들어간다는 점이다. 1900년대 초, 가장 저명한 과학자들[알베르트 아인슈타인(Albert Einstein), 베르너 하이젠베르크(Werner Heisenberg), 에르빈 슈뢰딩거(Erwin Schrödinger)]은 20대와 30대에 획기적인 업적을 이뤘다. 그들의 젊은 시절은 기존의 틀을 깨부수는 천재성에 결정적인 역할을 했을지 모른다. 그러나 오늘날 20대 과학자는 멸종 위기에 놓였다. 국립 보건원이 지원하는 과학자들 가운데 35세 이하인 사람의 비율은 1980년 22퍼센트에서 2010년대 무렵 2퍼센트 미만으로 줄었다.[54]

미국의 과학계는 새로운 지식을 창출하지도 않는 수많은 논문을 쏟아내는 한편, 전도유망한 새로운 아이디어를 지닌 연구자들을 간과하는 경향이 있다. 2023년에 발표된 〈논문과 특허는 시간이 흐를수록 점점 파괴력이 떨어진다(Papers and Patents Are Becoming Less Disruptive Over Time)〉라는 논문에 따르면, 오늘날 발표되는 논문은 같은 분야에서 수십 년 전 발표된 논문보다 영향력이 훨씬 적을 가능성이 크다.[55] 이는 본질적으로 아무런 가치가 없는 논문들이 너무 많이 쏟아져 나오기 때문일지도 모른다. 아니면 과학자들이 동료 과학자들과 사이좋게 지내기 위해서 논란을 일으키지 않을 안전한 아이디어 몇 가지를 중심으로 한 연구에서 벗어나지 말아야 한다는 압박을 느끼기 때문인지도 모른다.

시카고대학교 사회학자 제임스 에반스(James Evans)는 "의학 분야에서 투자를 늘리는 만큼 수익이 나지 않는 상황을 보면 아마도 발명하기 쉬운 약물은 이미 다 발명되었는지도 모른다"라고 말했다. 그러나 그보다 훨씬 설득력 있는 가능성은 "현대 과학이 조직화한 형태 자체가 우리를 엉뚱한 방향으로 이끈다는 점"이라고 그는 말한다. 에반스의 해석에 따르면, 낮은 가지에 매달려서 따기 쉬운 열매는 아직 다 수확되지 않았다. 문제는 너무 많은 과학자가 하나같이 똑같은 몇 그루 나무들만 바라보고 있다는 점이다. 에반스는 다음과 같이 말한다. "아직 발견하지 못한 온갖 종류의 이상한 나무들이 숲속에 빼곡하다. 그런데 모두 똑같은 곳을 바라보고 있고, 위험이 큰 만큼 보상도 큰 시도를 잘 하지 않는다. 이는 지식의 부담과는 무관하다. 미국 과학의 조직화가 가장 큰 문제다. 정책, 법, 규정이 문제다."[56]

국립 보건원은 위험하고 새로운 연구에 불리한 방향으로 편향되어 있다는(그리고 사실상 성공이 보장되는 프로젝트에만 연구 자금을 지원하는 데 집착한다는) 생각이 너무 만연해 있어서 "과학계에서는 가장 진부한 이야기"가 되었다고 아졸레이가 말한다.[57] 2012년 국립 과학 학술원 회원이자 생화학자 그레고리 페츠코(Gregory Petsko)는 스페인의 페르디난드(Ferdinand) 왕과 이사벨라(Isabella) 왕비가 대서양을 횡단하는 항해에 대한 기초적인 데이터도 수집하지 않은 크리스토퍼 콜럼버스(Christopher Columbus)를 조롱하는 내용의 풍자 에세이를 발표했다. 페르디난드 왕은 탐험가 콜럼버스에게 포르투갈로 가는 훨씬 짧은 항해를 제안하자 콜럼버스는 "포르투갈이 스페인의 바로 서쪽에 있다는 사실은 삼척동자도 아옵니다. 그 항해에서 뭘 배우겠사옵니까?"라고 한다. 그러자 이사벨라 왕비는 이렇게 대꾸한다. "설사 배울 게 있다고 해도 별로 없겠지. 하지만 그래도 실패할 가능성은 없지 않은가? 게다가 그대는 전에 포르투갈로 항해한 적이 있으니 연구 부서는 그대가 해낼 수 있다는 사실을 알고 있겠지."[58] 이 풍자 에세이는 개인 블로그에 등장한 글이 아니다. 유전학 분야에서 가장 권위 있다고 손꼽히는 학술지 〈게놈 생물학(Genome Biology)〉에 실렸다.

숱한 결함에도 불구하고 국립 보건원은 역사상 가장 중요한 과학적 발견들 일부에서 중심적인 역할을 해왔다. 1960년대에 아동 백혈병에 효과적인 치료법을 최초로 개발한 과학자들은 국립 보건원의 연구 자금을 이용했다. 1980년대에 암을 유발하는 유전자를 최초로 규명하고 HIV 혈액 검사를 최초로 개발한 연구자들도 국립 보건원의 연구 자금을 지원받았다. 2000년대에 인간 게놈 프로젝트(Human Genome Project)가 유전학 연구에서 새로운 지평을 열었을 때도 국립 보건원이 주도적으로 연구 자금을 지원했다. 인간의 뇌에서부터 면역 체계, 질병의 유전적 토대에 이르기까지 생명과학 분야의 풍성한 결실은 국립 보건원이 공급한 관개용수 덕분에 가능했다.

과학 분야에서 위험을 감수하라고 장려하도록 설계된 체계가 어떻게 위험 회피 정서에 포획됐는지 이해하려면, 미국 혁신 체제의 탄생과 현대 국립 보건원 자체의 창설에 대한 사연을 알아봐야 한다.

20세기 이전까지는 과학과 발명은 대체로 단독으로 활동하는 기업가들의 몫이었다. 18세기와 19세기를 대표하는 발명인 조면기(繰綿機)와 전신(電信)은 개인 발명가들의 업적이다. 그들은 처음에는 작동하지 않은 생산품을 시행착오 끝에 완성해냈다.

1800년대 말과 1900년대 초, 토머스 에디슨(Thomas Edison)은 기업 연구소라는 새로운 모델을 시험했다. 뉴저지주 멘로파크(Menlo Park)에 지은 2층짜리 작업실에서 에디슨은 실험을 전문으로 하는 패거리를 관리 감독했고, 그들은 에디슨이 그린 스케치를 실물로 만들고 그의 발명을 도왔다. 에디슨의 전구와 녹음기와 녹화기가 그들을 통해 탄생했다. 팀을 기반으로 한 에디슨의 연구 모델은 명명백백한 성공이었으므로 다른 회사들도 그를 따라 했고 눈부신 결과를 얻었다. 1930년대에 뒤퐁(DuPont)의 연구소인 익스피리멘털 스테이션(Experimental Station)은 합성 고무, 나일론, 합성 섬유인 케블라(Kevlar) 등을 개발했다. 한편 이러한 연구소가 아니라 대학교에 소속된 과학자들은 록펠러 재단(Rockefeller Foundation) 같은 민간 자선 단체의 연구 자금에 크게 의존했다.

이 모든 업적에서 부재(不在)가 두드러지게 눈에 띄는 주체가 있다. 바로 미국 연방 정부다. 연방 정부는 1900년대 전까지는 영농, 농업, 국방 분야의 연구를 지원하는 몇몇 프로그램 외에는 혁신을 지원하는 데 거의 아무런 역할도 하지 않았다. 그러나 제2차 세계대전으로 전 세계적으로 국경과 규정이 재정비되었듯이, 미국의 혁신 체제도 재정비되었다.

1940년 6월 독일군이 프랑스 파리를 침공해 점령하자, 저명한 엔지니어 바네바 부시(Vannevar Bush)는 백악관에서 열린 긴급 회의에서 루스벨트 대통령에게 암울한 소식을 전달했다. 미국은 기술적으로 추축국(Axis powers, 樞軸國, 제2차 세계대전 때 독일, 일본, 이탈리아 세 동맹국을 일컫는 용어-옮긴이)에 대적할 준비가 되어 있지 않다는 소식이었다.[59] 비쩍 마르고 홀쭉한 얼굴에 안경을 쓴 부시는 여러 분야에 걸쳐 해박한 지식을 지닌 압도적인 인물이었다. 초기 컴퓨터 연구에서 선구자인 그는 인터넷의 출현을 처음으로 예언한 몇 건의 논문을 발표했고, MIT 공대 학장을 맡았으며, 훗날 NASA에 흡수된 국립 항공 자문 위원회 위원장도 맡고 있었다.

그는 루스벨트 대통령에게 새로운 기구를 창설해서 미국의 창의성이 전쟁 수행에 활용되도록 유도해야 한다고 촉구하고 새로운 조직에 관한 내용을 담은 한 쪽짜리 제안서를 대통령에게 제출했는데, 이는 미국 역사상 존재한 적이 없는 그런 조직이었다. 백악관이 지원하는 자금으로 나치를 패배시키는 데 도움이 될 과학과 기술 업무를 총괄하고 조율하는 위원회였다. 루스벨트는 이 기구 설립을 승인했고 이 기구는 과학 연구 개발국(Office of Scientific Research and Development, OSRD)으로 확대되었다. 과학자와 엔지니어 수천 명의 업무에 수십억 달러를 지원한, 전시(戰時)에 시행한 과학과 기술 작전이었다. OSRD의 초기 업무는 원자폭탄을 개발하는 맨해튼 프로젝트(Manhattan Project)가 되었고 이는 J. 로버트 오펜하이머(J. Robert Oppenheimer)가 총괄했다. OSRD의 재정적 지원과 지침에 따라 미국 과학자들은 레이더를 발명하고, 말라리아 치료법에 투자하고, 초기 독감 백신을 개발하고, 초기 컴퓨팅의 기반을 구축했다.

미국은 제2차 세계대전을 겪으면서 과학과 혁신에 대해 생각하는 방식을 새로이 하게 되었다. 즉 과학과 혁신은 정부가 할 일이라고 생각하게 되었다. 1945년 부시는 전쟁을 통해 얻은 교훈을 바탕으로 미국의 혁신에 대한 미래를 다룬 "과학, 끝없는 개척지(Science, the Endless Frontier)"라는 제목의 중요한 보고서를 작성했다. 부시 보고서에서 비롯된 가장 중요한 아이디어는 "기초 연구"의 중요성을 강조한 점이다. 부시는 "실용적인 목적을 고려하지 않고" 세계에 대한 이해를 추구하는 대학교와 연구소들이 행하는 과학 활동을 일컫는 의미에서 "기초 연구"라는 용어를 사용했다. 부시는 다음과 같이 말했다.

기초 연구는 새로운 지식으로 이어진다. 기초 연구는 과학적 자본을 제공한다. 기초 연구는 지식의 실용적인 응용에서 비롯되는 재원을 창출한다. 새로운 상품과 새로운 절차는 완성된 형태로 나타나지 않는다. 새로운 상품과 새로운 절차는 새로운 원리와 새로운 개념들을 토대로 탄생하고, 이는 다시 가장 순수한 과학 영역에서 연구를 통해 어렵게 개발된다.[60]

이는 미국의 과학을 환상적으로(심지어 급진적으로) 묘사하고 있다. 부시는 과학의 미래를 민간 자선 단체나 거대 공룡 기업의 폐쇄적인 실험실에 의존하는 체제가 아니라 일종의 바퀴의 축과 바큇살로 이뤄진 체제로 보았다. 연방 정부가 축이 되어 연구 자금을 받을 자격이 가장 뛰어난 대학교 연구자들에게 지급하는 체제였다.

정부 기구가 과학 연구 자금을 지원한다는 부시의 미래상은 1950년 국립 과학 재단(National Science Foundation, NSF) 창설로 이어졌다. 전시 기구 역할이 설립 취지였던 OSRD의 활동이 마무리되면서 의학 연구 계약 업무는 국립 보건원으로 이관되었다.

당시 국립 보건원은 국가 연구 의제를 조율하는 경험이 전혀 없고 재원도 변변치 않은 시설인 위생 연구소(Hygienic Laboratory)에서 파생된, 별 볼 일 없는 시시한 기관이었다.[61] 그러나 이는 신속하게 바뀌었다. 새로운 재원을 이용하려고 혈안이 된 의과대학원들은 앞다퉈 국립 보건원에 새로운 연구 제안서를 제출했다. 1945년부터 1960년까지 기간 동안 국립 보건원 예산은 급속히 증가했고, 1948년에 설립된 국립 심장 연구소(National Heart Institute)와 1940년 국립 정신 건강 연구소(National Institute of Mental Health) 등 특화된 연구소들이 추가로 설립되었다. 1950년대 중엽 무렵 국립 보건원은 세계 최대 생의학 연구 기관이 되었다. 지난 70년 동안 국립 보건원의 예산은 1,000배나 증가했다.[62]

오늘날 국립 보건원은 국립 과학 재단과 더불어 대체 불가능한 기구다. 이 두 기구가 창설되거나 확대되지 않았더라면, 전 세계 수십

억 인구의 수명은 지금보다 훨씬 짧고 사람들은 훨씬 병약할지 모른다. 당장 내일 두 기구가 사라진다면 세계는 지금보다 훨씬 열악한 상황에 놓일지 모른다.[63]

그러나 국립 보건원이 그 어떤 생명과학 기구보다도 중요하다는 바로 그 이유로 인해 우리는 국립 보건원이 미국과 세계에서 실행하는 과학적 관행을 면밀하게 들여다봐야 한다.

국립 보건원이 지난 몇십 년에 걸쳐 개발한 관행들에 대해 가장 많이 제기되는 불만들이 몇 가지 있다. 국립 보건원의 부상과 더불어 등장한 첫 번째 문제는 앞서 우리가 미국에서 주택, 에너지, 뭔가를 건설할 때 겪는 어려움에 대해 비판한 내용과 비슷하다. 규제가 증가하는 동시에 효율은 떨어지는 문제 말이다. 제2차 세계대전 직후 국립 보건원 지도부는 관료 조직이 팽창하면서 과학 업무가 파묻힐지 모른다고 예견했다. 1946년 캐시어스 반 슬라이크(Cassius Van Slyke)는 학술지 〈사이언스(Science)〉에 기고한 글에서 연구 지원 신청서를 작성하는 업무가 실제로 과학 연구 활동을 압도하길 바라지 않는다고 경고했고, 그는 곧 국립 보건원 부원장이 되었다.[64] 그는 "이러한 연구 지원서 작성이 길고 지루한 부담이 되는 상황은 바람직하지 않다"라고 했다.[65] 그로부터 10년 후, 당시 국립 보건원 원장을 맡은 지 1년째 접어든 제임스 섀넌(James Shannon)은[66] 〈사이언스〉에 공동 기고한 글에서 과학계에 대해 또다시 다음과 같이 불길한 경고를 했다.

우리는 지금 부시가 구축한 세계와 새넌이 두려워한 세계에 살고 있다. 과학 연구 자금 지원에 대한 연방 정부의 영향력이 커지면서 정치인들은 부작용을 완화하기 위해 나름대로 최선을 다했다. 그들은 서류 작성을 요구했다. 1960년대 초 민주당 소속 노스캐롤라이나주 하원의원 로런스 파운튼(Lawrence Fountain)은 보고서 두 건을 발표하고, 국립 보건원이 과학자들에게 지원하는 자금에 관한 회계 업무를 형편없이 하고 있다고 불만을 토로했다. 그는 국립 보건원 예산을 삭감하는 특단의 조치를 내리자고 의회를 설득했다.[68] 그로부터 10여 년 후, 민주당 소속 위스콘신주 상원의원 윌리엄 프록스마이어(William Proxmire)는 정부의 돈이 과학 부문에서 가장 허투루 쓰인 사례에 대해 주의를 환기하기 위해 황금 양털 상(Golden Fleece Award)을 제정했다. 프록스마이어는 과학 부문에 대한 정부의 지원을 "사기 행위"라 규정하고 이러한 지원 프로젝트는 "미국 납세자들을 바보 취급하는 모욕적인 행위"라고 규탄했다.[69]

국립 보건원은 무슨 말인지 말귀를 알아들었고 서류 작성 요구 사항이 폭증했다. 당시 국립 보건원의 한 행정 담당 관리는 "갑자기, 온갖 '의무 사항'과 '금지 사항'이 명시되었다"라고 말했다.[70] 1960년대에 〈사이언스〉는 "늘어나는 서류 작업, 줄어드는 연구(More Paper Work, Less Research)"라는 제목의 한 사설에서 과학자들을 서류 작성하는 서기로 전락시키면 "연구에 쓸 시간을 빼앗겨 수천만 달러 손실을 나라에 안겨준다"라고 불만을 표했다.[71] 건축 허가와 환경 관련 규제를 둘러싼 규정들을 너무 많이 만들어서 꼭 필요한 주거 시설과 에너지 시설을 구축하기 불가능하게 만든 민주당 텃밭인 주들을 떠올리게 만드는 조치였다. 과학 부문을 민주주의 체제에 걸맞게 만들려는 본능이 과학 절차의 진행을 방해했다.

과학 부문에서 서류 작업 요구 사항이 얼마나 폭발적으로 증가했는지 제대로 체감하려면 미국의 과학자가 하나같이 만성 피로 증후군에 걸려 한 해의 절반 동안은 일을 하기가 불가능해진 상황을 상상해보면 된다. 이 정도 되면 국가적 비극이고 긴급 사태로 간주할 일이다. 그러나 이러한 상상 속의 장애는 상상에 그치지 않는다. 오늘날 과학자들이 서류 작업으로 인해 지는 부담과 크게 다르지 않다. 오늘날 과학자들은 연구 자체가 아니라 연구 지원 신청서를 작성하고 후속으로 행정 업무 관련 문서를 작성하는 데 업무 시간의 40퍼센트를 할애한다.[72] 연구비를 지원하는 기관들은 신청서를 심사하는 데 7개월 이상 걸릴 때도 있고 신청 서류를 다시 제출하라고 요구할 때도 있다.[73]

브로드 연구소의 기능적 게놈학(functional genomics) 연구 개발 국장 존 던치(John Doench)는 다음과 같이 말한다.[74] "연구 지원 체제가 얼마나 엉망인지 사람들이 이해할 필요가 있다. 정말로 진짜로 지적인 수많은 사람이, 정말로 진짜로 아무 흥미도 없는 일을 하느라 시간을 낭비하고 있다. 진척 상황 보고서를 작성하거나 연구를 시작하기도 전에 미리 5년 동안 예산을 어떻게 집행할지 작성해야 한다. 그런 수치가 무슨 큰 의미라도 있는 양 말이다. 대학에는 국립 보건원 연구 지원서 관련 행정 업무를 보는 직원들이 건물 몇 층 전체를 차지할 정도로 많다. 왜 이런 짓을 하는가? 과학자가 연구 자금을 받아서 고급 자동차라도 살까 걱정이 되어서 그러는가?"[75] 규정이 존재하는 데는 그럴 만한 이유가 있다는 점을 던치도 시인한다. 과거에 일부 과학자들이 연구 자금을 엉뚱한 데 쓴 사례들이 있을 것이다.

그러나 20세기의 문제에 대한 대응으로 환경법을 통과시켜서 21세기에 주택난을 일으켰듯이, 과학 부문에서 문제의 해법으로 생각해낸 서류 작성 요구 사항은 때로는 문제를 해결하기는커녕 더 악화한다. 던치는 이렇게 말한다. "우리는 너무 방만하고 비효율적이어서 뒤처질 위험에 놓여 있다. 뉴욕시에서 지하철 1마일을 건설하려면 부지하세월(不知何歲月)인 상황과 똑같다. 과학계에 균열이 생기고 있고, 최정예 인재들이 미래를 바꿀 연구에 집중하는 대신 제출 서류를 작성하느라 시간을 허비한다면 우리는 우리가 점하고 있는 우위를 잃게 된다."

국립 보건원의 성장에서 비롯된 두 번째 문제는 연구 자금 신청 절차가 번거로워지면서 순수한 과학이 아니라 지위를 추구하는 성향을 지닌 사람들이 연구 자금을 따내기가 유리해졌다. 이는 커리코가 광야에서 긴 세월을 보낸 이유이기도 하다. 커리코는 "나는 아부하는 데 소질이 없었다"라고 거침없이 말했다.《돌파의 시간》에서 그녀는 학계에서 성공하려면 내실 있는 과학적 지식이 아니라 마케팅과 지위가 중요하다는 느낌이 들었다며 다음과 같이 말했다.

커리코는 미래에 노벨상을 받을 과학자로서의 지성이 번뜩였지만, 아졸레이가 말하는 프로젝트 제안서로 연구 자금을 타내는 역량은 세계적 수준이 아니었다.[77] 아졸레이는 다음과 같이 말했다. "연구 자금 지원 절차를 헤쳐나가기 위해 암묵적으로 터득해야 하는 과정이 있다. 그리고 이는 오늘날 과학자로서 성공하는 데 결정적인 역할을 한다. 그러나 그러한 기술은 과학적인 잠재력과 아주 미약한 상관관계밖에 없다. 어쩌면 오히려 부정적 상관관계가 있을지 모른다.”[78] 우리는 (우발적이라고는 하나) 실제로 연구하는 행위가 아니라 과학을 하는 척 연기하는 행위에 보상하는 체계를 구축했다.

국립 보건원에 대한 마지막 비판은 커리코 문제를 구성하는 가장 중요한 부분일지 모른다. 수많은 발견은 (다른 사람들은 DNA 연구 분야로 우르르 몰려갈 때 mRNA의 잠재력을 알아보는 등과 같이) 남들이 하지 않는 위험 수위가 높은 연구에서 비롯되지만, 오늘날 과학은 안전한 지대를 벗어나지 않는 경우가 허다하다.

아졸레이는 “국립 보건원이 커다란 위험을 감수해야 하는 과학에 불리한 방향으로 편향되어 있다는 사실은 의심의 여지가 없다”라고 말했다. 현재의 체제가 큰 위험을 감수해 돌파구를 찾는 연구에 대한 지원과 점진적이지만 중요한 프로젝트에 대한 지원의 적절한 균형점을 찾는 일을 제대로 해내지 못한다고 어떻게 장담할 수 있는지 그에게 묻자, 그는 겸허하게 답했다. “안다고 장담할 수 없다. 적어도 확실히 알지는 못한다.” 그러면서 이렇게 덧붙였다. “이건 내가 관여한 연구 중에서 가장 중요한 연구에 손꼽힌다. 그런데 진전을 이루기가 어렵다. 데이터가 엉망이기 때문이다.”[79] 그는 세상에 커리코가 겨우 몇 명인지, 아니면 수천 명이 있는지 확실히 알기는 매우 어렵다고 했다. 국립 보건원은 자신들이 지원하는 연구 제안서와 탈락시킨 연구 제안서를 외부 연구자들이 비교하기 어렵게 해놓았기 때문이다.

국립 보건원은 여전히 수십 년 묵은 논문이 동료 학자들의 심사(Peer review)를 거치게 하는 체제에 크게 의존하고 있다. 이는 소규모의 독자적인 과학자들로 이뤄진 심사단이 특정 연구에 대한 연구 자금 지원을 결정하기 전에 연구 자금 신청서의 가치, 방법론 그리고 중요성에 등급을 매기는 체제다. 국립 보건원의 의사 결정에 완전히 접근할 수 없으므로, 국립 보건원이 채택하고 있는 동료 학자의 심사 체제를 연구하고 싶은 과학자는 연구 상황에서 가상의 동료 학자 심사 체제를 구축하는 등 약간 이상한 짓을 해야 할지도 모른다.

2014년 하버드대학교의 연구팀이 바로 이 방법을 썼다. 그들은 142명의 명망 있는 의학계 연구자들을 모집해 가상의 지원서 심사 절차에서 평가자 역할을 하게 했다. 그들은 150건의 연구 제안서에 각각 '참신함 점수'를 매기고 한 심사위원당 여러 제안서를 무작위로 배정받았다. 그렇게 해서 그들이 내린 2,130건의 평가를 최종적으로 분석했더니 아주 익숙한 내용의 제안서는 선전했고, 약간 새로운 내용의 제안서가 가장 높은 점수를 받았다. 반면 대단히 참신한 아이디어를 담은 제안서는 최악의 점수를 받았다. 하버드대학교 연구팀은 "평가자들은 하나같이 참신한 아이디어일수록 일관성 있게 점점 더 낮은 점수를 주었다"라는 결론을 내렸다.[80]

"미국에서 한때는 새로운 아이디어가 과학 발전의 원동력이었지만 이제는 그렇지 않다"라고 경제학자 미코 패컬렌(Mikko Packalen)과 제이 바타차리아(Jay Bhattacharya)는 말한다.[81] 그들은 2020년에 발표한 논문에서 국립 보건원은 한때 참신한 연구를 지원했다는 사실을 보여주었다. 예컨대 1990년대에 국립 보건원은 그 이전 7년 동안 문헌에 처음 등장한 핵심어를 담은 의학 논문에 꾸준히 지원했다. 그러나 2000년대 이후로 새로이 등장한 아이디어에 대한 국립 보건원의 지원은 25퍼센트 이상 줄었다.[82] 다시 말하지만, 과학계에서 참신한 아이디어가 질이 떨어졌든가, 그런 아이디어를 발굴하고 지원하는 역량이 형편없어졌든가 둘 중 하나다.

참신성, 위험 감수, 첨단 사고에 역행하는 이러한 편향성은 비극적이다. 과학 역사에서 가장 중요한 획기적인 업적은 이상한 집착에서 비롯된 놀라운 결과였기 때문이다. 에반스는 다음과 같이 말한다. "너무 많은 프로젝트가 단지 성공 확률이 높다는 이유만으로 연구 자금을 지원받는다. 그러나 과학은 있을 법하지 않은 발견을 할 때마다 조금씩 앞으로 나아간다."[83] 1990년대에 작달막한 도마뱀 길라(Gila)를 연구하는 과학자들은 그 도마뱀이 분비하는 독에서 이 파충류가 먹이를 먹지 않고 몇 달을 버티게 해주는 호르몬을 발견했다. 그들은 실험실에서 이 호르몬을 합성했고 GLP-1 물질이라는 약품을 생산했는데, 이는 일부 당뇨 환자들에게서 혈당을 낮추는 효과를 보였다.[84] 오늘날 오젬픽 같은 GLP-1 약물은 당뇨뿐만 아니라 비만과 그 밖에도 심장병, 알코올 중독, 약물 중독 등 폭넓게 다양한 질병들을 치료하는 효과가 있는 듯하다. 따라서 지난 10년 동안 의약품 분야에서 가장 널리 알려진 개가는 가장 독특한 집착을 토대로 탄생했다. 바로 도마뱀의 타액이다.

이처럼 과학은 일직선이 아니라 갈지자를 그리며 발전한다. 가장 널리 쓰인 코로나 바이러스 감염 검사는 중합 효소 연쇄 반응(Poly-merase Chain Reaction, PCR)이라 불리는 기술에 의존한다. 1980년대에 개발된 PCR은 작은 DNA 염기 서열을 증폭하는 방법으로서 친자 확인 검사와 질병 진단에 사용된다. 처음에 과학자들이 PCR을 대규모 차원에서 사용할 방법을 알아내려고 애쓸 당시 그들은 높은 온도에서 제 기능을 하는 박테리아 효소가 필요했다. 다행스럽게도, 20년 전인 1960년대에 옐로우스톤 국립공원의 생물학자들이 물이 펄펄 끓는 여건에서도 왕성하게 번식하는 온천 박테리아를 분리했다.[85] 그들은 분리한 박테리아를 PCR 연구에 통합했고 진단과 유전학에서 혁명을 일으켰다. 이 박테리아가 없었다면 인간 게놈 프로젝트 같은 중요한 성과는 불가능했을지 모른다. [토크쇼 〈모리 쇼(The Maury Show)〉에 나온 출연자들이 친자 확인 검사를 실시한 후 "당신은 이 아이의 아버지가 아냐!"라고 외치는 광경처럼 과학 역사에서 중요한 순간들은 굳이 언급할 필요도 없다.] "팬데믹 동안 효과적인 의학적 진단 검사 방법을 알아낸 사람들 가운데 '우선 와이오밍행 비행기 표를 예약하고 거기 있는 온천에서 표본을 채취하자'라고 생각한 이는 아무도 없을지 모른다. 그러나 과학은 종종 이런 식으로 작동한다. 폭넓은 지식 기반이 구축되고 이를 토대로 흩어진 퍼즐 조각들이 맞춰지면서 새로운 돌파구가 생긴다.

또 다른 사례를 들어보자. 세균에서 발견되는 독특한 염기 서열을 뜻하는 크리스퍼(Clustered Regularly Interspaced Short Palindromic Repeats, CRISPR)는 유전자 편집 기능으로서, 일부 과학자들은 크리스퍼가 언젠가 유전병 치료라는 비밀을 풀 열쇠라고 생각한다. 그러나 이 기술은 유전학자들이 발견하지 않았다. 과학 문헌에서 크리스퍼를 처음으로 언급한 이들은 바이러스의 공격을 받으면 독특한 면역 반응을 보이는 박테리아를 연구하는 일본과 스페인 과학자들이었다.[86] 이러한 초기 연구는 처음에는 많이 인용되지 않았다. 하지만 개발된 지 20년이 흐른 지금 크리스퍼는 역사상 가장 막강한 의료 기술로 손꼽힐 것으로 보인다. 아이작 뉴턴(Isaac Newton)은 "거인의 어깨 위에 서면 더 멀리까지 보인다"는 유명한 말을 했다. 그러나 거인으로 태어나지 않았지만 뛰어난 아이디어들도 있다. 이런 아이디어들은 아이들과 마찬가지로 작고 나약한 모습으로 태어나므로 보살피고 보호해야 무럭무럭 자란다.

에반스는 다음과 같이 말했다. "생명을 구하고 삶을 향상하고 생산성을 확대하는 발명과 혁신이 가능해지기를 우리는 바란다. 그러려면 과학적 절차의 일환으로서 더 많은 위험을 감수하고 더 많은 실패를 받아들이도록 설계된 체제가 필요하다."[87] 야릇하게도 "실패할 운명인" 과학 활동이 너무 많은 게 문제가 아니다. 오히려 정반대다. 에반스의 말을 빌리자면, "성공할 운명인" 과학 활동이 너무 많은 게 문제다. 미지의 영역에 발을 들여놓음으로써 실패할 위험을 감수하기보다 이미 알고 있는 바를 재현하는 과학 활동이 너무 많다.

국립 보건원을 위험을 감수하는 과학의 적으로 간주하기보다, 그 조직의 지도부가 관료주의적 문제들을 해결하려고 최선을 다하는 전형적인 관료 집단으로 생각하는 게 타당하다. 2017년 오랜 기간 국립 보건원 원장을 맡은 프랜시스 콜린스(Francis Collins)는 자유지상주의 성향의 벤처 투자자 피터 틸에게 보낸 이메일에서 국립 보건원은 "젊은 과학자들을 너무 긴 훈련 기간에서 해방할" 필요가 있고, 생의학 연구를 지원하는 방식들 가운데 일부는 "시대에 뒤떨어진다"라고 시인했다.[88]

지난 20년 동안 국립 보건원은 감수해야 할 위험 수위가 좀 더 높은 연구와 젊은 과학자들에게 따로 연구 자금을 책정하는 정책을 실행해왔다. 높은 위험을 감수해야 하지만 성공하면 보상도 클 연구를 지원하는 이 프로그램에는 '새로운 연구 방향을 추구하는' 과학자들에게 주는 '개척자 상'과 비교적 젊은 학자들에게 주는 '새로운 혁신가 상'이 있다.[89] 국립 보건원에서 이 연구 지원 프로그램을 책임진 퍼트리샤 라보스키(Patricia Labosky)는 다음과 같이 말한다. "기존의 틀을 벗어난 사람들과 아이디어에 자금을 지원하는 역량은 아주 중요하다. 새로운 사실을 터득하리라는 확신이 존재하는, 위험도가 낮거나 중간 정도인 분야의 과학 활동도 필요하지만, 큰 위험을 감수해야 뭔가 색다른 사실을 터득하고 한계를 초월할 수 있다." 라보스키가 관장하는 '새로운 혁신가 상'은 R01이라고 알려진 전형적인 국립 보건원 연구 자금 지원 방식과 매우 다르게 구성되어 있다. 그녀는 이렇게 말했다. "표준적인 연구 자금 지원의 경우, 신청자는 자신이 제안하는 사항을 모두 달성할 수 있다는 사실을 증명해야 하는 경우가 많고, 타당성 수준이 아주 높아야 좋은 점수를 받는다. '새로운 혁신가 상'에서는 약간의 개연성은 필요하지만 대체로 참신한 아이디어와 그 아이디어를 개연성 있게 실현할 장비만 있으면 된다."[90]

국립 보건원이 자체적으로 한 연구에 따르면, '개척자 상' 수상자들은 영향력 있고 인용 횟수가 아주 높은 연구 결과물을 생산하는 듯하다.[91] 그러나 국립 보건원이 비교적 젊은 과학자들을 돕기 위해 기울이는 이러한 노력에도 불구하고 35세 이하인 과학자들에게 돌아가는 기초적인 국립 보건원 연구 지원금의 비율은 계속 하락하고 있다. 2024 회계 연도에 고위험 및 고보상 연구 프로그램은 약 2억 달러를 과학자들에게 할당했는데, 이는 2019년 이후로 어느 정도 하락한 수치다. 2억 달러는 그해 국립 보건원의 한 해 예산의 눈곱만큼(0.5퍼센트 미만)밖에 안 되는 수치다.

파격적인 과학 활동과 발명에 자금을 지원하는 전혀 새로운 접근 방식을 원한다면 정부는 발명을 촉진하는 방법에 대한 아이디어를 국립 보건원 바깥에서 찾아야 할지도 모르겠다.

아이디어 공장

1957년 10월 이상한 모양의 물체가 지구의 대기권을 뚫고 우주 공간에 진입했다. 키다리 아저씨를 닮은 로봇처럼 생긴 이 물체는 길고 가는 안테나 4개가 표면이 반들반들한 금속으로 된 공 모양의 머리와 연결되어 있었다. 이 우주 시대 곤충처럼 생긴 로봇은 오래 생존하지 못했다. 1월 무렵 이 물체는 지구로 추락해 타버렸다. 스푸트니크(Sputnik)라고 불리는 이 물체는 지구 궤도를 돈 최초의 인공 물체였다. 그리고 대부분의 미국인에게는 놀랍게도, 이 물체는 미국이 아니라 미국의 적수인 소련이 쏘아 올렸다.

스푸트니크는 우주 개발 경쟁에 불을 지폈고, 추진체와 로켓 기술에 투자한 미국은 결국 달에 미국의 성조기를 꽂고 달 표면에 사람 발자국을 남겼다. 스푸트니크는 지상에서의 발명에서도 혁신의 경쟁에 불을 붙였다. 1958년 다시는 상대방의 기술적 개가에 놀라는 처지가 되지 않겠다고 다짐한 미국 국방부는 고등 연구 계획국을 설립했다. 훗날 방위 고등 연구 계획국(Defense Advanced Research Projects Agency, DARPA)이라고 불리게 된 이 조직은 창의력이 돋보이는 발명을 쏟아낸 화려한 이력을 지니고 있다. 인터넷, GPS, 개인용 컴퓨터, 자율주행 자동차 등의 뿌리는 DARPA가 지원한 연구로 거슬러 올라간다. 소련의 인공위성에 대한 관료 조직의 대응으로 출발한 이 조직은 통신 혁명의 씨앗이 되었고 그 후 65년 동안 미국의 혁신을 이끌게 된다. 대부분의 사람이 mRNA 백신에 대해 들어보지도 못했던 오래전인 2013년 DARPA는 2,500만 달러를 모더나에 투자했다.[92]

과학계와 기술계는 DARPA가 왜 특별한지를 두고 치열한 논쟁을 해왔다.[93] 한 해 예산이 40억 달러(국립 보건원 한 해 예산의 약 10분의 1)인[94] DARPA는 몸집에 비해서 훨씬 강력한 펀치를 날리는 역량이 있다. DARPA는 프로그램 매니저(program manager)라 불리는 해당 분야

전문가들이 과학자와 기술자들에게 자금을 지원해 그들이 직접 설계한 프로젝트에서 협력하도록 할 권한을 프로그램 매니저들에게 부여한다. 카네기멜런대학교 공학과 공공 정책 교수 에리카 R. H. 푹스(Erica R. H. Fuchs)는 "프로그램 매니저(특히 미래에 대한 구상과 창의성과 독립성을 갖추고 있는 프로그램 매니저)가 DARPA의 가장 중요한 부분이라는 데는 의문의 여지가 없다"라고 말했다.[95] 기존의 과학자들과는 달리 이러한 프로그램 매니저들은 동료 학자들의 심사를 받지 않는다. 그들은 철저히 직관에 반하는 시도를 할 수 있고, 실패해도 처벌을 받지 않으며, 이상야릇한 프로젝트를 지원했다는 이유로 의회 조사 위원회에 불려가지도 않는다.

성공한 프로그램 매니저가 어떤 식으로 일하는지 설명하기 위해서 푹스 교수는 세계 최초의 인터넷 아파넷(ARPANET) 탄생의 비화를 들려준다. 1962년 MIT 출신의 심리학자이자 컴퓨터 과학자 J. C. R. 릭라이더(J. C. R. Licklider)는 DARPA의 전신인 고등 연구 계획국에 합류해 정보 처리 부서를 맡게 되었다. 이미 글로벌 컴퓨터 연결망이라는 개념을 구상했던 릭라이더는 뛰어난 연구자들로 팀을 구성해 자신이 구상한 아이디어를 현실화하기로 했다. 할리우드 영화 제작자가 새로운 영화를 제작하기 위해 직접 감독, 디자이너, 배우들을 선정하듯이 릭라이더는 미국 전역에서 천재들을 불러 모았다. 카네기공과대학교(현재의 카네기멜런대학교)의 컴퓨터 과학자들과 스탠퍼드대학교 공학자들은 서로 컴퓨팅 체계를 연결하고 미국 동부와 서부 해안 지역 간에 메시지를 주고받았다. 1966년 NASA에서 일한 경험이 있는 심리학자 밥 테일러(Bob Taylor)가 릭라이더의 프로그램을 넘겨받았다. 그는 협력자들의 관계망을 대폭 확장해 MIT, 랜드 코퍼레이션(RAND Corporation), UCLA 등을 비롯해 여러 대학교, 엔지니어링 기업, 정부 연구소로부터 과학과 엔지니어링 분야의 개척자들을 영입했다. 1969년 아파넷이 작동을 시작할 당시, 세계 최초의 (그리고 아주 기본적인) 인터넷인 아파넷 덕분에 인터넷이 아니었다면 절대로 협력할 일이 없었을 개인과 기업들이 협력하게 되었다. 온라인 정보망을 발명하기 위해서 릭라이더와 테일러는 오프라인으로 인재들의 관계망을 구축했다.

DARPA가 추진한 중요한 프로젝트는 하나같이 이런 식으로 진행되었다고 푹스는 말했다. DARPA에서 가장 성공한 이들은 미래에 대한 구상을 지닌 인재들을 영입하는 이들이다. "그들은 '이 사람을 데려와 이 사람과 같이 일하게 하고 나서, 또 다른 사람을 데려오면 풀기 어려운 이 문제를 풀게 될지 모른다'라고 한다." 2000년대 초 국방부는 무어의 법칙(Moore's Law, 컴퓨터 반도체 칩의 집적회로 성능이 24개월마다 2배로 증가한다는 법칙-옮긴이)이 둔화하면서 미군이 사용하는 소프트웨어의 비용과 품질이 위협받고 있다고 우려했다. DARPA는 미국 정부로부터 해결책을 마련하라는 요청을 받았다. 푹스가 장시간 인터뷰한 한 프로그램 매니저는 산업계 거물들과 학계에서 명망이 높은 학자들로 구성된 사뭇 서로 어울리지 않는 협력조직을 구성했다.[96] 그는 소프트웨어 기업인 선마이크로시스템즈(Sun Microsystems)와 협업하는 전도유망한 캘리포니아주 스타트업들과 더불어 하버드, UCLA의 나노튜브(nanotube) 전문가들과 협업한 휼렛 패커드(Hewlett-Packard)와 MIT의 컴퓨터 과학자와 공학자들을 불러모았다. 이들 모두가 DARPA 연구 자금 수백만 달러를 받았다. 이 집단은 실리콘 게르마늄 기술에서 돌파구를 마련했고, 이 기술은 IBM이 상용화했다. 2015년 IBM은 〈월스트리트저널〉과의 인터뷰에서 자사가 "무어의 법칙을 진척시키는 데 있어서 중요한 병목 지점을 돌파했다"라고 말했다.[97] 발표는 IBM이 했지만, 돌파구를 마련하는 작업은 DARPA에서 시작되었다.

DARPA 모델에서 교훈을 얻는다면, 이는 DARPA가 제약 없는 예산과 과학과 산업계의 광범위한 인맥을 이용해 가장 급진적인 아이디어를 추구할 권한을 프로그램 매니저들에게 부여했기 때문에 DARPA라는 조직이 제대로 작동했다는 점이다. 이와는 대조적으로, 오늘날 연구 자금을 신청하는 많은 과학자는 어린아이 취급을 당할 지경이 됐다고 할 정도로 아무 힘이 없다고 던치는 말했다. 그들은 연구에 몰두해야 할 시간을 서류 작업에 빼앗기고 그들이 품은 야망은 연구 자금 신청 절차에 꺾인다. 미국의 혁신 체계는 과학자 개인을 좀 더 신뢰하고 관료 조직을 좀 덜 신뢰함으로써 이득을 얻게 된다.

영감을 얻기 위해 우리가 눈을 돌려야 하는 20세기 중엽 혁신의 공장은 DARPA뿐만이 아니다. 벨 전화 연구소(Bell Telephone Laboratories)라는 공식 명칭으로서 알려진 벨 연구소(Bell Labs)는 1925년 AT&T와 웨스턴 일렉트릭(Western Electric)의 연구 개발 조직으로 설립되었다. 1930년대부터 1950년대까지의 기간 동안 벨 연구소는 세계에서 가장 많은 성과를 내는 연구소로 손꼽히게 되었고, 아찔할 정도로 많은 성과를 냈다. 1947년 벨 연구소 엔지니어들은 최초로 반도체 소자를 제작했고, 이는 훨씬 작고 효율적인 전기 용품 개발을 가능케 했다. 1954년 벨 연구소는 최초로 실용적인 실리콘 태양 전지를 선보이면서 태양 에너지를 전력원으로 사용할 가능성의 문을 열었다. 1958년 벨 연구소는 레이저 원리를 제시한 논문을 발표했다.

DARPA와 벨 연구소는 둘 다 혁신의 상징으로 인정받지만, 그들의 성공은 서로 매우 다른 맥락에서 이뤄졌다. DARPA는 지정학적인 안보 불안의 시대에 등장했다. 벨 연구소는 안보가 더할 나위 없이 튼튼한 환경에서 번성했다. 국가가 승인한 독점 기업인 AT&T는 단기 수익에 대한 걱정 없이 통신의 모든 부문에 투자할 수 있었고, 그 덕분에 자사의 과학자와 엔지니어들은 수십 년에 걸쳐 야심 찬 프로젝트를 진행할 자유를 누렸다. 이러한 장기적인 안정성은 개발하는 데 수십 년이 걸린 광섬유와 전자 스위치 등 벨 연구소가 진행한 가장 중요한 기술 발전 프로젝트들이 성공하는 데 필수적이었다.

벨 연구소는 역사에서 독특한 시기의 이득을 보았다.《아이디어 팩토리》의 저자 존 거트너(Jon Gertner)는 다음과 같이 말했다. "벨 연구소에 관한 책을 쓰느라 6년을 보내면서 나는 오늘날 벨 연구소를 재현할 수 있을지 궁금했다. 이에 대한 내 대답은 '재현 못 한다'이다."[98] 제2차 세계대전 후 AT&T는 골리앗 안에 있는 골리앗이었다. 나치 독일이 유럽을 공격해 유럽 대륙의 수많은 최고 인재들이 피신해온 덕분에 화학과 양자 역학 같은 분야들을 지배하게 된 미국이라는 나라 안에 있는, 미국 정부가 승인한 거대한 독점 기업이었다.

그러나 AT&T의 성공은 국가가 추구하는 발명이라는 의제를 생각해볼 때, 여전히 우리에게 교훈을 준다. 거트너는 "벨 연구소의 성공 공식이 있다면, 이는 최고의 인재를 영입하고 그들에게 연구할 시간과 공간을 제공하고 그들이 서로 소통하게 했다는 사실이다"라고 말했다.[99] DARPA와 마찬가지로 AT&T도 여느 상황이라면 협업하지 않았을 뛰어난 인재들을 뽑아서 그들에게 가장 야심 찬 아이디어를 함께 연구할 자유를 부여했다. 인재들을 한데 모아놓으니 과학자들은 자신이 하는 연구를 새로운 시각으로 바라보게 되었다.

거트너는 모리스 타넨바움(Morris Tanenbaum)의 자택을 방문했다. 타넨바움은 1950년대에 벨 연구소에서 실리콘 트랜지스터를 발명했고 1980년대에 AT&T의 최고경영자가 되었다. 거트너는 다음과 같이 말했다. "내가 그의 자택에 도착하자 타넨바움은 나를 위층으로 안내했고 자신이 실리콘으로 트랜지스터를 발명하던 날 일기장에 적은 글을 내게 보여주었다. 그는 이렇게 적었다. '이게 바로 내가 찾던 트랜지스터다! 틀림없이 아주 쉽게 제조할 수 있다!'"[100] 그가 일기장에 적은 글은 벨 연구소가 과학에 접근하는 이례적인 방식의 축소판이라는 생각이 거트너의 머리를 스쳐 갔다. 한 화학자가 전자의 근본적인 원리를 이러저러한 방식으로 적용하면서 상품을 발명하고 그 상품이 공장의 조립 공정을 거쳐 사람들의 집에서 쓰이게 되었다.

제도는 우리가 생각하는 방식을 결정한다. 새로운 제도는 새로운 종류의 사고를 가능하게 한다. 수십 년 동안 국립 보건원 연구 자금을 신청한 수많은 대학교 연구자들이 자신의 호기심을 억눌러왔다. 국립 보건원이 안전한 연구에 주로 지원하는 편향성은 과학자들 자신의 편향성이 되어버렸다. 이와는 대조적으로, DARPA의 최고 프로그램 매니저들은 세계를 퍼즐 조각들로 보고 새로운 구상을 실현하면서 흩어진 조각들을 맞춰갔다. 벨 연구소 과학자들은 AT&T에서 파생된 조직에 모여 연구를 진행했고, 따라서 자연스럽게 자신들이 하는 연구의 상용화 잠재력을 고려하게 되었으며, 그 덕분에 그들은 수많은 유용한 상품들을 창조하게 되었다.

미국의 혁신 체제는 여전히 20세기 중엽에 개발된 기관들과 습관에 의존하고 있다. 그로부터 수십 년이 흘렀고 세상은 바뀌었으며, 오늘날 과학적 난관은 헤쳐나가기가 점점 더 어려워지고 있다. 그렇다면, DARPA가 그랬듯이 우리 시대에 변화를 이끌 새로운 중추적 기구를 구축하려면 어떻게 해야 할까? 2020년대에 새로운 정부 연구소는 어디 있을까? 그런 기관들이 성공하리라는 보장은 없지만, 미국의 과학계에 절실히 필요한 종류의 위험을 바로 그들이 감수하고 있다.

실험을 실험하기

다트머스대학교의 윌리엄스는 다음과 같이 말한다. "과학 연구와 발명은 경제를 성장시키고 인간의 복지를 개선하는 핵심적인 원동력이다. 이는 사실이다. 따라서 당연히 이런 의문이 제기된다. 어떻게 해야 더 많은 연구와 발명이 이뤄질까?"[101] 오늘날 정치는 이 의문에 답을 하는 문제에 있어서 철저히 속수무책이다. 리버럴 진영도 보수 진영도 발명에 대해 분명한 정치적 입장을 제시하지 않았다. 양 진영 모두 과학 부문에서 공공 정책이 하는 역할을 면밀하게 분석하는 작업을 우선시하지 않았다.

미국은 지금보다 훨씬 잘할 수 있다. 이민 체제에서 인위적으로 발생하는 희소성을 바로잡아서 (대개 미국에서 학교를 졸업하는) 세계 최고의 인재들이 미국에 체류하면서 일하기 쉽게 만들 수 있다. 연방 정부의 연구 개발 지원금이 미국 경제에서 차지하는 비중이 줄도록 내버려두지 말고, 20세기 후반에 그랬듯이 오히려 증액해야 한다. 그러나 무엇보다도 중요한 점은 미국 혁신 체제가 제시하는 유인책을 바로잡아서 적절한 시기에 적절한 위험을 감수하는 과학자를 찾아내 연구 자금을 지원해야 한다.

지난 몇 년 동안 소규모 연구자 집단이 미국 정치에서 변화의 이론을 제시하고 이를 "메타과학(metascience)"이라고 일컬었다. 그들의 이론은 간단했다. 미국 정부는 단일 기관으로서는 세계에서 과학 연구 자금을 가장 많이 지원한다. 그러나 우리는 과학이 실제로 어떻게 작동하는지에 대해 놀라울 정도로 아는 게 거의 없다.[102] 미국의 법, 규정, 습관은 거시적인 전략도 없이 수십 년에 걸쳐 축적되어왔다. 국가적 차원의 발명 의제는 다음과 같은 제1의 원칙을 따라야 한다. 우리가 발명의 과학을 전혀 이해하지 못한다면 과학자들이 하는 대로 따라 해야 한다. 실험해야 한다는 뜻이다. 그것도 아주 많이.

우선 국립 보건원에서 시작하자. 서류 작업의 부담을 줄이려면 연구 자금 신청 절차를 간소화하는 시도를 해보면 된다. 아니면 비교적 젊은 과학자들에게 연구 자금을 우선으로 지원하는 프로그램을 확대할 수도 있다. DARPA의 프로그램 매니저가 누리는 권한을 본떠서 국립 보건원 연구 자금 신청서 심사위원들에게 '황금 티켓(Golden Ticket)'을 주고 동료 과학자들이 아무리 정신 나간 아이디어라고 생각해도 상관없이 한 해에 한 제안서를 승인할 권한을 부여하자. 아니면 일부 신청서에 한해서 현재의 선정 절차를 무작위 복권 추첨으로 대체하자. 아니면 연구 자금을 받은 사람들 가운데 일부를 선정해서 해마다 연구의 진전 상황을 보고서로 작성해 제출해야 하는 의무를 면제해주자.

이 모든 실험을 마친 후에는 독자적인 과학자들이 그 결과를 분석하게 해야 한다. 2009년 몇몇 연구자들이 전형적인 국립 보건원 연구 자금 수혜자 집단과 하워드 휴즈 의학 연구소(Howard Hughes Medical Institute, HHMI)의 지원을 받은 과학자들을 비교해보았다. 국립 보건원은 과학자들의 구체적인 프로젝트에 지원하지만, HHMI는 아무런 조건 없이 지원한다. 연구자들은 HHMI의 연구 자금 지원 방식이 실패도 많지만 성공(창의성 있는 발견과 영향력이 큰 논문들을 더 많이 양산했다)도 많았다는 사실을 발견했다.[103] 개별적인 프로젝트에 연구 자금을 지원하는 방식이 나은가, 아니면 과학자들에게 조건 없이 연구 자금을 지원해주고 좋은 결과가 나오기를 바라는 방식이 나은가? 아졸레이의 말마따나, 알 수 없으니 실험을 해봐야 한다.[104] 과학계에 연구 자금을 지원하는 방식에 대해 실험하는 동시에, 연방 연구 기관을 신설하는 데 자금을 지원할 수도 있다. 정규직 과학자들이 분기별로 제출할 서류를 작성해야 하는 데서 스트레스를 받지 않고 오랜 세월에 걸쳐서 야심 찬 프로젝트를 진행하도록 해주는 그런 기관 말이다. 이러한 야심은 20세기 중엽 DARPA와 벨 연구소가 실현한 마법을 재현할지 모른다. 실패할지도 모른다. 그러나 바로 그것이 실패할 위험이 큰 과학이 하는 일이다. 실패할 가능성이 크다는 사실을 알고도 프로젝트를 시도해보는 게 과학이 하는 일이다.

"혁신 체제 전체가 DARPA로 구성되는 형태도 혁신 체제 전체가 국립 보건원의 연구비 지원 체제로 구성되는 형태도 바람직하지 않다. 어느 한 가지 형태로만 이뤄진 혁신 체제는 바람직하지 않다." 아졸레이는 이렇게 말하면서 다음과 같이 덧붙인다. "서로 다른 실험 형태의 적절한 균형이 필요하다. 수많은 프로젝트가 꽃피게 해주고, 장기적인 성공률을 추적하고, 수백만 명의 생명을 구하거나 삶을 개선할 과학적 돌파구를 찾는 일에 연구 자금을 지원할 더 나은 방법이 있는지 판단해야 한다."[105] 과학과 혁신에 대한 이러한 접근 방식은 진정으로 참신하다. 미국의 과학 체계에 자체 실험에 특화한 한 층을 더 만드는 셈이다. 연방 정부를 과학을 연구하는 일종의 메타 실험실로 변모시킨다는 뜻이다.

지금으로부터 수 세대 후에는 우리가 상상도 하지 못했던 발명들이 삶의 핵심을 구성하게 된다. 타액과 혈액 검사를 통해 어떤 질병이든 진단하게 되고, 바이러스와 질병을 퇴치하는 백신이 개발되고, 강철보다 강하고 공기보다 가벼운 물질들이 발명되고, 핵융합로에서 청정에너지를 무한히 생산하게 될지 모른다. 이런 것들이 물리적 현실의 영역에서 가능하다면 이런 것들을 발명하는 일도 가능하다. 그리고 이런 것들이 한 세기 만에 발명될 수 있다면 10년, 아니 1년 만에 발명될 수도 있다. 이러한 성과를 거두려면 우리가 너무 쉽게 손사래를 쳐버리는, 위험을 감수하는 태도와 야망이 필요하다. 미국은 발명 분야에서 눈부신 성과를 이뤘는데도 우리는 발명의 절차가 실제로 어떻게 작동하는지 확실히 알지 못한다는 사실이 놀라울 따름이다. 우리는 여전히 세상의 커털린 커리코 같은 인재를 발굴해내고 육성하는 방법을 모르고 있다. 그런 인재들을 발굴하려면 과학을 훨씬 더 과학적으로 할 줄 알아야 한다.

5. 실행

→

1928년 가을, 스코틀랜드 과학자 알렉산더 플레밍(Alexander Fleming)은 오랜 휴가를 마치고 런던에 있는 자신의 실험실로 돌아왔다. 그는 오래전부터 흔한 감염을 일으키는 세균인 포도상구균(staphylo-coccus)을 연구해왔다. 그리스어에서 '포도송이'를 뜻하는 'staphyle'와 낱알을 뜻하는 'kokkos'에서 파생된 이름으로 불리는 이 세균은 현미경으로 보면 하얀 포도송이처럼 보인다. 플레밍은 휴가 동안 공기에 노출되도록 내버려둔 배양 접시에 놓인 표본을 자세히 들여다보았는데, 뜻밖에 뭔가가 보였다. 그가 휴가차 떠나 있는 동안 어디서 비롯됐는지 알 수 없는 물질이 표본을 오염시켜 포도상구균을 대부분 죽인 상태였다.[1] 플레밍은 훗날 이 미상의 물질이 페니실리움(penicillium) 속(屬)에 속하는 곰팡이임을 규명했다.[2] 그는 이 곰팡이가 분비하는, 균을 죽이는 물질의 이름을 페니실린(penicillin)이라고 지었다.

플레밍은 훗날 잠그지 않은 실험실 창문을 통해서 곰팡이 포자가 날아 들어왔다고 주장했다. 그렇다면 그 포자는 신선한 미풍이 운반했다는 뜻이다. 수천 년 동안 인류는 인체 내에 존재하는 세균과 전쟁에 전쟁을 거듭했고 눈에 보이지 않는 적의 손에 수천만 명이 목숨을 잃었다. 1900년까지만 해도 세균 감염은 미국에서 가장 흔한 사망 원인이었다. 1918년 스페인 독감 팬데믹 동안 바이러스 감염으로 사망한 사람보다 세균의 감염에 따른 폐렴으로 사망한 사람이 더 많았다. 플레밍은 다른 세균들을 상대로도 이 곰팡이를 실험해보았는데 디프테리아(diphtheria)와 수막염균(meningococcus) 같은 무서운 적을 퇴치하는 데는 훨씬 막강한 위력을 발휘했다. 그는 뭔가 기적적인 발견을 했을지 모른다는 생각이 들었다. 그러나 여러 차례 더 실험한 그의 작업은 벽에 부딪혔다.

1939년 오스트레일리아에서 출생한 옥스퍼드대학교 교수 하워드 플로리(Howard Florey)와 독일에서 출생한 생화학자 에른스트 체인(Ernst Chain)은 플레밍의 연구를 이어갔다. 스코틀랜드 출신 과학자 플레밍은 페니실린이 유리 배양 접시에 놓인 미생물을 죽일 수 있다는 사실을 증명했지만, 플로리와 체인은 동물의 몸속에서도 똑같은 기능을 할지 알고 싶었다. 그들이 속한 연구실은 쥐 150마리를 세 집단으로 나누고 각 집단에 포도상구균, 연쇄상구균(streptococci) 그리고 괴저를 일으키는 세균을 주입했다. 실험 대상인 쥐의 절반은 대조군 집단으로서 아무런 처치도 하지 않았고, 나머지 절반은 페니실린을 주입했다. 아무런 처치도 하지 않은 대조군에서는 75마리 모두 사망했다. 페니실린을 주입한 실험군에서는 70마리가 살아남았다.[3] 페니실린은 진정으로 특별한 존재인 듯이 보였다.

하지만 쥐에게 나타난 효과가 똑같이 사람에게도 나타난다는 보장은 없었고, 플로리와 체인을 비롯한 연구자들은 인체에서 페니실린이 어떤 효과를 보이는지 실험하는 데 애를 먹었다. 거의 2년을 연구한 끝에 그들 또한 플레밍처럼 벽에 부딪혔다. 1941년 봄 무렵 유럽이 전쟁에 빠져들었고, 그들은 다섯 명의 환자를 페니실린으로 치료했다. 그중 두 명이 사망했다.[4]

여기서 잠시 이 이야기를 멈추자. 뜬금없이 이야기의 흐름을 끊는 게 이상하겠지만. 플레밍의 페니실린 발견은 세계적으로 널리 알려졌다. 과학자들은 이를 공중 보건 역사, 아니 그 어떤 분야의 역사에서도 가장 중요한 획기적 발견으로 손꼽는다. 플로리의 초상화는 수십 년 동안 오스트레일리아의 50달러짜리 지폐를 장식했다. 체인, 플레밍 그리고 플로리는 1945년 노벨 생리의학상을 수상했다.

대부분의 사람에게 진보는 이처럼 뜻밖에 뭔가를 깨달은 순간들을 단순하게 시간 순서대로 나열한 연표처럼 보인다. 우리는 발견에 대해 환상을 품고 있으므로 발견의 순간을 성스러운 장면으로 취급한다. 학교에서 학생들은 중요한 발명이 이뤄진 날짜와 발명한 인물들의 이름을 외운다. 에디슨은 1879년에 전구를 발명하고[5] 라이트 형제는 1903년 비행기를 발명했다고 말이다. 위대한 발견을 한 인물들[프랭클린(Franklin), 벨(Bell), 퀴리(Curie), 테슬라(Tesla)]의 전기는 베스트셀러가 되고 수많은 사람이 그들의 이름을 알게 된다. 이를 '역사에서의 뜻밖의 깨달음 이론'이라고 생각해도 좋다. 이는 순간적으로 떠

오른 통찰력으로 세상을 바꾼 고독한 영웅의 이야기를 다룬 할리우드 영화나 논픽션 책에서 기대할 만한 진보의 이야기다.

그러나 역사에 대한 이러한 접근 방식은 불완전할 뿐 아니라 아주 부적절하다. 발명은 진보하는 데 매우 중요하지만 이러한 잘 알려진 사연의 한 장면들에만 집중하면 이러한 사연에서 가장 중요한 부분들을 지나치게 된다. 바로 첫 발견의 섬광 같은 순간에 뒤따르는 사연들 말이다. 1941년 페니실린이 거둔 성과의 실제 규모를 생각해 보자. 사람 다섯 명이 실험 대상이었고 그 가운데 두 명이 사망했다. 과학 역사상 가장 널리 알려진 발견으로 손꼽히는 페니실린은 발견한 후 13년이 지나도록 사실상 아무것도 이루지 못했다.

'뜻밖의 깨달음'이라는 낭설

기발한 아이디어가 탄생하거나 발명의 최초의 원형이 만들어지면, 우리는 그 아이디어나 발명이 세계를 바꿀 잠재력에 흥분한다. 그러나 진보가 일어나려면 발명이 아니라 실행이 더 중요하다. 존재하지 않던 아이디어가 존재하게 되면 변화의 가능성이 생긴다. 그러나 개인, 기업 그리고 정부가 아이디어를 하나에서 10억 개로 만드는 방식이 실제로 세상을 바꾸는 방식이다.

게다가 진정으로 기발한 발명을 했다고 해도 그런 아이디어가 항상 변화를 일으키지는 않는다. 1만 년 인류 문명의 역사 대부분의 기간 동안 아무런 진보도 일어나지 않았다. 질병들은 완치되지 않고,

자유는 확대되지 않고, 진실은 전달되지 않고, 기술은 약속한 바를 지키지 못했다. 진보는 고통스러운 현재 상태에서의 탈출구이고 역사의 굴레에서 벗어나는 방식이다. 인간의 발명과 제도들이 어떻게 질병, 빈곤, 고통, 폭력을 줄이는 한편 자유와 행복과 개인의 권한을 확장하는지에 대한 잘 알려지지 않은 사연이다. 미국에서 서서히 멈출 위기에 처해온 사연이다.[6]

미국은 해마다 과학적 발견에 수백억 달러를 쏟아부어왔다. 그러나 기대한 만큼 진보는 일어나지 않았다. 앞서 설명한 바와 같이 경제의 다른 중요한 부문의 발전을 저해한 절차적 문제와 똑같은 문제가 과학의 발전을 방해해왔다. 게다가 이번 장에서 앞으로 설명하겠지만, 발명을 국내 산업으로 전환하는 역량은 한층 더 형편없어졌다. 익숙한 표현을 빌려서 말하자면, 새로운 아이디어를 점점 더 발견하기 어려울 뿐만 아니라 새로운 아이디어를 사용하기도 점점 더 어려워진다는 게 문제다.[7]

뭐가 잘못된 걸까? 이 질문에 대한 답은 여러 가지인데, 그중 하나는 '뜻밖의 깨달음'이라는 낭설에 너무 매료되어서 '뜻밖의 깨달음'의 순간에 뒤따르는 다른 모든 것에 너무 무관심해왔다는 점이다. 미국은 영국, 독일, 일본, 캐나다, 오스트리아가 받은 노벨상을 다 합한 수보다 많은 노벨상을 받았다. 그러나 국내에서 기술(심지어 미국이 발명한 기술)을 적용하는 역량에 주는 노벨상이 있다면 미국의 성적표는 그렇게 눈부시지 않을지 모른다.[8]

미국인 장인(匠人) 엘리샤 오티스(Elisha Otis)는 1853년 세계 최초로 안전한 승객용 엘리베이터를 발명했다.[9] 그런데 공교롭게도 그로부터 170년이 흐른 지금, 미국은 고층 아파트를 효율적으로 짓지 못해 고군분투하고 있다. 그 이유는 부분적으로는 미국의 엘리베이터는 "지나치게 정교하게 설계되고 맞춤형으로 수제 제작된 값비싼 장비가 되어버려서 엘리베이터가 가장 필요한 장소에는 설치할 비용을 감당하기 어려울 정도가 되었기 때문이다"라고 북미 건축 센터 소장 제이컵 스미스(Jacob Smith)는 말한다.[10] 온갖 규제와 비용 측면에서 효율적인 생산에 대한 무관심으로 인해 뉴욕에서 기본적인 엘리베이터를 설치하는 비용은 스위스의 4배가 든다.

미국은 세계 최초로 원자로와 태양 전지를 발명했다. 하지만 오늘날 미국은 이러한 기술을 적용하고 개발하는 데 있어서 유럽과 아시아 국가들보다 한참 뒤처져 있다.[11] 30년 전 텍사스대학교의 한 집단이 전기 자동차가 최고 성능을 보이려면 꼭 필요한 리튬 인산철(lithium iron phosphate, LFP) 배터리를 제작하는 차세대 기술을 개발했다. 그러나 2020년대 초, 이 배터리를 대량으로 제작하는 방법을 아는 미국 기업은 단 하나도 없었고, 중국이 시장을 독점했다.[12]

정치계는 기술 부문을 지금보다 훨씬 더 진지하게 받아들여야 한다. 혁신은 지금까지 해결 불가능했던 문제를 해결 가능하게 해주고, 정책은 발명하기가 불가능하다고 생각되어온 기술을 발명하게 해준다. 혁신과 정책의 근본적인 관계는 민주당이나 공화당이 추구하는 핵심 의제가 아니다. 미국은 성장을 너무 두려워하는 진보주의 운동과 정부의 개입에 대해 알레르기 반응을 일으키는 보수주의 운동 사이에 끼어 옴짝달싹하지 못하고 있다.

지난 70년 동안 미국은 똑같은 각본을 되풀이해왔다. 발명은 하되 실행하지는 말라는 각본 말이다. 미국은 앞으로 70년 동안 이 각본을 또 되풀이할 시간적 여유가 없다. 진보의 사연을 좀 더 심층적으로 이해하기 위해(그리고 이 사연이 21세기에 미국이 안고 있는 문제를 어떻게 극명하게 보여주는지 파악하기 위해) 1940년으로 돌아가서 페니실린이 어떻게 실험실의 과학적 발견에서 수백만 명의 목숨을 구한 의약품으로 변신했는지 살펴보도록 하자.

1941년 플로리와 체인은 곤경에 빠졌다. 항균 의약품의 잠재력을 연구하고 있던 영국 연구팀은 막다른 골목에 다다랐다. 한창 전쟁 중인 영국은 이 기술을 대량으로 응용할 여력이 없었다. 플로리와 체인은 해외에서 도움을 받아야 했다.

하늘이 도왔는지, 미국에는 두 과학자에게 필요한 게 모두 있었다. 루스벨트 미국 대통령이 바네바 부시의 미래 구상에 따라 전시에 혁신을 조율할 중앙 기구 설립을 막 승인한 참이었다. 부시의 OSRD에는 군인을 비롯해 군 인력에 유용한 새로운 치료법 개발에 집중할 부서도 있었다. 의료 연구 위원회(Committee on Medical Research, CMR)라고 일컫는 이 기관은 이미 말라리아 치료 약품과 새로운 독감 백신에 관한 연구에 투자하고 있었다.[13]

CMR은 플로리와 체인의 과학 프로젝트를 채택해 의약품으로 만들었다. 첫째, 미국은 페니실린의 화학 문제를 해결했다. 작은 유리 플라스크에서 페니실린을 소량 제조하는 일과 똑같은 재료로 대량 생산하는 일은 하늘과 땅 차이다. 대량 생산하게 되면 미생물이 혼합물을 망쳐놓아서 아무짝에 쓸모없는 불순물이 되어버린다. [역사학자 제임스 피니 백스터 3세(James Phinney Baxter III)는 이 모순을 다음과 같이 묘사했다. "페니실린의 발견으로 이어진 바로 그 우발적인 오염이 페니실린의 사용을 거의 방해할 뻔했다."] OSRD의 권유로 일리노이주 피오리아에 있는 과학자들은 옥수수액(옥수수를 담가 우려낸 물)을 첨가하면 페니실린 생산량을 10배 늘릴 수 있다는 사실을 발견했다.[14] 미군은 곰팡이의 새로운 균주들을 수집해 실험하고, 이를 큰 용기에 섞어서 제조 과정을 추가로 수정 보완했고, 그 결과 대량 생산이 가능해졌다.

루스벨트 대통령이 1942년 설립한 전시 생산 위원회(War Production Board)의 지원에 힘입어 OSRD는 수백만 달러를 기업들에 주고 페니실린 제조 공장을 짓게 했다. 페니실린 생산은 기하급수적으로 증가해 1942년 한 달에 한 공장당 1,000만 단위(unit) 생산에서 1945년 6월 무렵 6억 4,600만 단위 생산으로 늘었다.[15] 대량 생산이 가능해지자 항생제 제조 비용은 95퍼센트 이상 급락했다. 한편 CMR은 페니실린의 효과를 확인하기 위해 임상 실험을 진행했다. 1943년 봄, 페니실린을 제조하는 화학적 절차가 표준화되면서 미국 정부는 페니실린 배포로 눈을 돌렸다. 자문 위원회와 미국 의학 협회는 미국 전역에서 1,000개 병원을 선정해 페니실린 약품을 저장하고 배포하도록 했고, 이 약품은 지역 공동체에서도 구할 수 있게 되었다. 12월, 심각한 부상을 입고 혈액이 감염된 209명의 군인과 민간인들 가운데 페니실린으로 치료한 이들은 사망률도 더 낮고 입원 기간도 더 짧았다는 보도가 있었다. 이 못지않게 중요한 사실은 페니실린이 부작용 없이 세균을 박멸했다는 점이다.

1945년 3월 무렵 미국 국민 모두에게 보급할 수 있을 정도로 페니실린의 양이 충분해졌다. 바람에 날려 창문을 통해 들어온 이 작은 곰팡이가 현대 의학에서 혁명을 일으키고 목숨을 구했다. 세균 감염은 쉽게 관리할 수 있는 건강 문제가 되었다. 수술은 더욱 안전해졌고, 출산하다가 산모가 목숨을 잃는 사례도 줄었으며, 전쟁에서 입은 상처로 사망할 가능성도 줄었다. 페니실린은 군인의 세균성 폐렴 사망률을 18퍼센트에서 1퍼센트로 줄임으로써 몇 개 대대에 해당하는 목숨을 구했다. 전쟁에서 부상을 입은 영국 군인들 일곱 명 가운데 한 명이 페니실린 덕분에 목숨을 건졌다고 추측한 자료도 있다.[16] 1945년부터 2023년까지 세계 질병 부담 데이터와 세균성 질병에 대한 항생제의 효과를 고려해볼 때, 페니실린과 그 계통의 약품들은 몇십 억 명은 아닐지 몰라도 몇억 명의 목숨은 구했다고 해도 타당하다.

미국이 발명하고 미국이 만들기

페니실린 개발은 인류가 자연의 적에 맞서 승리한, 완성도 높은 유용한 사례다. 페니실린 개발을 통해 얻은 교훈은 단순히 발명이 아니라 실행이 진보의 속도를 결정한다는 사실인데, 미국은 지난 몇십 년 동안 이를 망각한 듯하다.

1941년 페니실린 개발 프로젝트가 진전을 보이지 못하고 전쟁 중인 유럽의 실험실에서 아무런 지원도 받지 못해 방치되고 있었다. 페니실린이 생명을 구하는 제품이 된 이유는 전적으로 수백 명의 미국 과학자들과 공학자들 덕분이다. 거의 모든 기술이 이와 비슷하다. 경제사학자 조엘 모키어(Joel Mokyr)는 다음과 같이 말한다. "주요 발명은 대부분 초창기에는 제대로 작동하지 않는다. 수정하고 보완해야 한다. 수십 년에 걸쳐 수많은 엔지니어가 증기기관을 수정 보완했듯이 말이다. 발명은 기간 시설을 통해 구현되어야 한다. 핵분열을 통해 전기를 생산하는 방법은 제대로 작동하는 원자로 속에 넣고서야 가능해졌듯이 말이다. 그리고 발명은 대량 생산이 가능해야 한다. 포드의 자동차 모델 T(Model T)가 대량 생산으로 가격이 하락하고서야 비로소 나라 전체에 큰 변화를 일으켰듯이 말이다."[17]

만지작거려 수정 보완하고, 구현하고, 대량 생산한다. 이러한 사례들을 모키어는 미세 발명(microinvention)이라고 일컫는다. 즉 새로운 아이디어를 중요한 상품으로 전환하려면 점진적으로 조금씩 개선되는 과정이 필요하다는 뜻이다. 이러한 미세 발명은 최초로 돌파구를 마련하는 일보다 훨씬 중요한 경우가 많다. 한 가지 예를 들어보자. 에디슨이 1879년 뉴저지주 멘로파크에 있는 자신의 연구실에서 전구를 '발명'했다고 널리 알려져 있다. 그런데 정확히 그가 뭘 발명했다는 걸까? 전기는 분명히 아니다. 1800년 이탈리아 물리학자 알레산드로 볼타(Alessandro Volta)는 전류를 이용해 최초의 배터리를 제조했다고 알려져 있다.[18] 이것도 전깃불은 아니다. 1809년 험프리 데이비(Humphry Davy)는 두 개의 막대 사이에 불꽃이 일게 하는 '아크 램프(arc lamp)'를 최초로 만들었다.[19] 에디슨은 전구를 발명하지도 않았다. 1841년 영국의 발명가 프레더릭 드 몰린즈(Frederick de Moleyns)는 석탄으로 불을 밝히는 전등의 특허를 최초로 받았다.[20]

그럼 에디슨이 실제로 한 일은 뭘까? 그는 실험실에서 진공 상태의 유리 안에서 수백 가지 물질들을 태운 끝에 대나무 숯이 전구의 필라멘트로 가장 효과적이라는 결론을 내렸다. 전등이 쓸모가 있으려면 전기가 안정적으로 공급되어야 한다는 사실을 알고 있었던 에디슨은 전기를 생산할 발전기와, 이를 운반할 전선, 전기를 켜고 끌 소켓과 스위치, 전기 사용량을 측정할 계량기, 전기 사용자에게 보낼 고지서 등으로 이뤄진 체계도 구축했다. 에디슨은 전등을 발명하지는 않았다. 그러나 그의 미세 발명들은 전등의 발명보다 훨씬 더 중요했다. 끊임없이 수정하고 보완하고 구현하고 대량 생산이 가능하게 함으로써 그는 전등을 쓸모 있게 만들었다.

기술을 쓸모 있게 만들려면 대량으로 보급할 수 있어야 한다. 그러나 수십 년 동안 미국의 정책은 이 교훈을 진지하게 받아들이지 않았다. 제2차 세계대전이 끝난 후 미국은 '뜻밖의 깨달음'이 최초로 이뤄지면 거기에 돈을 쏟아붓고, 개발 단계에서 이따금 지원하고, 이 기술을 개척하는 최전선이 다른 나라로 넘어가는 모습을 수수방관하는 게 혁신에 접근하는 방식이었다.

1954년 벨 연구소의 미국인 세 명은 햇빛을 에너지로 전환하는 장치를 최초로 제작했다. 실리콘을 토대로 한 태양 전지였다. 빛이 실리콘 칩을 강타하면 실리콘의 전자들이 이리저리 튄다. 마치 포탄이 날아가듯이 말이다. 연구소 공학자들은 전자를 전류로 전환하는 방법을 알아냈다. 이게 바로 전기다. 마침내 지구로부터 가장 가까운 별에서 비롯되는 햇빛을 기술적으로 광합성해 에너지로 전환하고 인간이 이를 사용하게 되었다. 4월 25일 벨 연구소의 경영자들은 기자 회견을 열고 세계 최초로 태양 에너지로 가동되는 기계를 선보였다. 축소판 회전 관람차(Ferris wheel)였다. 〈뉴욕타임스〉는 이 시연을 "새로운 시대의 시작"이라 선포하고 "인류가 가장 염원해온 꿈"이 마침내 실현될지 모른다고 흥분했다. "거의 무한한 태양 에너지를 인류의 문명을 밝히는 데 이용하는 꿈" 말이다.[21]

태양 전지는 처음에는 대대적인 환영을 받았지만, 최초의 태양 전지는 일상적으로 사용하기에는 비실용적이었다. 최초의 태양 전지 모델을 이용해 난방하거나 불을 밝히려면 하루에 100만 달러가 든다. 태양 전지 기술은 지상에서는 거의 쓸모가 없었지만, 지구 궤도에서는 초기에 전도유망해 보였다. 미국 최초의 인공위성 익스플로러 1호(Explorer I)는 수은 배터리에 의존했는데, 지속 기간이 넉 달이 채 안 되었다.[22] 미국 해군은 1958년 3월 발사한 뱅가드 1호(Vanguard I) 인공위성에 태양 전지를 사용하는 대담한 시도를 했고 이러한 도박은 결실을 보았다. 뱅가드 1호의 여섯 개 태양 전지는 6년 동안 라디오 송신기에 전력을 공급했다.[23]

이러한 성공에 힘입어 10여 년 동안 집중적인 개발이 이뤄졌다. 1958년부터 1969년까지 미국 우주 프로그램은 인공위성용 태양 전지 개발에 수천만 달러를 쏟아부었다.[24] 환경 보호 운동이 탄력을 얻기 시작하던 때, 1973년 석유 위기는 미국 경제에 충격파를 던졌고 미국이 해외 에너지 공급자들에게 취약하게 노출되어 있다는 사실이 드러났다. 이에 대한 대응책으로 미국 정부는 대체 에너지 개발에 박차를 가하기 시작했다. 태양 에너지는 이러한 노력의 핵심이 되었다. 태양 에너지 연구 개발에 대한 연방 정부의 자금 지원이 활발해졌다. 에너지 연구 개발청(Energy Research and Development Administration)과 태양 에너지 연구소(Solar Energy Research Institute)와 같은 새로운 정부 기관들이 설립되어 태양 에너지 연구 개발을 조율하고 진전에 박차를 가했다.[25] 그러한 노력은 명백한 결실로 이어졌다. 10년에 걸쳐 태양 전지 효율성은 3배로 증가한 한편, 비용은 5분의 1로 폭락했다고 《태양광은 어떻게 성공했나?》의 저자인 위스콘신대학교 교수 그레고리 네멧(Gregory Nemet)은 말한다. 에너지 혁명의 시대가 개막되고 있음을 감지한 수천 명의 과학자, 공학자, 기업가들이 이 분야로 모여들었다.

그러나 1980년 로널드 레이건이 대통령에 당선되면서 미국의 태양 에너지 혁명은 작살났다. 자유 시장과 정부의 개입 제한을 선호하는 보수주의 이념 성향의 레이건 정부는 그 전 10여 년에 걸쳐 구축된 태양 에너지 기간 시설을 대부분 해체했다. 그는 에너지부 장관에 신흥 에너지 기술 개발에 대한 전문성도 없고 관심도 없는 치과 의사 제임스 에드워즈(James Edwards)를 임명했다.[26] 레이건 정부 하에서 태양 에너지 연구 개발 지출은 취임 첫해에 60퍼센트 이상 줄었다.[27] 때로는 속이 터지고 답답할 정도로 융통성이 없었다. 1986년 레이건 대통령은 지미 카터 전임 대통령이 당시 백악관 지붕에 설치한 태양광 온수 패널을 제거했다.

레이건의 대통령 당선은 미국의 태양 에너지 개발을 둔화하는 가장 중요한 요인이었다고 네멧은 말한다.[28] 레이건의 보수주의 혁명은 휘발유 가격의 폭락과 동시에 일어났다. 1980년대에 사우디아라비아는 시장에 값싼 원유를 대거 방출했다. 소비자들은 휘발유 먹는 하마인 SUV에 열광했고, 대체 에너지에 관한 미국의 관심은 시들해졌다. 석유 이후의 삶을 상상하는 정신은 사라지는 듯이 보였다. 2000년대 초만 해도 연방 정부의 에너지 연구 개발 지출액은 1970년대 수준의 80퍼센트에 머물렀다.[29] 미국의 태양 에너지 산업은 서서히 시들어갔다. 많은 기업이 정부의 지원 없이는 살아남을 수 없었다. 2001년 무렵 재생 에너지는 총 에너지 소비량의 5퍼센트에서 6퍼센트를 차지했다. 적어도 1989년 이후로 최저 비율이었다.[30]

미국 기업들이 태양 에너지 연구 개발에서 손을 떼는 시기에, 다른 나라들은 태양 에너지 개발에 집중했다. 1990년대에 독일은 태양 에너지 기술을 공급하는 측과 소비하는 측 양쪽 모두에게 보조금을 지원했다. 태양광 패널을 제조하는 회사와 태양광 패널을 구매하는 소비자들에게 보조금을 지원한 것이다.[31] 독일의 태양 에너지 시장은 날개를 달았다. 2001년부터 2011년 사이의 기간에 독일의 태양 에너지 산업 고용률은 지붕에 설치하는 태양광 패널과 더불어 급증했다.[32]

미국이 1950년대에 태양 에너지를 발명했다면, 독일은 1990년대에 태양 에너지 시장을 구축했고, 중국은 2000년대에 태양 에너지 가격을 낮췄다.[33] 인구 10억이 넘는 규모의 경제에 필요한 에너지를 공급하기에 석유와 가스가 턱없이 모자란 중국은 살아남으려면 자체적으로 에너지 기술을 개발해야 하는 동기가 유발되어 있었다. 2010년대에 중국은 태양 에너지 시설 구축에 본격적으로 뛰어들었고, 후한 보조금을 지급하고, 융자를 지급하고, 태양광 패널 제조사들이 단시일 내에 일어서도록 무상으로 토지를 제공해주었다. 중국 정부의 지원이 안정적으로 지속되리라는 점을 인식한 중국 태양 에너지 기업들은 먼 미래를 내다보고 투자했다. 미국 정부의 태양 에너지 정책이 호황과 불황을 오락가락하면서 충격에서 벗어나지 못하고 태양 에너지 부문의 발전이 둔화하는 사이에, 중국 정부의 일관성 있는 정책 덕분에 중국 기업들은 더 많은 시설을 더 빨리 더 저렴한 비용으로 구축하게 되었다.[34]

제조 부문의 역사에는 라이트의 법칙(Wright's Law)이라는 개념이 있다. 생산량이 증가함에 따라 학습 효과로 인해 비용이 감소하는 현상이다.[35] 이 이론의 명칭은 시어도어 라이트(Theodore Wright)의 이름에서 비롯됐는데, 그는 NASA의 전신인 국립 항공우주 자문 위원회 부회장을 지낸 항공우주 부문 엔지니어다.[36] 1930년대에 라이트는 제1차 세계대전 이후로 항공기 제작 비용이 꾸준히 하락해온 이상한 현상을 발견했다. 항공기 총생산이 4배가 될 때마다 단위당 생산 비용이 3분의 1 정도 하락했다. 1936년 라이트는 생산량이 늘면 학습 효과가 발생하는 선순환 현상이 생기는 상품들이 있다고 주장했다.

라이트의 법칙은 '뜻밖의 깨달음'이라는 낭설에 정면으로 배치된다. 라이트의 법칙에 따르면, 혁신은 두 단계로 이뤄진 절차가 아니다. 고독한 천재가 기발한 아이디어를 생각해낸 다음 아무 생각 없는 인간 무리가 그 아이디어를 바탕으로 뭔가를 생산하는 절차가 아니라는 뜻이다. 혁신은 만드는 행위 안에 녹아 있다. 라이트의 법칙은 페니실린에도 적용된다. 페니실린 생산 비용은 정부가 이 약품을 대량으로 생산하는 방법을 터득하면서 하락했다. 라이트의 법칙은 모델 T 자동차에도 적용된다. 포드가 점점 더 큰 공장을 지으면서 자동차 가격도 보통 사람이 감당할 수 있을 정도로 하락했다. 라이트의 법칙은 컴퓨터 칩에도 적용된다. 1960년대에 인텔(Intel) 창립자 고든 무어(Gordon Moore)는 반도체 칩에 집적되는 트랜지스터의 수가 24개월마다 2배가 된다고 말했다.[37] 그의 예언은 실현되었다. 50년이 지나 트랜지스터 가격은 10억분의 1로 하락했다.[38]

라이트의 법칙은 중국의 태양 에너지 혁명의 역사에서도 여실히 증명된다. 값싼 섬유와 신발을 생산하는 전문성에 힘입어 중국 기업들은 꾸준히 태양광 패널을 점점 더 효율적으로 생산하는 방법을 터득했다. 한 가지 사례를 들면, 한 중국 기업은 한 스위스 기업으로부터 톱을 사서 실리콘 박편을 점점 더 얇게 저밀 수 있게 되었고, 이를 통해 똑같은 양의 결정 잉곳(crystal ingot, 잉곳은 고온에서 녹인 실리콘으로 만든 실리콘 기둥-옮긴이)에서 더 많은 패널을 생산하게 되었다.[39] 중국은 기계로 생산 공정을 자동화했다. 중국은 어떤 방식이 제대로 작동하는지 파악하면서 얻은 지식을 대량 생산에 적용해 더 많은 생산 공정과 더 큰 공장을 구축했다. 2000년 중국은 겨우 작은 마을 하나에 공급할 정도의 태양 에너지밖에 생산하지 못했다. 2020년 무렵 중국은 세계 태양광 패널의 70퍼센트를 생산하고 있었다.[40] 중국이 태양광 패널 제조에 박차를 가하면서 지난 15년 동안 태양광 패널의 가격은 90퍼센트나 하락했다.[41]

70년 전 〈뉴욕타임스〉는 미국의 태양 에너지 혁명이 "무한한 에너지" 시대로 이어지리라고 기대했다. 그러나 미국은 무한한 청정에너지를 긴급한 국가 역점 사업으로 다루기는커녕, 태양광 패널을 사소하고 불필요한 물건처럼 취급했고 태양광 패널을 대량으로 제조하거나 설치하는 장기적인 계획도 세우지 않았다. 독일에서는 1990년부터 2015년 사이의 기간에, 태양 에너지 같은 재생 에너지에서 비롯된 발전량의 비율이 3.5퍼센트에서 30퍼센트로 증가했다.[42] 하지만 미국에서는 같은 기간에 태양 에너지가 발전에서 차지하는 비율은 정체되었다. 이렇게 잃어버린 수십 년으로 인해 미국은 오염이 증가하고, 화석 연료 의존성이 높아지고, 에너지 총생산이 줄고, 전기세를 더 내는 대가를 치르고 있다.

물론 희망이 없지는 않다. 긴 휴지기가 지나고 태양 에너지는 다시 부활해 미국에서 가장 빨리 성장하는 전력원이 되었는데, 이는 2022년에 통과된 물가 상승 감축법을 통해 보조금이 지급된 덕택도 있다.[43] 그러나 오늘날 태양 에너지 부문에서 진전이 이뤄진 점은 높이 살 만하지만, 지난 40년간의 정책적 실패를 주목할 필요가 있다. 미국은 1970년대를 통틀어 태양 에너지 개발 부문에서 세계를 선도했다. 미국이 그때 이후로도 계속해서 태양 에너지를 개발하고 설치했다면 지금 미국은 우리가 꿈꾸던 친환경 에너지의 천국, 즉 오로지 태양을 연료로 작동하는 경제 국가가 되어 있을지도 모른다. 그처럼 풍부한 전력을 통해 미국은 높은 에너지 수요로 인해 현실성이 없고 공상과학에나 등장하는 산업들을 실제로 개발하고 있을지도 모른다. 예컨대 하늘에서 이산화탄소를 빨아들이는 기계나 동물에게 고통을 주지 않고 고기를 배양하는 공장 등 말이다.

그러나 너무 오랜 세월 동안 미국은 순간적인 '뜻밖의 깨달음'이라는 낭설과 시장만으로도 새로운 기술의 대량 생산 문제를 해결할 수 있다는 믿음에 빠져 있었다. 진보는 지금까지 늘 그래왔듯이, 지금도 여전히 발명과 실행이 병행되어야 일어난다. 아널드 벤처스 자선 기구(Arnold Ventures Philanthropy) 공동 의장 존 아널드(John Arnold)는 간결하게 다음과 같이 말한다. "미국은 발명하는 역량이 있고, 중국은 만드는 역량이 있다. 둘 다 하는 방법을 먼저 파악하는 나라가 앞으로 초강대국이 된다."[44]

지난 수십 년 동안 '뜻밖의 깨달음'이라는 낭설은 또 다른 솔깃한 우화와 함께 나란히 우리의 사고를 지배해왔다. 미국 정부는 새로운 기술의 투자자로서 무기력하다는 우화다. 이 시각을 잘 요약한 글이 2012년 〈이코노미스트(Economist)〉에 실렸는데, 이 글에 따르면 "정부는 승자를 고르는 실력이 늘 형편없었고, 기업가와 발명가들이 온라인으로 설계를 교환하고 이러한 설계를 상품으로 만들면서, 앞으로 정부의 실력은 점점 더 형편없어질 가능성이 크다".

이같이 양분된 인식(정부는 나태하고 굼뜬 한편 시장은 민첩하고 자립적인[45] 혁신의 동력이라는 인식)은 역사적으로 그 사례를 찾기 힘들다. 경제학자 마리아나 마추카토(Mariana Mazzucato)는 《기업가적인 국가(The Entrepreneurial State)》에서 우리는 정부가 우리 대신 수많은 승자를 "선택"한 세상에 살고 있으면서, 여전히 정부가 성공할 싹수가 보이는 기업을 선택해 지원해야 할지 말지 논쟁하는 야릇한 짓을 하고 있다고 지적한다.[46] 애플의 아이폰에는 실리콘 칩, 인터넷, GPS, 음성 인식 소프트웨어, 다중 접촉 기술 등의 기술 묶음이 담겨 있는데, 이러한 기술들에는 미국 국방부, 국립 보건원, 국립 과학 재단을 비롯해 여러 정부 기관도 개발 자금을 보탰다.[47] 천연가스로 생산한 전력으로 난방이나 냉방을 하는 기술은 연방 정부가 셰일층을 시추하는 연구를 지원하면서 시작된 에너지 혁명 덕분에 가능했다. 여러분이 교외 지역에 거주한다면 연방 정부가 보조금으로 뒷받침하는 융자금으로 만든 도로를 달려 집에 도착하게 된다. 우리는 정부가 온갖 선택을 한 세상에 살고 있다.

그렇다면 정부가 시장에 개입해야 할지 말지를 묻기보다 어떻게 개입할지를 물어야 한다. 거의 100년 전 경제학자 존 메이너드 케인즈(John Maynard Keynes)는 1926년 《불간섭주의의 종말(The End of Laissez-Faire)》에서 이에 대한 최적의 해답을 다음과 같이 제시한다. "정부는 개인들이 이미 하는 일은 안 하는 게 중요하다. 개인보다 좀 더 잘하든 못하든 상관없다. 정부가 해야 할 일은 현재 아무도 하지 않는 일이다." 기술적인 진보가 이뤄지기 위해서 어떤 한 기업이 감당할 수 있는 범위를 초월하는 자금이나 재원이 필요한데, 정부가 수수방관한다면, 진보는 둔화한다. 이게 바로 1980년대에 태양 에너지 산업에서 벌어진 일이다. 민간 부문은 태양 에너지를 대량으로 생산할 재원이 없는데 정부는 지원을 삭감했고 태양 에너지 산업은 싸늘하게 식었다. 발명에 대해 친화적인 정부가 추진해야 할 최고의 목표는 정부가 개입하지 않으면 불가능한 일을 가능케 하는 일이다. 제2차 세계대전 당시 페니실린 생산을 국가적 차원에서 총지휘할 수 있는 민간 기업은 없었고, 따라서 OSRD가 그 일을 했다. 1960년대에 인간을 달에 보낼 수 있는 민간 기업은 없었고, 따라서 NASA가 그 일을 했다.[48]

정부는 미래에 대한 구상을 지녀야 한다. 그리고 그 구상 안에서 기업이 정부 없이는 할 수 없는 일을 할 공간을 조성하고 정부 없이는 불가능한 일을 가능케 해야 한다. 코로나19 팬데믹은 하나의 기업이 홀로 해결할 수 없는 위기였고 지금까지 전례가 없었던 완전히 새로운 발명이 필요했다. 하나의 기업이 기록적으로 짧은 기간 안에 치료 방법을 발명하고 실험하고 승인받고 제조하기란 불가능했다. mRNA 기술의 경우 기발한 발명만으로는 충분치 않았다. 발명을 제품으로 탄생시킬, 발명 못지않게 기발한 계획이 필요했다. 그리고 미국 정부가 제2차 세계대전 당시 페니실린을 대량 제조해 공급했듯이, 이번에도 미국은 발명을 실행에 옮기는 본보기를 제시함으로써 성공을 거뒀다.

'워프 스피드' 작전에서의 진보

2020년 봄 당시, 새로운 백신을 개발하려면 보통 10년 이상이 걸렸다. 〈뉴욕타임스〉의 기자 스튜어트 A. 톰슨(Stuart A. Thompson)은 4월에 다음과 같이 말했다. "암울한 사실은 백신은 아마도 가까운 시일 내에 준비되지 않으리라는 점이다."[49] 대부분 과학자도 이에 동의했다. MSNBC 진행자 브라이언 윌리엄스(Bryan Williams)가 컬럼비아대학교 공중 보건 전문가 어윈 레들레너(Irwin Redlener)에게 2020년 말 무렵까지 백신이 개발될 가능성에 대해 질문을 하자, 레들레너는 "불가능하다"고 답했다.

2020년 5월 15일 코로나19 관련 사망자 수가 10만 명으로 치솟자 백악관은 로즈가든에서 팬데믹을 종식하겠다고 선언했다. 새로운 계획인 워프 스피드 작전(Operatrion Warp Speed, OWS)이 추구하는 목표는 역사상 가장 단시일 내에 코로나19 백신을 개발해 배포, 접종하는 일이었다. 10년이 아니라 10개월 만에 새로운 백신을 개발하고 제조하는 목표를 세웠다.[50]

이 작전이 성공하기 위해서 관리들은 새로운 치료법의 전 과정(연구, 임상 실험, 규제 당국의 승인, 배포)을 설계했다. 워프 스피드 작전을 책임진 사람들은 바네바 부시의 제자들도 아니었고, OSRD 역사를 꿰고 있는 전문가도 아니었다. 이 작전에 참여한 고위 관리들은

OSRD에 대해 들어본 적도 없다고 했다. 그러나 우연인지 본능인지 몰라도 그들은 전시에 페니실린을 대량 제조해 배포한 절차를 단계별로 다시 추적해 올라갔다.

첫째, 워프 스피드 작전을 책임진 관리들은 기초 과학의 문제를 해결해야 했다. 2020년 5월 코로나19를 퇴치할 가능성이 가장 큰 종류의 백신 기술을 아는 사람은 아무도 없었다. 관리들은 분산 투자하기로 했다. 당시 보건복지부 정책 담당 비서실 차장이자 워프 스피드 작전을 내부자의 시각에서 기록한《워프 스피드(Warp Speed)》저자 폴 맹고(Paul Mango)는 “우리는 벤처 자본의 접근 방식을 채택했다”라고 말했다. 관리들은 한 가지 백신 기술이나 하나의 제약사에 돈을 몽땅 걸지 않고 합성 mRNA, 복제-결함 생바이러스 벡터(replication-defective live vector), 그리고 재조합-아단위-면역 증강 단백질(recombinant-subunit-adjuvanted protein) 등 세 종류의 백신 기술에 분산 투자했다.[51] 맹고는 다음과 같이 말했다. “우리는 위험을 분산하고 싶었다. 어느 기술이 문제를 해결할지 몰랐기 때문이다. 그러나 너무 많은 종류의 기술에 투자하고 싶지는 않았다. 수십 가지 백신 개발을 조율하는 일은 너무 복잡해서 끔찍한 악몽이 될 가능성이 크기 때문이었다.”[52] 워프 스피드 작전 담당 관리들이 그 어떤 기업에도 백신을 제조하라고 강요하지 않았다는 사실은 주목할 만하다. 대신 선급 보조금과 미래에 보상을 받게 된다는 약속으로 기업들을 유인했다.

둘째, 워프 스피드 작전 관계자들은 시장에 출시하기까지 보통 몇 년이 걸리는 승인과 생산 절차를 신속히 처리하기로 했다. 백신 승인 속도를 둔화시킬 가능성이 있는 장애물을 줄이기 위해서 워프 스피드 작전 관계자들은 임상 실험 대상자들을 모집하고 FDA가 심사에 박차를 가하도록 도왔다. 백신 생산을 신속히 하기 위해 워프 스피드 작전 관계자들은 27개 제조 시설들을 설립하거나 확대했다.[53] 워프 스피드 작전을 총지휘한 몬세프 슬라우이(Moncef Slaoui)는 작전 관계자들에게 이렇게 말하곤 했다. "백신 제조에서 과학은 쉬운 부분이다. 어려운 부분은 백신을 대량으로 제조하는 일이다. 백신을 5리터 만들 수 있다고 해서 100리터를 만들 수 있지는 않다."[54] 백신을 생산해서 수만 개의 약국에 배포하는 일도 극복해야 할 난관이었다. 예컨대 화이자 백신은 섭씨 영하 70도 정도에 보관해야 하는데, 이 정도 온도에서는 대부분의 유리 약병이 깨진다.[55] 따라서 워프 스피드 작전 관계자들은 재료과학 전문 기업인 코닝(Corning)을 접촉해 몇 년 전 그 회사가 개발한 특수 유리로 약병을 대량 생산해 달라고 요청했다.[56] 워프 스피드 작전 관계자들은 결국 코닝과 또 다른 유리 제조사에 3억 4,700만 달러를 주고 극저온에서 운송해도 견딜 수 있는 유리 약병을 제조했다.[57]

셋째, 워프 스피드 작전 관계자들은 배포 문제를 해결해야 했다. 맹고는 이렇게 말했다. "백신을 몇백만 병을 만들어 선반에 쌓아두기만 하면 아무 소용이 없다. 백신을 7만 개의 현장으로 운송해야 하고 50개 주에 있는 64개 서로 다른 공중 보건 관할 지역과 협력해야 했다. 우리는 동시에 아주 민첩하게 움직여야 했다."[58] 워프 스피드 작전팀은 백신 조달과 신속한 배포에 전투 작전을 도입했다. 국방부의 육군 군수품 사령부 관리들의 병참 관련 전문성과 전장에서 비롯된 지식을 백신 프로그램에 응용했다. 예컨대 약국에 배포하는 백신 100회분당 주사기 110개와 주삿바늘 110개를 배포했다. 맹고는 이에 대해 "전선의 군인은 때로 주사기를 떨어뜨리거나 주삿바늘을 오염시키기 때문에 여분이 필요하다"라고 말했다.[59]

워프 스피드 작전팀은 민간 부문에 명령을 내리기보다 격려하고 유인함으로써 문제를 해결했다. 보훈청(Veterans Administration) 같은 몇몇 기관을 제외하고 "그 어떤 연방 정부 관리도 워프 스피드 작전에 따라 코로나19 백신을 제조하거나 포장하거나 운반하거나 접종하는 데 직접 관여하지 않았다"라고 맹고는 그의 저서에서 밝히면서 다음과 같이 덧붙였다. "우리는 세계 최대 약품 유통업체로 손꼽히는 기업[매케슨(McKesson)]에 백신 배포를 맡기고, 세계에서 가장 성공적인 운송 회사[UPS와 페덱스(FedEx)]에 백신 운송을 맡겼으며, 수천만 명의 미국인들에게 백신을 접종하는 방법을 가장 잘 아는 기업들[CVS와 월그린즈(Walgreens)]에 접종을 맡겼다."[60]

마지막으로, 워프 스피드 작전에서 가장 단순한 부분이 아마 가장 중요한 부분일지 모른다. 바로 백신이 무료였다는 사실이다. 연방 정부는 제약사들로부터 백신을 사들였고, 따라서 연방 정부는 원하는 가격에 백신을 국민에게 팔 수 있었다. 정부는 백신 가격을 0.00달러로 책정했다. 2021년 내내 미국의 최첨단 생명공학 기술이 세계에서 가장 값싼 치료제이기도 했다.

진보 연구소(Institute of Progress) 공동 설립자 케일럽 워트니(Caleb Watney)는 다음과 같이 말했다. "워프 스피드 작전에서 실행한 가장 중요한 일은 정부가 총체적으로 긴박감을 인식하고 신속하게 배포하는 목표를 추진했다는 점이다. 뭐든 하나같이 제대로 해내려면 수없이 많은 판단을 올바른 순서대로 정확하게 내려야 했다."[61] 정부가 전통적인 백신 기술에만 집중했다면 mRNA 치료법을 확보하지 못했을지 모른다. 정부가 2020년 여름 확장된 공급 사슬을 설계하지 않았다면, 초기 백신 출시는 몇 주가 아니라 몇 달이 걸렸을지도 모른다. 그리고 정부가 제약사로부터 백신을 사들이지 않았다면 백신이 소비자에게 무료로 배포되지 않았을지도 모른다. 그러나 워프 스피드 작전이 이 모두를 실행했으므로 백신은 신속히 승인이 나고, 제조되고, 무료로 공중에게 배포되었다.[62]

총체적으로 볼 때, 미국 정부는 mRNA 코로나19 백신을 개발하고 생산하고 사들이는 데 400억 달러가 채 안 되는 금액을 지출했다.[63] 미국 역사상 치른 비용보다 얻은 편익이 훨씬 높았던, 가성비 최고의 정책으로 손꼽힌다. 코로나19 백신은 전 세계적으로 2,000만 명 이상의 초과 사망(excess death)을 예방했고,[64] 화이자와 모더나 백신의 신속한 개발과 배포 덕분에 수백만 명의 목숨을 살릴 수 있었다. 백신이 중증을 예방한 덕분에 수천만 명이 병원에 입원하지 않아도 되었다. 미국의 경제학자 세 명이 실시한 한 분석에 따르면, 백신을 접종한 8개월 동안에만 구한 생명이 6조 5,000억 달러의 가치가 있다.[65] 아폴로 우주선 달 착륙 프로그램 같은 훨씬 널리 알려진 미국 정책과 비교해도 워프 스피드의 성과는 훨씬 더 눈부시다. 달 표면에 인간의 발자국을 남기는 놀라운 극적 효과와 탐험 정신을 과시한 아폴로 탐사도 직접 생명을 구하거나 새로운 기술을 탄생시키지는 않았다. 컴퓨터 칩의 개발과 그 관련 분야들의 발전을 촉진하긴 했지만 말이다.

미국 국민은 자기들이 이룬 업적을 과시하길 좋아한다. 따라서 워프 스피드 작전은 오늘날 미국에서 보편적으로 찬사를 받으리라고 생각할지 모르겠다. 그러나 정반대다. 워프 스피드 작전은 사실상 민주당과 공화당 모두로부터 버림받았다. 2021년 1월 새로 취임하는 바이든 정권은 작전 이름을 변경하겠다고 발표했다.[66] 새 정권은 공식적으로 이름을 바꾸는 대신 사실상 작전 자체에 대한 언급을 중단했다. 민주당 진영은 워프 스피드 작전에 공을 돌리거나 언급하는 경우가 거의 없었다. 아마 그들은 트럼프 전 대통령의 자취가 남은 건 무엇이든 찬사를 퍼붓길 꺼렸기 때문일지 모른다. 한편 공화당 진영(트럼프 대통령 자신을 포함해서)도 백신의 성공을 기리는 경우가 거의 없었다. 공화당 지지자 대부분이 백신 접종을 거부했고 그 효과를 의심하는 황당한 음모론에 빠진, 백신 접종에 반대하는 보수주의자들이기 때문일지 모른다. 트럼프는 2024년 대통령 선거에서 승리한 후 아마 미국에서 가장 유명한 백신 회의론자라고 할 로버트 F. 케네디 주니어(Robert F. Kennedy Jr.)를 보건복지부 장관에 임명했다.

워프 스피드 작전은 더할 나위 없이 해괴한 정치적 고아가 됐다. 〈스타 트렉〉을 본떠 이름을 붙인 이 프로그램은 블랙홀로 사라졌다. 아폴로 프로그램보다도 경제를 활성화했던 정책, 그리고 맨해튼 프로젝트보다도 더 많은 인명을 구했을지 모르는 정책을 열렬히 지지하는 사람이 미국 정치권에는 거의 없다. 그나마 이 정책을 지지하는 극소수 인사들도 이 정책의 성공에서 엉뚱한 교훈을 얻고 있는 듯하다. 시카고대학교 교수이자 트럼프 대통령의 백악관에서 수석 경제학자로 근무한 캐이시 B. 멀리건(Casey B. Mulligan)은 〈월스트리트저널〉에 기고한 글에서 워프 스피드 작전에서 얻은 "엄중한 교훈"은 "정부가 지나치게 개입하면 민간 부문의 혁신을 방해"한다는 점이라고 말했다.[67] 그러나 워프 스피드 작전은 정부 지출을 수십억 달러 늘렸다. 보통 전쟁이 발발했을 때나 내리는 비상사태가 내려진 가운데 연방 정부는 백신의 임상 실험에서 최종적인 운송에 이르기까지 백신 개발을 지휘했다. 정부의 권한을 확대함으로써 성공한 프로그램을 두고 정부의 권한을 확대하지 말아야 하는 증거라고 제시하다니 이상하다.

제2차 세계대전과 워프 스피드 작전에서 얻는 올바른 교훈은 정부는 발명이나 혁신의 적이 아니라는 사실이다. 정부는 발명과 혁신 둘 다 촉진할 수 있다. 1940년 OSRD가 페니실린의 화학적 특성과 생산 과정에서 부딪히는 난관들을 규명하고 장애물 넘기를 순탄한 길로 전환했다. 이와 마찬가지로 2020년 미국 정부는 신속한 백신 개발을 방해하는 장애물을 규명하고 이를 제거했다. 두 가지 사례 모두에서 정부는 국가 최고의 문제 해결사 역할을 했고, 당시 상황에 적합한 정책을 수립했다. 이는 새로운 종류의 기업가적 국가의 미래상이다. 장애물을 탐지해내는 탐정 역할을 하는 정부다.

장애물을 탐지해내는 탐정

미국은 주택, 에너지, 과학 정책, 발명 그리고 혁신에서 복잡한 난관들에 직면하고 있다. 이러한 난관을 헤쳐나가려면 우선 이러한 분야들이 각각 서로 다른 제약을 지니고 있고, 서로 다른 시장에 존재하는, 각기 다른 산업이라는 사실을 인식해야 한다. 로스앤젤레스에 아파트를 더 많이 건설하는 방법을 파악하는 일은 매사추세츠주에 태양 에너지를 보급하는 문제를 해결하는 일과 상관이 없을지 모르며, 이는 암을 치료할 과학적 발견을 촉진하는 방법과 무관하다. 장애물을 탐지하는 탐정이 되려면 현명한 정책은 여러 가지 서로 다른 자물쇠를 똑같은 열쇠로 억지로 열려고 애쓰는 노력이 아니라 조사에서 시작되어야 한다는 사실을 깨달아야 한다. 이러한 산업들에서 진전을 이루려면 우선 다음 사항을 이해해야 한다. 이 산업은 실제로 어떻게 작동하는가? 이 질문에서부터 성장을 방해하는 장애물을 극복할 의제가 등장한다.

장애물을 탐지하는 탐정은 때로는 존재하지 말아야 하는 제약을 제거하는 역할을 해야 한다. 미국은 의료비가 세계에서 가장 비싼데도 불구하고 그 어떤 선진국보다도 1차 진료하는 의사들이 인구에서 차지하는 비율이 낮다. 이러한 1차 진료 의사의 부족 현상은 의도적으로 그렇게 설계되었기 때문이기도 하다. 1980년대 초, 미국의 의료계 현황을 검토하기 위해 설치된 특별 위원회는 보건복지부에 미국은 의사 수가 대단히 과잉인 상태가 되기 직전이라고 보고했다. 의사 집단들도 이 보고를 뒷받침했다. 미국 정형외과 협회 회장 찰스 에바츠(Charles Evarts)는 1985년 한 연설에서 "의과대학원 규모를 축소해야 한다. 일부 과목들은 학생 수를 줄이고, 일부는 통합하고, 일부는 자발적으로 또는 강제로 폐지해야 한다"라고 말했다.[68] 1980년대를 시작으로 미국 정부는 의과대학원과 학생들에 대한 지원을 삭감했고, 많은 대학은 신설하는 분야의 수를 동결하고 의과 프로그램 구축을 중단하기로 합의했다. 1980년부터 2005년까지의 기간 동안 미국 인구는 7,000만 명이 늘었지만,[69] 의과대학원 과정을 마치는 학생의 수는 사실상 변하지 않았다.[70]

의도적으로 희소성을 만들어낸 이 정책은 성공했고, 그 결과 필연적으로 의사가 부족해졌다. 특히 1차 진료 의사들처럼 가장 돈을 적게 버는 의사들이 부족해졌다. 그로부터 상당한 세월이 흘렀지만, 미국은 여전히 의사 수 동결 정책에서 헤어 나오려고 몸부림치고 있다. 이 문제를 해결할 권한은 전적으로 연방 정부에 있다. 니스카넨 센터(Niskanen Center)에서 보건 정책을 연구하는 정책 분석가 로버트 오어(Robert Orr)는 다음과 같이 말한다. "나라면 가장 먼저 레지던트 프로그램을 확대해 더 많은 의사가 의과대학원을 졸업한 후 레지던트가 될 수 있게 하겠다. 이게 핵심적인 장애물일지 모른다. 의과대학원들은 졸업생들로 채울 레지던트 자리가 충분치 않아서 레지던트 프로그램을 확대하기가 쉽지 않다고 말한다. 그러나 레지던트 자리가 충분치 않은 까닭은 정부가 의도적으로 연방 정부의 레지던트 프로그램 재정 지원을 제한했기 때문이다."[71] 계산은 간단하다. 재정적 지원을 늘리면 더 많은 레지던트를 뽑을 수 있다. 더 많은 레지던트를 뽑으면 의과대학원 규모가 커진다. 의과대학원 학생 수가 늘어나면 10년 후면 의사 수도 늘어난다.

장애물을 탐지하는 탐정은 작동하지 않는 장애물을 치우는 일을 하는 데서 그치지 않는다. 때로는 존재하지 않지만 존재해야 하는 완전히 새로운 프로그램을 신설하는 일도 해야 한다. 누군가 새로운 종류의 로켓을 만들려 한다고 치자. 그리고 여러분이 국방부의 로켓 혁신 정책 책임자라고 하자. 여러분에게는 발명을 촉진하는 데 쓸 예산이 10억 달러가 있다. 여러분이 할 수 있는 일은 여러 가지다. 10억 달러를 몽땅 한 회사에 연구 자금으로 지원할 수도 있다("자, 여기 연구비가 있다. 아무 조건은 없으니 알아서 써라."). 융자의 형태로 지원할 수도 있다("나중에 갚아라. 이자까지 보태서."). 아니면 이른바 대출 보증 형태로 지원할 수도 있다("당신이 10억 달러 부채 상환이 불가능하게 되면, 내가 대신 갚아주겠다."). 이는 모두 자금 밀어 넣기(push funding)의 사례들이다. 선급금은 혁신을 밀어붙이기 때문이다.

그러나 이 10억 달러를 사용할 아주 색다른 또 다른 방법이 있다. 로켓 제조 회사가 일정한 목표(예컨대 새 로켓 3기를 제작한다)에 도달하면 보상을 해주겠다고 유인할 수 있다. 자금 밀어 넣기와는 대조적으로 이는 자금으로 유인하기(pull funding)라 부른다. 자금 밀어 넣기는 노력에 보상한다면, 자금으로 유인하기는 성공에 보상한다.[72]

워프 스피드 작전은 이 두 가지를 모두 이용했다. 자금 밀어 넣기는 몇몇 백신 제조사들의 초기 비용을 지원하는 데 이용했다. 자금으로 유인하기는 백신이 FDA 승인을 받는다는 전제 조건하에 일정량의 접종 회분을 구매하기로 약속하는 방식으로 이용했다.

자금 지원으로 유인하는 방법이 효율적인 까닭은 오로지 기술이 성공할 때만 보상하기 때문이다. 이 방법이 효과적인 까닭은 새로운 기술이 흔히 직면하는 장애물을 해소해주기 때문이다. 그 장애물이란 바로 불확실한 수요다. 상품 생산 초기에는 비싼 가격 때문에 소비자들이 감당하지 못할지 모른다는 일부 기업들의 우려는 타당하다. 이러한 기업들은 미래에 수익이 보장되어야 발명의 최종 단계에서 투자할 수 있다. 예컨대 폐렴쌍구균 질병은 세계에서 가장 흔한 형태의 세균성 폐렴이고 저소득 국가에서 아동이 사망하는 가장 큰 원인으로 손꼽힌다. 그러나 오랜 세월 동안 제약사들은 이 질병의 아프리카 변종 백신에 투자하길 꺼리는 듯했다. 아프리카 국가들이 정상 가격에 이 약을 살 경제적 여유가 없다고 생각했기 때문인 이유도 있다. 2007년 빌앤드멜린다 게이츠 재단이 여러 나라와 손잡고 제약사들에게 제안했다. 저소득 국가들을 위해 폐렴쌍구균 백신을 만들면 이 백신을 대량으로 생산하는 대가로 15억 달러를 지불하겠다고 말이다. 미래에 자금을 지원하겠다는 약속은 놀라울 정도로 효과적이었다. 2020년 무렵 여러 기업이 이 백신을 개발했고 수억 회분이 구매되어 전 세계에 배포되었다. 이 백신은 70만 명의 목숨을 구했다는 추산도 있다.[73]

이 정책(초기에 상품을 일정량 구매하겠다고 약속함으로써 발명을 촉진하는 정책)은 '사전 구매 약정(Advance Market Commitment, AMC)'이라 일컫는다. 사전 구매 약정은 현재 너무 비싼 최신 기술을 전 세계에 배포해야 할 때 특히 효과적이다. 예컨대 제약사들은 아프리카의 구매자가 그들이 투자해 개발한 백신을 사들이지 못하리라고 생각한다. 따라서 수천만 회분을 구매하겠다고 약속하면 그러한 약속 없이는 존재하지 않을지도 모르는 발명이 실현될 수 있다.

이러한 사전 구매 약정 모델은 다른 발명들도 가능케 할지 모른다. 에너지 부문에서 가장 극복하기 힘든 난관은 대기 중의 이산화탄소를 어떻게 하면 효율적으로 제거할지다. 2050년 무렵이면 세계는 해마다 하늘에서 이산화탄소 100억 톤을 제거해야 기후 변화로 인한 가장 끔찍한 재앙을 막을 수 있다.[74] 그러나 지금까지 기술적으로 제거된 이산화탄소는 겨우 1만 톤에 불과하다. 앞으로 해마다 제거해야 할 양의 100만 분의 1밖에 제거하지 못했다는 뜻이다.[75] 2022년 결제 서비스 기업인 스트라이프(Stripe)의 기후 정책 책임자 낸 랜소호프(Nan Ransohoff)는 프런티어(Frontier)라는 정책을 출범시켰다. 효율성이 높은 탄소 제거 기술을 개발하는 기업에 지원할 10억 달러 기금을 조성한 사전 구매 약정이다. 이 구상은 이미 더 많은 탄소 제거 기업들이 기술 개발 경쟁에 뛰어들도록 만들었다. 한 조사에 따르면, 프런티어가 출범된 이후로 창립된 기업들 10곳 가운데 7곳이 프런티어 출범이 자사를 창립하는 데 핵심적인 역할을 했다고 답한다.[76] 탄소를 빨아들이는 기계로 대박이 나서 세상을 기후 변화로부터 구할 수 있게 된다면 최고의 초기 기술에 대한 수익을 보장한 정책들 덕분일 가능성이 매우 크다.

앞으로 사전 구매 약정은 미래 지향적인 아이디어에 폭넓게 사용될 수 있다. 기후 변화에 대응하는 기술 영역에서 본다면, 사전 구매 약정은 청정 시멘트 개발 시기를 앞당길 수 있다. 전통적인 시멘트 제조 방식은 기후 변화를 일으키는 중요한 원인이다. 해마다 세계적으로 콘크리트를 비롯해 결합제를 만들기 위해 시멘트 40억 톤이 생산된다.[77] 시멘트는 세계 이산화탄소 배출의 8퍼센트를 차지한다고 알려져 있다.[78] 시멘트가 국가라고 치면, 시멘트는 지구상에서 세 번째로 탄소를 많이 배출하는 셈이라고 〈뉴욕타임스〉의 기자 데이비드 월리스-웰스(David Wallace-Wells)는 말한다.[79] 시멘트는 탈탄소화 정책에 아주 독특한 난관을 제시한다. 전기를 청정하게 만드는 작업은 개념적으로 간단하다. 전기 자동차 배터리를 풍력 발전으로 충전하거나 에어컨을 태양 에너지에서 얻은 전기로 작동시키면 된다. 그러나 시멘트를 제조하는 과정은 다르다. 시멘트를 제조하려면 석회암(탄산칼슘)을 섭씨 약 815도로 가열해 생석회(산화칼슘)로 전환해야 한다. 이산화탄소 배출이 한층 더 가중되는 셈이다. 온도를 그 정도로 높이려면 석탄 같은 화석 연료를 태워야 할 뿐 아니라 화학적 반응을 통해 자동으로 부산물인 이산화탄소가 생성된다. 전통적인 시멘트 제조 방법으로는 어마어마한 양의 이산화탄소를 배출하지 않고 시멘트를 제조하기는 불가능하다.

앞으로 수십 년에 걸쳐 수십억 인구가 도시로 이주하게 되면서 시멘트 수요는 증가 일로를 걷게 된다. 가만히 있으면 문제가 해결되지 않는다. 그렇다고 전 세계를 상대로 건물 짓기를 완전히 중단하라고 요구하는 방법도 비현실적이다. 정말로 세계적인 유일한 해결책은 발명뿐이다.

기술적으로 몇 가지 서로 다른 방법이 있다. 이산화탄소를 생성하는 화학적 과정에서 배출되는 탄소를 제거하는 기계나 체계를 구축하는 방법이 그 하나다. 이러한 탄소 포획 기술은 배출원에서 배출되는 이산화탄소를 포집해 대기에 진입하지 못하게 막는다. 또 다른 가능성은 시멘트의 원료인 석회암을 새로운 재료로 대체하는 방법이다. 기후 정책에 관한 글을 쓰는 해나 리치는 "석회암이 필요 없는지도 모른다. 탄소를 배출하지 않는 원료 암석을 사용하면 제거해야 할 부산물도 없다"라고 말한다.[80] 몇몇 기업이 대체 암석을 이용해 시멘트와 유사한 상품을 생산하는 방법을 시도하고 있다. (가장 흔한 지표면 암석인) 현무암과 생산 과정에서 이산화탄소를 배출하지 않고 시멘트의 핵심적인 재료인 산화칼슘을 생산하는 규산염 칼슘이 바로 그런 암석이다.

이산화탄소 배출량을 낮춘 시멘트 대체재를 개발하고 있는 기업들은 비용과 대량 생산에서 심각한 장애물에 직면하고 있다. 이런 기업들은 자금으로 유인하기 방식에 안성맞춤일지도 모른다. 랜소 호프는 이렇게 말했다. "시멘트는 사전 구매 약정을 적용하는 데 안성맞춤이다. 미국 정부가 이미 미국에서 생산되는 시멘트의 40퍼센트를 구매하고 있고, 공급자들은 단기적으로 누가 높은 가격을 지불하고 새로운 대체재를 구매할지 알 수 없기 때문이다. 대량 생산으로 비용을 낮출 정책이 필요하다."[81] 미국 정부가 수십억 달러어치에 달하는 청정 시멘트를 구매하겠다고 약속하면 투자자와 기업가들이 청정 시멘트 개발에 시간과 자금을 투자하도록 유인할 수 있다. 선급금으로 자금을 지원하면 청정 시멘트 제조 기업들이 생산 시설을 확장하는 데 도움이 된다. 라이트의 법칙이 마법을 부리게 되면 탄소 저배출 시멘트를 생산하는 데 드는 비용이 시간이 흐르면서 하락할지 모른다. 그렇게 되면 결과적으로 모두가 이득을 누린다. 스타트업은 개발 자금을 지원받고, 공중은 친환경적인 기간 시설을 사용하게 되고, 정부는 성공한 기업에만 보상하므로 세금을 낭비하지 않고, 기후는 탄소를 뱉어내는 시멘트로부터 자유로워진다.

사전 구매 약정으로부터 얻는 가장 중요한 교훈은 이 방법을 통해 공중의 수요를 가로막는 장애물을 규명하고 이러한 장애물을 제거함으로써 정부가 적극적인 발명의 주체가 된다는 사실이다. 백악관 과학기술 정책국의 기술과 혁신 부국장을 지낸 토머스 칼릴(Thomas Kalil)은 다음과 같이 말했다. "미국 정부는 실패를 조건으로 재정적 지원을 약속하는 경우가 흔하다. 대출을 받은 기업이 지급 불능 상태가 되면 자금을 지원하는 대출 보증이 바로 그런 사례다. 그러나 포상이나 사전 구매 주문처럼 성공을 조건으로 재정적 지원을 약속하는 사례는 흔치 않다. 워프 스피드 작전은 이를 매우 성공적으로 실행했다."[82] 미래에 가장 중요한 기술들의 발명과 적용을 가로막는 장애물이 뭔지 규명하고 그런 기술의 실현을 앞당길 수 있도록 보상과 사전 구매 주문으로 유도하는 방법을 더욱 활발히 이용해야 한다.

AI는 2020년대의 가장 중요한 기술이 될지도 모른다. 지난 몇 년 동안 기술 기업들은 현기증이 날 정도로 수많은 일을 해낼 역량을 갖춘 기계를 설계하는 데 수천억 달러를 쏟아부어왔다. 글을 쓰고, 코드를 작성하고, 단 몇 초 만에 수천 쪽의 글을 읽어내고, 유창하게 대화를 이끌고, 애니메이션 영화까지 제작하는 등 AI가 하는 일은 무궁무진하다. AI는 우리가 이 책을 집필하는 현재, 아직 미국의 경제를 변모시키지는 못했지만, 여러분이 이 책을 읽게 될 때 즈음 AI가 우리에게 어떤 영향을 미칠지 예측하기 불가능할 정도로 AI의 성능은 빠르게 발전하고 있다.

아직 초기 단계인 AI의 잠재력이 어느 정도인지는 도통 불확실하지만, 한 가지만은 확실하다. AI가 발달하려면 어마어마한 에너지가 필요하다는 사실이다. AI를 훈련하는 컴퓨터 체계는 다른 컴퓨터 체계들보다 훨씬 많은 전력을 소비한다. AI 하드웨어를 저장하는 데이터 센터의 에너지 사용량은 앞으로 10년 후면 미국의 총 에너지 사용량에서 차지하는 비율이 3배로 증가할 것으로 예상되고, AI는 이미 미국 전력 체계에 엄청난 부담을 주고 있다고, 2024년 블룸버그가 보도했다.

마이크로소프트 그리고 구글의 모회사 알파벳 같은 최대 기술 기업들은 자사의 데이터 센터를 저탄소 에너지로 가동하겠다고 약속했다. 그러나 미국이 청정에너지 시설을 신속하게 구축하지 못하면서 이러한 약속의 실현은 벽에 부딪히고 있다. 따라서 기술 기업들은 뜻밖의 장소에서 전력을 확보하고 있다. 2024년 3월 아마존은 자사의 데이터 센터에 전력을 공급하기 위해 펜실베이니아에 있는 서스쿼해나(Susquehanna) 원자력 발전소에서 에너지를 구입하기로 계약을 맺었다. 9월 마이크로소프트는 1979년에 부분적으로 원자로의 노심이 용해되는 사고가 발생했던 스리마일섬(Three Mile Island) 원자력 발전소의 마지막 남은 원자로에서 생산하는 전력을 몽땅 구매하기로 계약을 맺었다. 기존의 발전소에서 전력을 구매하는 방법은 단기적인 임시방편일 뿐 장기적인 해결책은 아니다. 새로운 원자력 발전소를 지으려면 완공하기까지 수년, 심지어 수십 년이 걸릴지도 모른다.

AI 혁명이 일어나면서 에너지의 풍부한 공급이라는 명분은 더욱 절실하고 급박해진다. 지난 수십 년 동안 미국의 에너지 기간 시설 구축 프로젝트 실행은 우리가 지금까지 설명한 모든 난관에 부딪혀 둔화되어왔다. 건설 부문에서 생산성의 부재, 건설 승인을 막는 시도, 오랜 시간이 걸리는 환경 영향 평가, 상호 연결하는 데 걸리는 오랜 시간 등이 바로 그런 난관들이다. 이러한 장애물들은 대개 우리가 자초했다. 그리고 AI 기업들이 미국에 시설을 구축하기 쉽게 해주지 않으면, 그들은 데이터 센터를 해외로 옮기게 된다. 일부 AI 기업의 고위 간부들은 페르시아만 국가 지도자들과 만나서 데이터 센터를 중동에 두는 방안을 논의했다.

앞으로 20~30년이면, 수조 달러에 달하는 AI 기간 시설이 세계

어딘가에 구축될지 모른다. 그것이 어딘지가 가장 중요한 관건이다. 미국이 자국에서 에너지 공급량을 추가하는 데 실패하면, 그 결과는 최대한 좋게 말해서 혼돈이 일어날 테고, 최악의 경우 재앙이 된다. 새로운 데이터 센터는 더 많은 전력이 필요하므로 전기 공급량이 늘지 않으면 소비자의 전기료도 인상될 가능성이 크다. 이보다 더욱 심란한 사실이 있다. AI 연구자들은 이제 몇 년만 있으면, 몇십 년이 아니라 몇 년만 있으면, 외국 정부의 비밀을 해킹하고, 그들의 군사 소프트웨어 체계를 무용지물로 만들고, 적국의 전력망을 부분적으로 붕괴할 위력을 지닌 초지능 체계를 구축하게 된다고 말한다. 이는 디지털 핵폭탄에 버금가는 파격적 역량이다. AI 연구자 레오폴드 아셴브레너(Leopold Aschenbrenner)는 2024년 "상황적 인식(Situational Awareness)"이라는 선언문에서 "우리는 진정으로 맨해튼 프로젝트의 기간 시설을 일부 변덕스러운 중동 독재자가 장악하기를 바라는가?"라고 말하고 미국이 앞으로 10년 안에 에너지 생산 시설 구축을 최우선 과제로 삼아야 한다면서 다음과 같이 덧붙였다. "미국은 70년대에 중동 에너지에 의존하는 현실을 통탄했고, 중동의 영향에서 벗어나기 위해 몸부림쳤다. 우리는 그런 실수를 다시는 되풀이해서는 안 된다."[83]

　값싼 청정에너지가 풍부하면 설사 AI의 잠재력이 실현되지 않는다고 해도 널리 이롭다. 에너지가 풍부해지면 각 가정이 내는 전기료가 인하된다. 많은 전력이 필요한 다른 미래 기술들도 실현 가능성이 커진다. 예컨대 21세기에 미국 남서부 지역의 인구를 유지하려면 바닷물을 식수로 전환하는 담수화 시설이 필요할지 모른다. 이 기술은 극도로 에너지 집약적이다. 세계적으로 담수화 기술의 선두주자인 이스라엘에서 담수화 시설은 이스라엘의 총 에너지 소비량의 약 3퍼센트를 차지한다.[84] 이런 사실에 비춰 볼 때, 풍부한 에너지를 확보하는 정책은 엄밀히 말해서 데이터 센터만을 위한 정책도 AI만을 위한 정책도 아니다. 국가적 차원의 전천후 적정 가격 에너지 정책이자 혁신 정책이다. 간단히 말해서, 풍부한 에너지를 확보하는 정책은 우리 시대에 가장 중요한 기술적 장애물을 극복하는 정책이다.

지금으로부터 20년 후 우리는 청정에너지 증가와 AI 구축의 조합을 이 시대의 가장 중요한 기술의 실현으로 생각하게 된다. 2024년 오픈AI 공동 창립자이자 최고경영자 샘 올트먼(Sam Altman)은 AI를 제작하는 우리의 역량을 다음과 같이 극적으로 표현했다. "수천 년 동안 과학적 발견과 기술적 진보를 축적한 끝에, 우리는 모래를 녹인 다음 불순물을 추가하고 그것을 극도로 작은 규모에서 놀라울 정도로 정확하게 배열해 컴퓨터 칩을 만든 다음, 에너지를 통과시켜서 점점 더 역량이 증가하는 AI를 창조하는 체계를 얻었다."[85] 우리가 에너지 부문에서 마련한 돌파구도 이 못지않게 신화에 가깝다. 수천 년에 걸쳐 과학적 발견과 기술적 진보를 이룬 끝에, 우리는 자연의 가장 기초적인 기능(햇빛, 바람, 지열)을 소용돌이치는 전자로 전환해 기계를 가동하고 우리의 삶에 필요한 에너지를 공급하는 방법을 터득했다. 21세기 진보의 향방은 미국이 이러한 파격적인 성과들(AI와 청정에너지, 녹인 모래와 소용돌이치는 전자)을 융합해 빈곤과 갈등이 아니라 널리 번영과 평화를 확산시킬 역량을 확보하는 데 달려 있다. 그리하려면 적어도 미국은 정책적으로 AI가 나아가는 방향에 대한 발언권이 있어야 한다. 그리고 미국이 그러한 발언권을 지니려면 AI와 에너지원을 이 두 가지가 발명된 바로 이곳, 미국에서 구축해야 한다는 뜻이다.

집중은 선택이다

우리가 폴 맹고에게 워프 스피드 작전에서 가장 중요한 단 한 가지가 무엇이었는지 묻자, 그는 "집중"이라 답하고는 다음과 같이 덧붙였다. "워프 스피드 작전팀의 장군과 지휘부에서부터 가장 말단 관리에 이르기까지 누구에게든 이 프로젝트의 목표가 무엇인지 물어보았다면 그들은 하나같이 똑같은 대답을 했을지 모른다. 해가 가기 전에 적어도 안전하고 효과적인 백신을 하나라도 개발해서 대량으로 생산하는 일이라고 말이다. 우리가 내린 결정은 하나같이 그런 제약을 토대로 했다."[86] 공중 보건이 위기에 처한 상황은 그들이 집중하게 만드는 역할을 했다. 엉클어져 서로 다투는 우선순위들을 풀어헤쳐서 단 한 가닥으로 만드는 일이었다.

유감스럽지만 진보가 일어나려면 재앙이 발생해 집중이 필요한 상황이 되어야 한다는 사실이 역사의 특징이다. 세계대전이 일어나자 페니실린이 필요해졌고, 역병이 발생해 mRNA 백신이 탄생할 계기가 마련되었다. 연방준비제도(Federal Reserve System)는 일련의 금융 위기가 발생해 1907년 공황으로 위기의 정점을 찍고 나서야 창립되었다. 경제 대공황이라는 비극이 일어나면서 뉴딜이라는 대담한 정책이 수립되었다. 나치가 유럽을 지배하면서 OSRD가 창립되는 기폭제가 되었다. 1957년 소련이 인공위성 스푸트니크 호를 성공적으로 발사하면서 미국은 고등 연구 계획국을 창설했고, 이는 훗날 DARPA로 명칭이 변경되었으며, 이 조직은 개인용 컴퓨터, GPS, 드론 기술을 발명하는 데 크게 기여했다. 소련의 인공위성 발사에 힘입어 미국은 또한 NASA를 확대하고 결국 아폴로 프로그램에 착수했다. 미국 역사를 살펴보면, 이처럼 상황이 최악일 때 최고의 역량을 발휘하는 사례들이 되풀이해서 등장한다.

생각해보면 침울해진다. 역사를 통틀어 미국은 아무 생각 없이 세월을 보내다가 재앙이 발생하고 나서야 비로소 정신이 번쩍 들어서 행동에 돌입하게 된다는 게 하나의 해석일지도 모른다. 그러나 위기를 인식하면 긴박감을 느끼게 된다는 데서 위안을 얻는다. 위기가 궁극적으로 밀고 당기는(행동을 활성화하고 성공에 보상하는) 기전이라면 무엇을 위기라고 판단할지는 항상 우리에게 달렸다는 사실을 기억해야 한다.

20세기 역사가 다른 방향으로 진행됐다면, 소련이 스푸트니크를 발사했어도 미국은 아무런 대응도 하지 않았을지도 모른다. 금속으로 만든 상자가 지구 궤도를 떠다닌다고 해서 미국인이 실제로 실존적 위험에 처하지는 않았으니까 말이다. 물론 최초로 우주에 물체를 쏘아 올린 나라가 소련이 아니라 프랑스나 영국이었다면 미국이 그처럼 지정학적인 불안감에 시달리지는 않았을지 모른다. 하지만 스푸트니크는 소련의 인공위성이었으므로 미국 정부는 그 성과를 대응할 필요가 있는 위기로 보았다. 그리고 불안감이라는 시련을 겪으면서 자극을 받아 결국 인간을 달에 착륙시켰고 우리 주머니 속에 인터넷을 넣고 다니게 해준 일련의 기구들을 창설했다.

달 탐사 경쟁은 소련의 위협에 대응하기 위해 꼭 필요한 국민의 호응을 널리 얻은 방법이었다고 기억되고 있다. 그러나 우주 탐사 경쟁의 측면들 가운데 가장 오해받는 사실은 아폴로 프로그램이 성공적인 이유는 그 프로그램이 국민의 호응을 얻었기 때문이 아니라 정치적 끈기 덕분이다. 당시에 달 탐사 계획은 여론의 호응을 얻지 못했다. 1965년 갤럽 조사에 따르면, "미국은 달에 착륙하는 첫 번째 국가가 되기 위해서 비용이 얼마가 들든 상관없이 가능한 모든 수단을 동원해야 한다고 생각한 미국인은 겨우 39퍼센트밖에 되지 않았다".[87] 미국인 대다수는 아폴로 계획은 그 정도 비용을 들일 만한 가치가 없다고 일관성 있게 답했고, 정부가 우주 프로그램에 너무 많은 지출을 한다고 응답한 미국인이 많게는 60퍼센트까지 나왔다.[88] 한번은 "우리가 이번 10년 안에 달을 탐사하고 이러저러한 일들을 하겠다고 결심한 까닭은 그런 일들이 쉬워서가 아니라 어렵기 때문이다"라는 유명한 발언을 한 존 F. 케네디 대통령이 NASA 책임자인 제임스 웹(James Webb)에게 "나는 우주에 그다지 관심이 없다"라고 말했다.[89] 미국인 대다수가 달 탐사를 지지한다는 여론 조사 결과가 나온 적은 1960년대에 딱 한 번이었다. 닐 암스트롱(Neil Armstrong)의 달 착륙이 TV로 중계된 후에 실시한 여론 조사였다.

아폴로 계획에 대한 국민의 호응이 저조했다는 놀라운 사실에서 얻는 교훈은 NASA와 백악관 지도자들은 국민이 지지하지 않는 대담한 과업을 절대로 중단하지 않고 밀어붙였다는 사실이다. "우리는 달에 가기로 했다"라는 케네디의 발언은 옳다. 뉴딜을 통과시키기로 한 사실과 OSRD를 설치하기로 한 사실도 옳고, 정부 연구소에서 인터넷의 뼈대를 발명하기로 한 판단도 옳고, 팬데믹 동안 백신을 최단기간에 개발하기로 한 판단도 옳았다. 그렇다. 위기가 터지면 미국은 집중하게 된다. 그러나 지도자들이 무엇이 위기인지 규정한다. 그리고 지도자들이 바로 목표 달성에 집중하는 당사자들이다.

미국은 미국인의 주요 사망 원인이 국가의 위기를 구성한다는 이론을 바탕으로 심장 질환을 퇴치하기 위한 워프 스피드를 선언할 수도 있다. 미국은 기후 변화가 위기라는 근거를 바탕으로 청정에너지 시설 구축을 위해서 연방과 지역의 건설 승인 규정들을 긴급히 재검토하겠다고 선언할 수도 있다. 미국은 말라리아같이 개발도상국에 창궐하는 주요 질병들을 10년 안에 퇴치하기 위해 세계가 힘을 모아야 한다는 판단을 내릴 수도 있다. 위기를 국가가 추진해야 할 우선 과제로 전환하는 행위는 정치적 선택이다. 늘 그래왔고 지금도 여전히 그러하다.

지난 반세기 동안 미국은 발명과 실행과 과학과 기술에서 여러 가지 선택을 해왔다. 미국은 과학 연구에 있어서 몸을 사리는 사람들에게 보상하고 틀을 벗어난 사고를 하고 위험을 감수하는 사람들은 처벌하는 체계를 구축했다. 미국은 미국의 국가 안보와 번영에 핵심적인 역할을 할 발명을 해놓고 그러한 발명을 개발해 실행하는 작업은 해외에서 하도록 장려하는 정치경제 체제를 수용해왔다. 이 가운데 필연적이었던 선택은 하나도 없다. 이러한 정책들은 인간이 선택한 결과이고, 우리가 직접 선택한 세계를 구성하는 인위적인 구조물이다.

획기적인 돌파구를 찾으려면 운도 따라줘야 한다. 수십 년 동안 끈질긴 노력을 기울인 뒤에도 행운의 도움은 필요하다. 제임스 피니 백스터 3세는 페니실린을 "플레밍이 열어놓은 창문을 통해 미풍에 실려 들어온 파란 곰팡이"라고 일컬었다. 수많은 과학적 돌파구도 이와 마찬가지로 발견한 사람들을 놀라게 했다. 바람에 실려 들어온 곰팡이가 플레밍을 놀라게 했듯이 말이다. 학계의 황무지에서 스러져가던 합성 mRNA가 뾰족한 돌기가 솟은 왕관처럼 생긴 신종 코로나 바이러스와 완벽하게 들어맞는 해결책이라고 기대한 사람은 거의 없었다. 과학 연구를 정치와 분리해야 하고, 과학자들이 정부에 제출할 서류 작성에 파묻혀 절반의 시간을 낭비하면서 자신의 아이디어가 당대의 상식에서 벗어날까 두려워 전전긍긍하지 않고 진실을 추구하도록 해줘야 하는 한 가지 이유는, 바로 과학에서 '뜻밖의 깨달음'이 중요하기 때문이다.

그러나 기술을 발명하는 과정에서 그다음 단계부터는 운과 관련이 없다. 구축하고, 배치하고, 실행하는 과정은 창문을 통해 불어 든

미풍 같은 게 아니다. 의도적 행위, 법, 정책들이 필요하다. 선택이 필요하다. 너무 오랜 세월 동안 미국은 '뜻밖의 깨달음'이라는 낭설(순간적으로 번뜩이는 개인의 천재성에서 비롯된 아이디어가 기술의 역사에서 가장 중요하다는 생각)에 매료되어왔다. 이러한 정서가 지난 40년 동안 경제 성장에 대한 미국의 접근 방식을 지배해왔다. 차세대에 미국은 미국이 발명하는 것을 직접 구축할 계획이 필요하다.

정치는 갈등을 조직화하는 수단이고 따라서 우리는 당연히 분열에 관심을 보인다. 특히 분열의 골이 깊은 지금은 더욱 그러하다. 민주당 진영과 공화당 진영은 단순히 조세 정책의 구체적 내용을 두고 이견을 보이는 게 아니다. 그들은 선거, 제도, 미국의 정부 구조의 합법성에 대해서도 이견을 보인다. 그들은 표현의 자유와 역사와 품위와 진실에 대한 견해에서도 갈라져 있다. 명망 있는 학자들이 또 한 번의 내전이 다가오고 있다거나 파시즘이 미국 땅에서 되살아나는 게 아닌가 하는 내용의 책을 저술하고 있다. 1990년대의 정치적 양극화는 2020년대의 골이 깊이 파인 갈등에 비하면 별것 아니었다는 느낌마저 든다.

이러한 분열은 실제적이고 위험하다. 그러나 그 이면에는 아주 색다른 뭔가의 윤곽이 희미하게 감지된다. 어쩌면 지금 미국이 처한 난국에서 벗어날 길인지도 모른다. 새로운 정치적 질서(political order) 말이다.

'정치적 질서'라는 용어는 미국의 역사학자이자 케임브리지대학교 교수인 게리 거슬(Gary Gerstle)이 만들었다. 많은 역사학자는 공화당 진영과 민주당 진영이 오랜 세월에 걸쳐 어떻게 서로 투쟁하고 이견을 보여왔는지에 집중한다. 거슬은 두 당 사이에 존재하는 숨은 합의점이 어떻게 역사 속에서 시대를 구분해왔는지에 집중하면서 이를 정치적 질서라고 일컫는다. 그는 정치적 질서를 "2년, 4년, 6년 선거 주기를 초월해 지속되는 방식으로 미국의 정치를 구성하는 이념과 정책과 유권자들의 집합체"라고 정의한다.[1] 그러한 집합체 두 가지가 지난 100년의 미국 역사에서 펼쳐졌다고 거슬은 말한다. 뉴딜 질서(The New Deal Order)는 1930년대에 등장해 1970년대에 붕괴했다. 신자유주의 질서(The Neoliberal Order)는 1970년대에 등장해 2010년대에 쇠퇴했다.

뉴딜 질서를 통해 연방 정부가 미국 경제를 관리하고 근로자를 보호하기 위해 적극적인 역할을 해야 한다는 합의가 도출되었다. 뉴딜 질서는 민주당 소속 루스벨트 대통령 정권하에서 시작되어 공화당 소속인 드와이트 아이젠하워(Dwight Eisenhower) 대통령 정권하에서도 그 기본적인 틀을 수용해 계속되었다. 아이젠하워 대통령은 큰 정부를 지향하는 정책들에 맞서기보다 주와 주를 연결하는 고속도로망을 구축하는 법안에 서명했다. 그는 복지 정책에 대해 탄식하지 않고 복지의 성장을 오히려 장려했다. 아이젠하워 대통령은 "우리는 실업 보험을 폭넓고 강력하게 추진하는 체계가 필요하다"라고 말했다. 이는 1980년대의 공화당원보다 2020년대의 민주당원이 했을 법

한 발언이다.[2]

아이젠하워 대통령과 그 시대의 공화당은 왜 뉴딜 질서에 승복했을까? 그 이유에 대해 거슬은 "아이젠하워라는 인물보다 신임 대통령과 그가 속한 정당이 처한 지정학적 여건과 관련이 있다"라고 말했다. 냉전은 단순히 소련과의 군비 경쟁이나 군사적 갈등이 아니었다. 어떤 통치 철학이 국민을 위해 최선의 결과를 낳을지에 대한 경쟁이었다. 아이젠하워 대통령은 "소련 공산주의보다 미국이 국민을 훨씬 잘 보살핀다는 사실을 증명해야 했다".[3] 그러기 위해서는 경제 대공황 후에 미국의 생활 수준을 향상하는 데 성공한 루스벨트 대통령과 민주당의 정책들을 아이젠하워 대통령은 수용해야만 했다.

1970년대에 뉴딜 질서는 여러 가지 위기(가장 두드러지는 위기는 스태그플레이션, 베트남 전쟁)의 무게를 견디지 못하고 붕괴했다. 그러나 그뿐이 아니었다. 나라 밖에서는 공산주의의 참상과 부조리가 점점 더 명백히 드러나고 있었다. 나라 안에서는 억압받는 미국인 수백만 명이 거리를 행진하고, 연좌 농성을 벌이고, 권리를 쟁취하기 위해서 조직화했다. 가치관의 변화가 뿌리를 내렸다. 집단행동에 대한 희망은 광채를 잃었다. 개인의 존엄성과 특질을 억압하는 듯한 정권들에 맞서 이를 육성하는 일이 대세가 되었다.

새로운 종류의 개인주의가 부상했고, 이는 우익 진영에서만 일어난 현상도 아니었다. 뉴딜 질서에 익숙한 민주당 진영은 신좌익의 도전에 직면했다. 1962년에 한 좌익 학생 운동가가 발표한 선언문인 포트 휴런 성명서(Port Huron Statement)에 따르면, "우리는 개인이 참여하는 민주주의 설립을 추구하며, 이는 두 가지 중심적인 목표의 지배를 받는다. 개인의 삶의 질과 방향을 결정하는 사회적 의사 결정에 개인이 참여하는 게 하나의 목표다. 인간의 독립성을 장려하는 방향으로 사회를 조직화하고 인간의 공동 참여를 위해 매체를 제공하는 게 다른 하나의 목표다".[4]

정책은 가치관에서 비롯된다. 그리고 1970년대 무렵 미국 정치계는 완전히 변했다. 민주당 소속의 카터 대통령은 트럭 운송과 항공 산업을 비롯해 경제의 상당 부분에서 규제를 완화했다.[5] 1980년대에 레이건 대통령은 트루먼 대통령이 부과하고 아이젠하워 대통령이 유지한 높은 세율을 대폭 삭감했다.[6] 당대의 리버럴 성향의 입법안(이 책 전체에서 거론한 주요 환경 관련 법안들을 포함해서)조차도 대부분 개인을 중심에 두고 미국 국민이 정부를 상대로 소송을 제기함으로써 정부의 정책 추진을 지연시키기 쉽게 만들었다. 소련이 붕괴하면서 미국 통치 모델이 우월하다는 사실이 입증되었다. 레이건 대통령이 루스벨트 대통령과의 정책적 단절을 의미한다면, 클린턴은 루스벨트의 정책을 유지한 아이젠하워처럼 전임 정권의 정책을 이어나가면서, 한때 급진적이라고 여겨졌던 통치 원리들을 정치적 질서로 공고히 다졌다. 클린턴은 큰 정부 시대는 끝났다고 선언했고 이를 실천했다. 그는 레이건이 하겠다고 약속만 하고 실천하지 않은 일을 실행했고, 금융 부문과 IT 부문의 규제를 완화하는 한편 연방 정부의 예산은 대폭 삭감했다.

지속되던 정치적 질서가 붕괴하면 한때 개연성 없고 수용 불가능하다고 여겨지던 아이디어의 실행이 가능해지고 심지어 불가피해지기도 한다. 1930년대에 그런 일이 일어났다. 경제 대공황이 일어나면서 루스벨트 대통령의 사회민주주의적 집단주의가 부상할 공간이 조성되었다. 1970년대에도 그런 일이 일어났다. 개인주의가 부상하면서 과세와 지출과 경제 규제와 환경과 인간의 관계를 관리하는 방식에 대한 사람들의 인식이 바뀌었다.

지금 그런 일이 다시 일어나고 있는지도 모른다. 지금은 미국 역사에서 매우 드문 시기다. 하나의 정치적 질서가 쇠퇴하면서 새로운 정치적 질서가 등장할 공간이 조성되고 있다. 수십 년 전부터 기존의 정치적 질서에 균열이 생기고 있었다. 시작은 경제 대공황이었다. 대공황은 탈규제화한 시장에 대한 폭넓은 믿음을 산산조각 냈다. 기후 변화 위기는 수익이라는 동기가 얼마나 놓치는 게 많은지 드러냈다. 중국과의 교역 정상화 이후에는 자유무역 신봉자들이 중국도 미국도 제대로 파악하지 못했다는 사실이 증명되었다.

2010년대를 통틀어 부진한 경제 회복은 불평등이라는 공중의 반감에 불을 지폈고, 적정 가격 위기도 탄력을 얻었다. 2020년 팬데믹이 일어나면서 많은 미국인이 가지고 있던 정부에 대한 신뢰가 완전히 무너졌다. 그나마 얼마 남지 않은 신뢰였는데 말이다. 그리고 2021년부터 2024년까지의 기간 동안 물가 상승이 일어나면서 희소성, 공급, 감당 불가능한 가격이 서로 맞물리는 위기에 국민의 관심이 집중되었다. 한동안 미국 정치의 경계선들은 수정되었고, 심지어 해결되었다는 느낌마저 들었다. 그러나 지금 그런 경계는 허물어지고 있다.

"정치적 질서가 성공하려면 바람직한 삶이 무엇인지에 대한 서사가 있어야 한다"라고 거슬은 말한다. 오늘날 정치는 정부에 대한 냉소주의와 비관주의로 점철되어 있다. "미국 정부가 바람직하고 도달 가능한 삶이라고 국민을 설득해 받아들이게 한 삶이 더는 바람직하지 않거나 도달하기가 가능하지도 않기 때문이다."[7] 2016년 좌익 진영에서 버니 샌더스(Bernie Sanders)가 부상하고 우익 진영에서 도널드 트럼프가 부상한 상황은 미국 정부가 국민에게 약속한 삶이 도달 가능하다는 믿음을 잃은 미국인이 대부분이라는 사실을 보여준다. 좌익 사회주의자인 샌더스와 우익 포퓰리스트 권위주의자인 트럼프는 양당의 기득권층이 국민에게 들려준 서사, 샌더스와 트럼프 두 사람의 정치 운동을 주변부로 밀어냈던 서사가 종말을 맞았다는 사실을 간파했다.

하나의 질서에서 또 다른 질서로의 전환은 위기에서 촉발되는데 이러한 위기는 매우 혼란스럽게 느껴질 수도 있다. 미국 정치의 지각 변동이 일어나면 한때 해결되었던 문제들이 다시 등장하고 한때 생각조차 할 수 없었던 해답들이 새로운 합의안의 자리를 차지하려고 다툰다. 지금 미국이 처한 시대를 이해하려면, 이 시대를 기존의 정치적 질서와 새로운 정치적 질서 사이의 혼란스러운 공백기로 보는 것도 하나의 방법이다. 기존의 제도들은 허물어지고, 전통적인 엘리트 계층은 허둥대고 있고, 국민은 과거가 아닌 현재로 느껴지는 정치를 물색하는, 모든 게 유동적인 순간이다.

갈림길: 결핍인가, 풍요인가?

지금이 풍요의 정치를 실천할 순간일지 모른다. 그러나 역사가 그리는 궤적은 늘 우리가 믿는 방향으로 꺾이지 않는다. 다가올 정치적 질서가 우리의 가치와 일치하리라는 보장은 없다. 정반대로 될 가능성도 그 못지않게 크다.

결핍의 정치는 매혹적일지 모른다. 두루 나누기에 충분치 않으면 우리는 우리가 가진 것을 누군가 빼앗아갈까 싶어서 누구든 의심의 눈초리로 바라본다. 2024년 미국 대통령 선거에서 트럼프 후보의 러닝메이트 J.D. 밴스(J. D. Vance)는 주택 공급량이 부족하다는 발언을 자주 했고, 그는 이를 무기 삼아 이민자를 공격했다. 그는 부통령 후보 토론에서[8] "주택 공급량은 모자라는데 이를 두고 불법 이민자와 미국 국민이 경쟁해야 하는 상황이 주택 가격을 인상시키는 가장 중요한 원인이다"라고 말했다. 트럼프 후보도 똑같은 취지의 발언을 했다. 그는 "2,100만 명의 불법 이민자가 쏟아져 들어오면서 주택 가격을 끌어올렸다는 사실을 무시할 수 없다"라고 경고했다.[9]

우익 포퓰리즘은 나라의 빗장을 걸어 잠그고 변화를 막고 기업을 우러르고 과거의 지배 위계질서를 고수함으로써 권력을 추구한다. 결핍은 우익 포퓰리즘을 촉진하는 보조 수단이다. 오늘날 정부는 나약하고 부패했으므로, 강한 지도자가 등장해 세계정세를 분명히 파

악하고 민주주의가 실현하는 데 실패한 약속을 지켜야 한다는 정서
도 우익 포퓰리즘의 보조 수단이다.

리버럴 진영은 트럼프 후보와 J.D. 밴스 후보가 이민자들을 악
마화하는 데 쓴 어휘가 역겨울지 모른다. 그러나 민주당 진영도 그
들 나름의 결핍의 정치를 실천한다. 민주당 텃밭인 주와 도시에서
주택 공급을 제한하는 토지 용도 규제가 최근 유입된 이민자들보
다 주택 가격을 인상하는 훨씬 더 큰 요인이 되어왔다. 이러한 제약
은 우익 진영이 주장하는 적정 가격 주택 공급 위기를 한층 더 악화
했다. 따라서 리버럴 진영의 실책도 비자유주의의 등장에 책임이
있다. 제루살럼 뎀사스는 〈애틀랜틱〉에 기고한 글에서 다음과 같
이 말했다. "필수품 부족의 위기에 직면했을 때 그 원인으로 외부자
를 지목해 공격하는 경향은 [2016년 대선에서 힐러리 후보가 '한심한 종
자들(a basket of deplorables)'이라고 일컬은] 트럼프 지지자들만 보이는
경향이 아니다. 우리 모두에게 그런 경향이 있다. 대부분 사람은 타
인을 자신의 것을 빼앗으려는 위협으로 생각한다. 그 위협이 내 집
을 빼앗으려는 이민자일 수도 있고, 임대료를 끌어올리는 여피족
(Young Urban Professionals, YUPPIES, 도시에 거주하는 고학력 전문직 젊은
세대)일 수도 있고, 명문 학교의 자리를 다 차지하는 다른 학생들일
수도 있고, 도로상의 교통체증을 악화하는 익명의 다수일 수도 있
다."[10]

만성적인 주택 공급량 부족과 적정 가격 주택 공급 위기가 미국
내부의 지배적인 정치적 질서를 불안정하게 만들었다면, 외부에서

비롯되는, 미국에 대한 가장 큰 위협은 많은 이들이 두려워하고 심지어 부러워하는 중국의 부상이다. 미국은 단순한 프로젝트조차 마무리하지 못하고 쩔쩔매는데 중국은 어떻게 그처럼 많은 건설 프로젝트를 완성했을까? 지지부진함과 복잡한 절차는 미국의 통치 체제를 규정하는 특징이라는 느낌이 들게 되면서, 중국이 프로젝트를 완성하는 속도와 역량을 동경하는 발언이, 심지어 미국이 권력의 정점에 있을 때조차 흔해졌다. 마이클 베닛(Michael Bennet) 상원의원은 2010년 이렇게 말했다. "일주일 동안 우리를 지켜봐라. 상원 회의장을 그냥 지켜만 봐라. 어떤 광경을 목격할 것 같은가? 아무 일도 벌어지지 않는 광경을 목격하게 된다. 나는 회의장에서 내 자리에 앉아 있으면 이런 생각이 든다. 지금 이 순간 중국은 뭘 하고 있을까?"[11]

지난 20년에 걸쳐 중국은 미국의 정치에 보이지 않는 거대한 압력을 가해왔다. 소련의 몰락에서 얻은 자신감은, 미국이 망각한 것을 중국이 터득했다는 두려움으로 대체되었다. 워싱턴 정가에서는 합의가 무너지기 시작했다. 공화당 진영과 민주당 진영 모두 중국의 부상이 미국의 근로자에게 무슨 의미를 지니는지에 대해 너무 안이하게 대처했고, 부유해진 중국이 미국의 가치를 수용하리라고 너무 자신만만했다. 그러나 중국의 역량을 간파하지 못하는 데 그치지 않고 미국이 어떤 역량을 상실하고 있는지도 깨닫지 못했다.

이러한 안이함과 두려움의 정서에 맞선 가장 막강한 대응은 트럼프 대통령으로부터 비롯되었다는 사실은 우연이 아니다. '건설업자'

로서 그의 경제적 호소력은 제조업 일자리에 대한 집착과 무역에 대한 깊은 의구심에서 비롯되었다. 미국의 정치적·경제적 계층은 물건을 만드는 일에서 더는 가치를 느끼지 못했다. 미국 정치계가 미국은 건설하는 방법을 잊어버렸다는 사실을 끊임없이 상기시킬 때조차 미국 근로자들은 코딩하는 방법을 배우라는 소리를 들었다. 트럼프 대통령은 여러분이 코딩하는 방법을 알든 말든 관심이 없었지만, 한때 뭔가를 건설할 줄 알았던 미국이 그런 역량을 상실했고 한때 건설하는 일을 한 사람들을 소중히 여기지 않는다는 사실에 본능적으로 분노했다.

트럼프 후보는 2016년 대선 당시 이렇게 말했다. "나는 오래전부터 중국에 관해 얘기해왔다. 근데 어땠는지 아는가? 아무도 내 말에 귀 기울이지 않았다. 그러나 이제는 내 말을 경청하고 있다. 그건 내가 장담한다."[12]

사회적 합의를 산산조각 내는 데 필요한 기질은 애초에 뭔가 더 나은 걸 구축하는 데 필요한 인내심·분별력과 공존하는 경우가 흔치 않다. 트럼프 대통령은 중국에 관세를 부과하고 코로나 바이러스가 중국 우한 연구소에서 유출되었다는 주장을 토대로 코로나19를 중국의 쿵후에 빗대어 "쿵 플루(Kung Flu)"[13]라고 일컬었지만, 자신이 해결하겠다고 선거 공약으로 내건 문제들은 거의 해결하지 못했다. 그는 '기간 시설 주간'을 지정하겠다고 약속에 약속을 거듭했지만 실제로 기간 시설 법안 하나도 통과시키지 않았다. 트럼프는 경쟁의 어두운 측면을 간파했지만 협력의 가능성은 결코 이해하지 못했다.

　대부분 사람의 예상과 달리 뜻밖에도, 바이든 대통령은 대통령직을 맡았던 그 어떤 역대 대통령보다 철저한 워싱턴 기득권 세력의 일원이지만, 트럼프 전임 대통령의 정책 기조들을 대부분 수용했다. 그는 트럼프 전임 대통령의 반중 관세를 유지했고 추가 조치도 취했다.[14] 그는 중국에 대한 핵심 기술 수출을 금지했다.[15] 그는 오바마 대통령 정권이 체결한, 태평양을 사이에 둔 미국과 여러 나라 간의 무역 장벽을 낮추는 환태평양 경제 동반자 협정(Trans Pacific Partnership Agreement, TPPA)을 수정하거나 재검토하지도 않았다.[16] 바이든 대통령은 중국의 제조업 우월성이 미국의 정신을 짓밟는다고 본 트럼프 전임 대통령의 관점을 수용하는 듯했다. 2021년 바이든 대통령은 이렇게 말했다. "어느 때부터인가 우리는 우리 자신에게 더는 투자하지 않게 되었다. 우리는 우리 국민에 대한 투자를 중단했다. 그리고 우리는 국가로서 우리의 강점을 잃을 위험조차 감수했다. 우리가 의식적으로 그랬다고는 생각하지 않지만, 어쨌든 그런 일이 벌어졌다. 그리고 중국과 나머지 세상은 어떤 부문에서는 우리를 따라잡고 있고, 어떤 부문에서는 우리를 앞서가고 있다."[17]

　트럼프 정부하에서 '기간 시설 주간'은 밈(meme)이었다. 바이든 정부하에서 이는 풍조가 되었다. 4년 임기 동안 바이든은 미국 현대 정치의 반건설적 추세와 단절하는 여러 가지 법에 서명했다. 그는 초당적인 기간 시설 구축 법안을 통과시킴으로써 1950년대 주와 주를 연결하는 고속도로망 구축 이후로 최대 규모의 기간 시설 구축 지출안에 서명했다.[18] 반도체 산업 육성과 과학 증진 법안과 더불어 그는 수십억 달러를 과학적 발견과 발명에 투자하겠다고 선포했다. 그리고 미국 내에서 첨단 컴퓨터 반도체 칩을 제조하는 데 수백억 달러를 추가로 투자하겠다고 선포했다.[19] 물가 상승 감축법과 더불어 미국은 역사상 최대 규모의 청정에너지 투자 법안을 통과시켰고 전기 자동차, 배터리, 태양 에너지 시설과 풍력 에너지 시설 제조 그리고 탄소 제거 공장과 같은 차세대 기후 변화 방지 기술에 기록적인 금액을 투자하기로 했다.[20] 이 의제의 핵심(컴퓨터 칩과 청정에너지 산업에 대한 보조금, 역사적으로 전례 없는 수준의 기간 시설에 대한 투자)은 중국을 자극제 삼아 미국 국내에서 건설과 제조업을 다시 일으킨다는 취지였다. 1930년대와 마찬가지로, 그리고 1970년대와 마찬가지로 외부 위협과 내부 위기가 수렴하면서 새로운 종류의 정치가 가능해졌다.

풍요는 부상하고 있는가

이 책을 통해 우리는 지난 50년에 걸쳐 리버럴 진영이 통치하고 생각해온 방식들을 비판했다. 또한 지금 리버럴 진영에게 열려 있는 기회가 무엇인지 생각해보려고도 했다.

트럼프가 2024년 대통령 선거에서 이긴 까닭은 오늘날 리버럴리즘이 실패했기 때문이기도 하다. 하지만 그렇다고 해서 그가 미국의 앞날에 대해 설득력 있는 미래상을 제시함으로써 승리했다는 뜻은 아니다. 트럼프는 텍사스가 기적적으로 주택 문제를 해결한 방법을 전국적으로 적용하겠다는 공약을 걸고 선거 운동을 할 수도 있었다. 그러나 그는 국경을 폐쇄하겠다는 공약을 내걸었다. 그는 워프 스피드 작전의 성공을 내세우고 선거 운동을 했을 수도 있다. 그러나 그의 지지 세력이 백신과 과학자들에 대한 의구심을 중심으로 새롭게 구성되면서 그는 워프 스피드 작전을 내팽개쳤다. 일론 머스크는 이 시대의 가장 혁신적인 기업들을 이끌어왔지만, 트럼프 대통령 정부에서 그가 한 역할에 대한 가장 초창기 보도에 따르면, 그는 정부가 할 수 있는 일을 새로 생각해내기보다 정부가 하는 일을 줄이는 데 집중했다. 우익 진영은 수많은 성공 사례들을 폐기하고 결핍의 정치를 포용하고 있다.

그 덕분에 리버럴 진영은 공화당 진영이 폐기한 것(풍요의 정치)을 수용할 여지가 생겼다. 실제로 리버럴 진영이 이미 그렇게 하고 있다는 징후가 나타나고 있다.

공공의 이익에 부합하는 시설이지만 내가 사는 지역에 들어서는 것은 반대하는 '내 뒷마당은 안 돼(Not In My Back Yard, NIMBY)'라는 정서는 '내 뒷마당도 돼(Yes In My Back Yard, YIMBY)'라는 정서와 운동으로 대체되고 있다. 주택 문제에 집착하는 오합지졸의 무리가 샌프란시스코에서 열린 공청회에서 관리들을 못살게 굴던 행태를 버리고 전국적으로 영향력을 행사하게 되었다. 전국적으로 민주당 소속 주지사들은 주택 건설을 쉽게 하는 법안을 거듭해서 통과시키고 있다. 2024년 대통령 선거에서 민주당 대통령 후보 카멀라 해리스가 가장 먼저 제시한 정책안은 300만 가구를 새로 건설하는 공약이었다.[21] 민주당 텃밭인 도시들에서 주택 부족 현상이 일으키는 고통을 목격하게 된 리버럴 진영이 10여 년 동안 설득하고 조직화한 결과를 반영한 공급 측면의 정책이었다.

기후 변화 방지 운동에서도 그러한 징후가 보인다. 이 운동가들은 바이든 행정부를 설득해 청정에너지 공급을 확대하고 친환경 수소 같은 혁신 기술을 추진하는 여러 법안을 통과시키는 데 힘을 보탰다. 환경 보호주의자들은 희생과 결핍은 실패하는 정치임을 깨달았다. 그들은 미국 국민이 원하는 삶과 지구가 감내할 수 있는 청정에너지를 결합하는 전략이 필요했다. 그 이후로 태양광 패널과 풍력 터빈 시설, 전기 자동차 생산 공장, 차세대 배터리 제조 공장에 대한 투자가 급증했다.

그러나 이 가운데 쉬운 일은 하나도 없다. 넓게는 캘리포니아주에서, 좁게는 샌프란시스코에서, 주택 건설에 대해 우호적인 수십 개 법안은 더 많은 주택을 건설하는 결과로 이어지지 않았다. 건설업자들이 새로이 간소화한 절차를 이용하려면 충족해야 하는 요구 사항과 기준들이 추가로 그러한 법안들에 포함된 이유도 있다. 우리가 만나서 얘기를 나눠본 개발업자들에 따르면, 추가로 비용을 들여서 그런 요구 사항을 충족시킬 만한 가치가 없다고 보았다. 따라서 새 법안은 개발업자들이 주택 건설 기간을 단축하기는 고사하고 애초에 새로운 주택을 건설하게끔 만드는 유인책이 되지도 못했다.

급증하던 풍력과 태양광 시설 설치와 배터리 제조는 시대에 뒤떨어진 승인 규정과 조달 규정으로 민주당 연합 세력이 분열되면서 속도가 둔화했다. 2024년 대통령 선거에서 바이든 대통령과 해리스 부통령은 자신들의 업적을 내세우면서 선거 운동을 하려고 했지만, 그들의 정책이 활성화하게 되어 있었던 건설이 실제로 이뤄져 이득을 본 지역들이 거의 없는 상태였으므로 불가능했다. 예컨대 기간 시설 법안에는 전기차 충전소 50만 개로 구성된 전국망을 구축하는 비용 75억 달러가 포함되었다. 그런데 2024년 3월 무렵(이 법안이 통과되고 2년도 더 지난 시기)에 신설되어 가동 중인 충전소는 겨우 일곱 군데였다.[22] 정부의 지출과 시설 구축이 너무 더디게 진행되어서 바이든 전임 대통령이 약속했던 변화가 이제 트럼프 대통령 정권하에서 일어나게 되었으니, 바이든 전임 대통령과 민주당 진영이 통과시킨 법안에서 트럼프 대통령과 공화당 진영이 이득을 보게 될지 모른다는 씁쓸하고 공교로운 사실도 있다.

'풍요'라는 단어는 누구에게나 바람직한 온갖 의미를 지닌다. 그러나 풍요의 세계에서도 취사선택이 필요하다. 취사선택하려면 무엇을 포기하고 무엇을 취할지 결정을 해야 한다. 리버럴 진영은 수십 년 동안 정부와 사회의 여러 차원에서 무분별한 건설을 어렵게 만드느라 애썼다. 리버럴 진영은 연합 세력을 구성하고 법안을 만들어 누구나 원하는 바를 조금씩 얻도록 하는 일에 익숙해졌다. 설사 그 결과 최종 생산물이 놀라울 정도로 비싸거나 건설을 지연시키거나 어쩌면 완공되지 않을지라도 말이다. 이러한 체제를 해체하고 새로이 구축하려면 고통이 뒤따른다. 그렇게 하려면 소중히 여겨온 해결책에 의문을 제기하고 기존의 동맹 세력을 분열시키게 되기 때문이다.

새로운 체제를 구축하려면 좌익 진영에서 호응을 얻고 있는 결핍이라는 미래 구상에 맞서야 한다. 탈성장론은 서구 진영 지식인들 사이에서 호응을 얻어왔다. 현대 시대에 동반된 환경 파괴는 해법이 너무 뻔한 방정식처럼 보였다. 진보가 환경을 파괴했다면 퇴보가 필요하다고 생각했다. 앞으로 나아가기 위해 환경 훼손이라는 대가를 치러야 한다면 뒤로 물러서야 했다. 가장 극단적인 형태의 탈성장론 철학은 정치적으로 너무 비현실적이어서 동조자를 많이 확보하거나 큰 영향력을 행사하기 어렵다. 그러나 그보다 훨씬 약화한 형태의 탈성장론은 1970년대에 '작은 게 아름답다'가 이 운동을 상징하는 표어가 된 이후로 여기저기에서 발견되고 있다.

이와 비교해볼 때 풍요는 좌익적 사고의 옛 전통으로의 회귀다. 《공산당 선언》에서 카를 마르크스(Karl Marx)와 프리드리히 엥겔스(Friedrich Engels)는 상품을 생산하고 부를 창출하는 데 있어서 자본주의가 봉건주의보다 우월하다고 시인하면서 다음과 같이 말했다. "희소성의 법칙이 지배한 100년 동안 유산 계급은 그 이전의 모든 세대를 합친 것보다 훨씬 대대적이고 거대한 생산력을 구축했다."[23] 두 사람은 이러한 생산에서의 혁명이 끝나기를 바라지 않았다. 두 사람은 그 혁명이 가속화하기를 바랐다.

오로지 자본주의만이 해방할 수 있는 생산력을 봉건주의가 봉쇄했듯이, 자본주의는 새로운 패러다임이 해방할지도 모르는 풍요를 제약했다. 이러한 경제적 분석의 핵심 개념은 "생산성 속박하기(fettering of production)"라고 일컫게 되었다.[24] 마르크스는 대부분 기업이 수익에 집착하므로 현재의 수익률을 위협하거나 즉각적인 수익을 창출하는 데 실패한 아이디어들을 경제 전체가 탐색하지 못하게 막고 있다고 생각했다. 마르크스에 따르면, 자본주의가 저지르는 수많은 죄악 가운데는 애초부터 가장 놀랍고 쓸모있는 기술이 발명되고 적용되지 못하게 막는다는 점도 있다고 말했다. 쓸데없는 속박으로 경제가 사달이 나면 상대적으로 빈곤한 다수는 피해를 보고 부유한 소수만 이득을 본다.

마르크스가 추구하는 목표는 생산 기계를 중단시키는 게 아니라 공동의 풍요라는 목적에 부합한 생산이었다. 생산력을 해방해 상상조차 불가능했던 일을 가능케 하자는 게 목표다. 마르크스가 저지른 오류도 많지만, 공산주의자가 아니더라도 이러한 그의 분석에서 지혜가 보이기는 하리라 믿는다.

목록이 아니라 렌즈

우리는 이 책 제목을 "풍요 의제(The Abundance Agenda)"라고 할까 고민했다. 우리는 우리가 두려워한 방해물을 완화할 정책 아이디어들로써 긴 목록을 만들어 책을 가득 채울 수도 있었다.

예컨대 주택 문제와 관련해 도시 당국은 토지 용도 규제법을 개혁해 주택과 서로 다른 규모의 아파트들을 건설하기 쉽게 만들고, 단독주택에 딸린 부속 거주 시설 건설을 합법화하고, 주차 공간과 관련된 의무 조항을 줄이고, 건설 허가가 날 때까지 기다리는 시간의 상한선을 설정하는 새로운 법을 통과시켜야 한다. 개인이나 건설업 자들이 자신이 소유한 토지에 사람들이 거주할 공간을 못 짓게 하 려면 아주 특별한 명분이 필요하다. 주택난이 심각한 시기에 주택을 건설하기가 어려워서는 안 된다.

이러한 아이디어를 실행하려면 정치적·경제적으로 해결해야 할 문제가 산적해 있다. 도시마다 거듭해서 여러 가지 법을 통과시켜야 한다. 오늘날 주택 건설 규정은 지역마다 다 다르다. 주택 정책이 도 시의 한계를 벗어나지 않는다면 적합하다. 그러나 주택 정책은 주의 경계를 초월해, 심지어 전국적으로 영향을 미친다. 캘리포니아주 대 도시 진입을 어렵게 만들면 가족이 있는 가구들은 텍사스주와 애리 조나주로 떠난다. 임금이 최고 수준인 지역에서 주택 구하기가 어려 워지면 미국에서 사회적 계층 이동을 활발하게 촉진했던 막강한 원 동력이 사라진다. 그렇다면 어느 수준의 정부가(그리고 어느 수준의 사 회가) 주택 정책을 수립하는 데 적합할까? 주 당국이 맡아서 해야 할 까? 아니면 연방 정부가 하는 게 적합할까?

바로 이 부분에서 정책 제안 목록을 나열하는 방식이 지닌 단점이 분명히 드러난다. 원하는 정책의 목록을 나열하기는 쉽다. 그러나 결국 여기서 중요한 관건은 우리가 지닌 가치관이다. 한 지역 공동 체에 현재 거주하는 사람들이 앞으로 그 공동체에 누가 들어올지 결 정하는 데 있어서 어느 정도나 비중 있는 역할을 해야 하는지 어떻 게 결정해야 할까? 한 마을의 이익과 국가의 이익을 어떻게 균형 맞취야 할까?

　건설과 발명을 어렵게 만드는 절차를 바꾸려면 리버럴 진영이 구축한 체계가 진정으로 그들이 추구한 목표를 반영하는지 직시해야 한다. 풀뿌리 국민의 참여를 육성하도록 설계된 체제가 기득권 세력과 특수 이익 집단에 포획당해버렸다. 시끌벅적한 마을 주민 회의에서는 회의장을 둘러보고 누가 참석하지 않았는지 기억하기 어렵다. 시간제로 두 군데 일하러 나가는 어머니, 주거 시설이 절실히 필요하지만 내 집 마련할 경제적 여유가 없는 어린 자녀를 둔 가족 등 마을 회의에 참석하기 어려운 사람들 말이다. "이게 바로 민주주의의 참모습이다"라는 구호가 흔히 시위에 등장하지만, 민주주의의 참모습은 어때야 하는지 답변하기란 지독히 어렵다.

　우리가 이 책에서 하는 제안은 정책적 해법의 묶음이라기보다 미국 정치의 핵심이 되어야 할 질문의 묶음이다. 풍요로워야 하는데 결핍된 것이 무엇인가? 건설하기 쉬워야 하지만 건설하기 어려운 것이 무엇인가? 아직 존재하지 않지만 발명되어야 할 것은 무엇인가?

　1960년대와 1970년대에 환경 보호주의는 단순히 입법적 대변화가 아니라 입법 혁명 또는 문화적 현상이었다. 아니, 입법적 대격변이자 입법 혁명이자 문화적 현상이었다. 미국 국민은 자신과 토지의 관계 그리고 자연을 보호하는 책임자라는 새로운 개념들을 개발했다. 새로운 아이디어는 새로운 법, 새로운 주장, 새로운 관습으로 이어졌다. 사회 각계각층, 정부 안팎의 사람들은 이러한 새로운 아이디어들을 생각해냈다.

환경 보호 운동은 수정과 과도한 수정을 거듭했지만, 수십 년 동안 미국을 변모시켰는데(지금도 변모시키고 있다) 그 이유는 입법 행위보다 훨씬 비중 있는 뭔가를 촉발했기 때문이다. 환경 보호 운동은 법 이상의 의미를 지니는 렌즈 역할을 했다. 미국의 상원의원은 환경 보호 운동이라는 렌즈를 통해 어떤 법안이 필요한지 판단했다. 판사는 환경 보호 운동이라는 렌즈를 통해 어떤 새로운 판결을 내려야 할지 판단했다. 가족은 환경 보호 운동이라는 렌즈를 통해 자신들이 얼마나 낭비하고 있고 얼마나 재활용을 소홀히 하고 있는지 판단했다. 똑똑한 대학생은 환경 보호 운동이라는 렌즈를 통해서 추구해야 할 명분을 보았다.

우리가 이 책에서 제시하려는 것이 바로 이런 렌즈다. 캘리포니아주 새너제이에서 아파트 건물의 건축을 방해하는 요인은 오클라호마에서 새로운 전선 설치를 방해하는 요인과 다르다. 국세청이 사용 중인 소프트웨어를 최신 것으로 바꾸지 못하게 방해하는 요인은 캘리포니아주에서 고속철도망의 완공을 방해하는 요인과 다르다. 야심 찬 젊은 과학자가 자신이 지닌 가장 기발한 생각을 제시하지 못하게 방해하는 요인은 시멘트를 제조하는 새로운 방법을 발견해 대량 생산을 못 하게 방해하는 요인과 다르다. 이러한 난관들을 관통하는 공통된 요소들이 있고 이러한 문제들 전반에 되풀이해서 나타나는 요소들이 있지만, 단일한 해법이 적용될 만큼 통합되어 있지는 않다.

풍요 대 결핍

1964년 기존의 질서가 새로운 질서로 바뀔 무렵 뉴욕시는 미국의 비범한 재능을 과시하기 위해 세계 박람회 행사를 주최했다. 행사 장소는 퀸즈(Queens) 지역에 3마일에 걸쳐 펼쳐진 자연 습지대 플러싱(Flushing)이었다. 1920년대에 이 지역은 쓰레기 천지였고 설치류가 들끓었다고 한 소설가 F. 스콧 피츠제럴드(F. Scott Fitzgerald)는《위대한 개츠비》에서 이 지역을 "주검의 계곡"이라 일컬었다.[25] 그러나 이 지저분한 목초지는 세계 박람회 행사를 치르기 위해 전 세계를 흥분시키는 모습으로 눈부시게 변했다. 거의 700에이커에 달하는 드넓은 지역에 140개의 전시관이 설치되어 미국의 역사와 업적을 세상에 알렸다.

5,000만 명 이상이 행사장을 찾았고 곧 그들이 드나드는 백화점과 그들의 집을 채우게 될 발명품들을 둘러보았다. 벨 연구소는 미국인 수백만 명에게 최초의 '화상 전화(Picturephone)'를 선보이는 전시를 열었다.[26] 웨스팅하우스(Westinghouse)는 새로운 전기 칫솔과 신용카드를 선보였고, 이를 타임캡슐에 넣어 수천 년이 지난 후에 열어보도록 했다.[27] 세계 박람회에서 가장 큰 호응을 얻은 전시는 제너럴 모터스(General Motors)의 '퓨처라마 II(Futurama II)'로서, 수천만 명의 관객들이 20세기 말의 삶을 상상해 표현한 이 정교한 3차원의 축소 모형을 관람했다. 관객들이 최초로 달에 교두보를 구축하는 우주인 농부들 모델에 다가가자 "미래에는 달에서…"라는 목소리가

흘러나왔다.[28] 또 다른 전시관에서는 도시 경관을 축소한 모형을 전시했는데, 도심을 연결하는 2층짜리 고속도로망과 달걀을 길게 잡아 늘인 모양의 마천루가 등장했다.

박람회 개막식에서 존슨 대통령은 인상적인 기조연설을 했는데, 다음 대목이 두드러졌다.

이곳에 선보인 풍요와 힘은 초기 정착민이 품었던 미래상을 초월한다. 미국은 황야의 변경 지역에서 세계에서 가장 위대한 나라로 변모했다. 뉴욕이 탄생할 당시 북미 지역 전체 인구의 70배에 달하는 사람들이 이 박람회를 찾게 된다.

지난번 뉴욕이 세계 박람회를 개최했을 때도 우리는 미래를 예측하려고 했다. 한 대담한 전시는 1960년대에 미국을 24시간 안에 가로지르기가 가능해지고 1만 피트 높이까지 날 수 있다고 예측했다. 무려 3,800만 대의 자동차가 미국의 고속도로를 질주하리라고 예언했다. 우주, 원자력, 질병을 퇴치하는 기적의 약물에 대해서는 언급하지 않았다.

이는 1939년에는 대담한 예언이었다. 그러나, 또다시, 현실은 미래의 구상을 훌쩍 뛰어넘었다.

그리고 나서 존슨 대통령은 다음과 같이 한마디 경고를 했다. "우리가 이룬 업적에 자부심을 느낀다고 해서 진보는 두 얼굴을 지녔다는 사실을 잊으면 안 된다. 진보의 최종적인 방향(풍요냐 멸절이냐, 발전이냐 황폐함이냐…)은 우리 하기에 달렸다."[29]

그로부터 60년이 지난 지금 기술적 미개척지는 1964년 세계 박람회 당시에 상상했던 정도를 넘어서는 가능성을 제시한다. 까다로운 질병을 퇴치할 의약품, 하늘에서 오염 물질을 빨아들이는 공장, 더 오랫동안 더 건강하고 더 행복하게 사는 대대적인 프로젝트를 지원할 지적인 기계 등이 개발되고 있다. 그러나 존슨 대통령이 정치적인 재앙이 당대에 어두운 그림자를 드리울 가능성을 간파했듯이, 우리도 우리 시대 나름의 실존적인 양자택일의 갈림길에 서 있다. 풍요냐, 아니면 결핍이냐.

풍요는 참신한 도발적 질문을 중심으로 정치의 방향을 재설정한다. '공급으로 우리의 문제들을 해결할 수 있을까?'라고 말이다. 이처럼 믿기지 않을 정도로 단순한 질문에서 수많은 소중한 질문들이 꽃핀다. 주거 시설이 충분치 않다면 주거 시설을 더 지을 수 있을까? 불가능하다면 그 이유는 뭘까? 청정에너지가 충분치 않다면 청정에너지를 더 많이 생산할 수 있을까? 불가능하다면 그 이유는 뭘까? 정부가 시한에 맞춰 예산을 초과하지 않고 대대적인 프로젝트를 완성하는 데 되풀이해서 실패한다면, 뭐가 문제이고 그 문제를 어떻게 해야 바로잡을 수 있을까? 과학적 진보 속도가 둔화한다면, 과학자들이 최고의 기량을 발휘하게 해주기 위해 우리는 어떻게 해야 할까? 우리가 당면한 중요한 문제들을 해결하기 위해 새로운 기술이 필요하다면, 어떻게 해야 이러한 기술을 발명할 시기를 미래에서 현재로 앞당기고 발명한 기술을 현재에 배포할 수 있을까?

풍요를 추구하려면 제도적인 일신(日新)이 필요하다. 가장 위험한 정치적 병리 현상은 적이 공격하는 대상은 무엇이든 무조건 방어하는 경향이다. 우익 진영이 수십 년 동안 정부를 공격하면서 리버럴 진영은 반사적으로 정부를 적극적으로 옹호하게 되었다. 그러나 여러분이 정부를 신뢰한다면 정부가 제대로 작동하게 만들어야 한다. 정부를 제대로 작동하게 만들려면 정부가 어떨 때 실패하고 왜 실패하는지 분명히 파악해야 한다.

이 책을 쓰면서 가장 놀랐던 사실은 여느 사람 못지않게 우리도 맹점이 있다는 사실이었다. 한때 우리가 제 기능을 하는 정부라는 법칙의 예외적인 사례로 여겼던 사연들이 이제는 놀라울 정도로 규범에 근접해 보인다. 예산을 초과하고 미완성인 채로 방치된 공공 사업 프로젝트, 공중 화장실에 붙은 터무니없이 높은 가격표, 민주당 텃밭인 도시들에서 노숙자의 폭발적 증가, 좋은 의도에서 시작된 기간 시설 구축 프로젝트에 대해 난무하는 소송들, 핵심 기술 분야에서 제조업의 선두 지위 상실, 사회적 목적을 달성하기 위해 발명을 장려하는 의제의 부재 등이 바로 그런 사연들이다. 어떤 체계가 추구하는 목적은 그 체계가 하는 일이다. 결과가 시간과 공간을 초월해 똑같이 반복되면, 선택들이 쌓이고 쌓여서 규정이 된 결과다. 즉 아이디어와 정치 운동의 결과라는 뜻이다.

지난 몇십 년 동안 등장한 아이디어와 정치 운동은 악당이 아니다. 그런 아이디어와 운동은 지금과는 다른 시대에 발생한 위기에 대한 대응이었다. 그런 아이디어와 운동들은 성공했다. 눈부신 성공을 거두는 경우도 흔했다. 우리의 제도가 이 시대에 적합하지 않은 까닭은 제도가 잘못이어서가 아니라 우리가 잘못했기 때문이다. 우리 세대가 성공한다면 미래 세대는 우리의 성공이 그들의 시대에 적합하도록 만드느라 고군분투하게 된다. 그렇게 되기를 희망하자.

그러나 미래에 앞서 우선 현재에 집중하자. 거슬은 "정치 질서를 구축하려면 선거에서 한두 번 이기는 정도로는 턱도 없다"라면서 다음과 같이 말한다.

> 정치 질서를 구축하려면 주머니 두둑한 기부자들[그리고 정치 행동 위원회(Political Action Committee, PAC)]이 장기간에 걸쳐 전도유망한 후보들에게 투자해야 한다. 싱크 탱크와 정책 교류망을 구축해 정치적 아이디어를 실천 가능한 프로그램으로 전환해야 한다. 여러 선거구에서 일관성 있게 유권자의 지지를 얻을 신흥 정당이 필요하다. 최상위 수준(대법원)에서 그리고 대중적인 인쇄와 방송 매체들을 통해 정치적 견해를 형성할 역량이 필요하다. 유권자들에게 바람직한 삶의 미래상을 심어줄 역량을 갖춘 도덕적 혜안이 필요하다. 다시 말해서, 정치 질서는 폭넓은 전선에 걸쳐 앞으로 나아가야 하는 복잡한 프로젝트다.[30]

정치 운동이 성공하려면 과거의 가치가 스며들어 있는 미래상을 구축해야 한다. 1930년대에 루스벨트 대통령은 정부가 미국의 자유(표현의 자유, 종교의 자유, 결핍으로부터의 자유, 두려움으로부터의 자유)를 지키는 파수꾼이라는 확장된 관점을 제시했다. 그로부터 50년 후 레이건 대통령도 똑같은 가치를 내세웠지만, 이번에는 정부를 자유의 수호자가 아니라 자유의 적으로 규정했다.

역사적으로 볼 때 자유가 미국의 의식 속에 깊이 뿌리를 내려왔듯이, 풍요도 마찬가지다. 풍요라는 주제는 최초로 북미 대륙을 둘러본 유럽 저자들의 일기와 서신을 가득 채우고 있다. 1611년 버지니아주 부지사 토머스 데일 경(Sir Thomas Dale)은 당시 영국의 식민지였던 버지니아에 대해 이렇게 말했다. "기독교 지역에서 최고의 4개 왕국을 다 합해도 물자와 비옥한 토양에 있어서 이 나라와는 비교가 안 된다." 뒤이은 수 세기 동안 미국을 방문한 사람들과 미국에 거주하는 사람들은 토지, 식량, 기회가 풍부한 미국을 넋을 잃고 바라보았다. 1817년 영국 작가 윌리엄 코빗(William Cobbett)은 미국인의 식단에 대해 "눈앞에 산해진미가 넉넉한 한 상이 펼쳐져서 식탐에 대한 자제력을 완전히 잃게 된다"라고 했다.[31]

포터는 《풍요로운 사람들》에서 바로 이런 풍요가 미국의 특징을 규정한다고 주장했다. 미국이 추구하는 독특한 이상과 열망의 묶음은 실제로 존재하는 풍요뿐만 아니라 풍요에 대한 믿음도 형성했다. 포터 시대의 풍요는 (미국이라는 실험이 진행된 첫 수십 년의 기준으로 보아도 두말할 필요가 없고) 우리 시대의 기준으로 보아도 철저한 궁핍과 빈곤일지 모른다. 이게 바로 우리의 성공을 가늠하는 척도다. 그러나 미국은 풍요와 결핍이 공존하는 사연임을 우리에게 상기시켜주는 이야기이기도 하다. 지금 우리는 결핍의 사연을 향해 방향을 전환하는 미국을 바라보고 있다. 그 전환은 미국의 정치뿐 아니라 국가의 성격도 바꾸고 있다.

우리는 실제 세계에서 실제로 놀라운 결과를 낳는 풍요의 정치를 추구한다. 우리는 더 많은 주거 시설이 지어지고, 더 많은 에너지가 생산되고, 더 많은 질병 치료 방법이 발견되고, 더 많은 건설이 이뤄지기를 바란다. 이는 그저 말로만 이뤄진 이야기가 아니라 벽돌과 강철과 태양광 패널과 전선으로 구축해야 하는 이야기다. 그러나 최근 뿌리내린 결핍이라는 편협한 서사가 아니라, 미국의 성격과 경험에 충실하고 미국이 이뤄온 업적과 앞으로 이룰 업적에 충실한 이야기라고 우리는 믿는다.

풍요에는 미국이라는 프로젝트에 꼭 들어맞는 거대함이 내재되어 있다. 단순히 무엇이든 더 많기를 바라는 게 아니라 중요한 게 더 많기를 바라는 풍요다. 풍요는 끊임없이 제도를 고쳐나가는 노력을 기울이겠다는 약속이다. 기술은 늘 진보의 핵심이었고 지금도 진보의 핵심이라는 사실을 인식하는 게 풍요다. 풍요는 미국의 집단적인 특질을 지구의 필요와 서로의 필요와 조화시키겠다는 결의다. 풍요는 리버럴리즘이 맞다. 그러나 거기서 그치지 않는다. 풍요는 뭔가를 구축하는 리버럴리즘이다.

이 책은 저자인 우리 두 사람의 공적인 삶과 사적인 삶에서 두루 지지와 자극을 넉넉하게 받았기에 가능했다.

우선 공적인 삶에서 우리가 감사해야 할 대상들부터 살펴보자. 게일 로스는 저자라면 누구나 꿈꿀 에이전트이자 내 편이 되어줄 최고의 사람이다. 그녀는 이 책에 대한 지지뿐 아니라 우리 두 사람에 대한 지지도 아끼지 않았다. 이 책을 쓰느라 고군분투하면서 어쩔 줄 몰라 헤매기 일쑤였던 우리 두 사람에 대한 지지 말이다.

벤 로넌은 더할 나위 없는 훌륭한 편집자다. 그의 지성과 우리를 응원하는 동시에 닦달하는 나무랄 데 없는 균형 감각 덕분에 이 책을 완성하게 되었다. 그가 이끈 애비드 리더 출판사(Avid Reader Press) 팀은 최고의 역량을 지녔다. 이 책이 출간되기까지 길을 안내해준 캐롤린 켈리에게 무한한 감사를 드린다. 수려한 책 표지를 디자인하는 작업을 이끈 앨리슨 포너, 마케팅과 출판 기념 행사를 흠잡을 데 없이 꾸려준 메러디스 빌라렐로와 알렉산드라 프리미아니에게도 감사를 드린다. 사실을 확인하는 작업은 철저한 전문성을 지닌 재닛 번이 맡아주었다. 알레이나 케네디는 우리가 책의 각 장마다 밑그림을 그리고 핵심적인 주장들을 마련하는 동안 이 책에 필요한 자료 조사를 해주었다.

여기서 일일이 감사를 드릴 수 없을 만큼 수많은 분과 나눈 대화들도 이 책의 밑바탕이 되었다. 특히 아이디어를 다듬어준 사상가와 저자들로부터 큰 도움을 받았다. 알렉스 타바록(Alex Tabarrok), 브링크 린지, 헨리 패럴(Henry Farrell), 하이디 윌리엄스, 제니퍼 팔카(Jennifer Pahlka), 제시 젱킨스, 제루살럼 뎀사스, 마크 덩켈슨(Marc Dunkelson), 매튜 이글레시아스(Matthew Yglesias), 노아 스미스(Noah Smith), 패트릭 콜리슨, 로제 카마(Roge Karma), 솔 그리피스, 스티븐 텔레스(Steven Teles), 타일러 카우언(Tyler Cowen) 그리고 진보 연구소 연구원들을 비롯해 모든 분에게 감사드린다. 집필 초기에 여러 장을 읽고 세심하게 견해를 밝혀준 윌리엄스, 젱킨스, 뎀사스에게 특히 감사드린다. 존스홉킨스대학교의 SNF 아고라 연구소에 있는 경제사회 센터의 스티브, 그리고 우리의 아이디어를 다듬어준, 스탠퍼드대학교 행동과학 부문의 첨단 연구 센터의 공동 연구회도 큰 도움이 되었다.

우리는 운 좋게도 〈뉴욕타임스〉와 〈애틀랜틱〉 두 기관에서 일하고 있다. 고품질 저널리즘을 위한 이 두 기관의 지원과 헌신은 견줄 데가 없다.

데릭 톰슨은 아무것도 모를 때 자신을 채용해준 밥 콘, 자신을 계속 〈애틀랜틱〉에서 일하게 해준 제프리 골드버그, 지혜롭고 효율적인 편집을 해준 즐리엣 래피도스, 그리고 장문의 형태로 주장하는 바를 전개하는 뛰어난 능력을 지닌 돈 펙에게 감사하고 싶다. 또한 자신의 팟캐스트를 지원해주는 링어의 멋진 팀에게도 감사하고 싶다. 팟캐스트에서 나눈 대화들은 늘 그 자체만으로도 정말 재미있으며, 이 책을 집필할 때도 놀라운 깊이를 더해주었다.

에즈라 클라인은 지원과 조언을 아끼지 않은 A. G. 슐즈버거, 샘 돌닉, 캐슬린 킹즈베리에게 감사하고 싶다. 애런 레티카는 진정으로 뛰어난 편집자이자 멘토이자 친구다. 이 책은 그녀의 통찰력, 지혜, 아주 극소수만 아는 역사적 지식으로부터 많은 덕을 보았다. 그리고 팟캐스트 〈에즈라 클라인 쇼〉를 진행하는 팀 전체(아만 사호타, 애니 갤빈, 클레어 고든, 잭 매코딕, 일라이어스 이스퀴스, 제프 겔드, 크리스틴 린, 미셸 해리스, 롤린 후)의 협력과 날카로운 지적에도 늘 감사드린다.

우리는 직장 운도 좋지만, 친구와 가족 운은 더 좋다. 끝으로 이들에게 각자 인사를 전하고자 한다.

데릭 톰슨: 우선 나를 끊임없이 사랑해주시는 부모님께 무한한 감사를 드린다. 나를 무릎에 앉혀놓고 정치와 저널리즘을 가르쳐주신 아버지, 그 밖에 모든 것을 품 안에서 가르쳐주신 어머니께 감사드린다. 두 분이 정말 그립다. 두 분은 영원히 내 곁에 머무신다. 나를 사랑하고 지지해주는 모미에게 감사하다. 내 둘도 없는 누이 키라, 가족의 기둥이 되어주고 내게 영감을 주어서 감사하다. 내 친구들

(포토맥 크루, 노스웨스턴 크루, 컬트)과 드루, 평생 친구가 되어주고 진정한 형제애를 알게 해줘서 고맙다.

또 내가 꾸린 가정, 내가 가족이라 일컫는 이들에게도 감사하다. 로라, 당신을 만나서 천만다행이오. 당신의 지혜, 당신의 조언, 당신의 부드러움과 밝음을 사랑하오. 당신은 세상에서 가장 멋진 동반자이자 책을 탈고하면 가장 먼저 달려가고 싶은 사람이오. 그리고 이슬라도 있다. 내가 이 책을 집필하기 시작했을 때 나는 그저 남편이었다. 내가 이 책을 탈고할 즈음 나는 아빠가 되었다. 내 일생의 최고 선물인 우리 꼬마에게도 고맙다.

에즈라 클라인: 감사의 말이 늘 책에서 가장 쓰기 어려운 부분이다. 무슨 말을 해도 충분치 않기 때문이다. 내 친구들에게 감사하다. 신나는 블로빙(Blobbing) 물놀이를 함께 해준 찰리와 베스와 시오와 해리, 나와 긴 시간 동안 함께하면서 긴장과 마음의 부담을 덜어준 PJ, 수십 년 동안 친구가 되어주고 사안을 예리하게 꿰뚫어 보고 설득력 있는 주장을 해준 트리스탄, 긴 음성 메시지로 적확한 질문을 해주면서도 더할 나위 없이 친절하고 자상한 테레사. 나를 꿰뚫어 보고 끊임없이 내가 이 책을 쓰는 이유를 상기시켜주고 늘 곁에 있어준 그랜트에게 감사하다.

내 가족들에게 감사하다. 내게 400권의 책을 읽어주고 주민 의견을 조사할 때 늘 나를 참여시켜주고 항상 나의 장점을 보는 어머니께 감사드린다. 아이디어와 뉴스를 진지하게 받아들인 최초이자 최고의 본보기이고, 이 세상을 이해할 수 있음을 고집스럽게 보여준 아버지께 감사드린다. 나의 사회적 양심에 불을 붙이고 정치는 우리가 참여하겠다고 마음먹으면 얼마든지 참여할 수 있는 영역이라는 사실을 직접 행동을 통해 깨닫게 해준 형에게 감사하다. 그 누구보다도 나를 웃게 해주고 그 누구보다도 나를 이해해주는 내 누이에게도 감사하다. 생각이 깊고 정이 많은 린다와 새라에게 감사하다. 우리 아이들에게 멋진 할아버지 할머니가 되어주는 존 로리와 셀린 로리에게도 감사드린다.

그리고 내가 꾸린 가정도 있다. 내 세상을 빛내주는 모지스와 키런에게 고맙다. 이제 주말에 아이들과 다시 시간을 보내게 되어서 정말 기쁘다. 그리고 나의 아내 애니, 애니, 애니. 나는 그녀의 명석함에서 큰 도움을 얻는다. '적정 가격 주거 시설 위기'도 그녀가 만든 표현이자 개념이고, 내 머릿속의 생각은 대부분 결혼 생활에서 그녀와 나누는 끊임없는 대화에 뿌리를 두고 있다. 나는 그녀의 내조에서 정말 많은 은혜를 받았다. 이 책을 탈고할 길이 보이지 않을 때 그녀는 내게 길을 보여주었다. 이 책과 마찬가지로 삶에서도 내가 길을 잃고 방황할 때 그녀는 내게 길을 보여주었다. 나는 날마다 아침에 눈을 뜨면 그녀가 무슨 말을 할지 궁금해진다. 그녀와 삶의 동반자가 된 것은 내게 큰 선물이다. 그녀는 나를 풍요롭게 해준다.

서론

1   Laffer Curve Napkin, National Museum of American History, Smith sonian Institution, September 14, 1974, https://www.si.edu/object/laffer-curve-napkin%3Anmah_1439217; "Can Countries Lower Taxes and Raise Revenues?," *Economist*, June 18, 2019, https://www.economist.com/graphic-detail/2019/06/18/can-countries-lower-taxes-and-raise-revenues.

2   President Jimmy Carter, State of the Union Address Delivered Before a Joint Session of the Congress, January 19, 1978, https://www.presidency.ucsb.edu/documents/the-state-the-union-address-delivered-before-joint-session-the-congress-1.

3   President William Jefferson Clinton, State of the Union Address, US Capitol, January 23, 1996, https://clintonwhitehouse4.archives.gov/WH/New/other/sotu.html.

4   Steven Teles, Samuel Hammond, and Daniel Takash, "Cost Disease Socialism: How Subsidizing Costs While Restricting Supply Drives America's Fiscal Imbalance," Niskanen Center, September 9, 2021, https://www.niskanencenter.org/cost-disease-socialism-how-subsidizingcosts-while-restricting-supply-drives-americas-fiscal-imbalance/.

5   Derek Fidler and Hicham Sabir, "The Cost of Housing Is Tearing Our Society Apart," World Economic Forum, January 9, 2019, https://www.weforum.org/agenda/2019/01/why-housing-appreciation-is-killing-housing/;Alexander Hermann, "Housing Perspectives," Joint Center for Housing Studies of Harvard University, January 22, 2024, https://www.jchs.harvard.edu/blog/home-price-income-ratio-reaches-record-high-0.

6   KFF, "2023 Employer Health Benefits Survey," October 18, 2023, https://www.kff.org/report-section/ehbs-2023-section-1-cost-of-health-insurance/#figure11.

7   Digest of Education Statistics, table 330.10: Average Undergraduate Tuition and Fees and Room and Board Rates Charged for Full-Time Students in Degree-Granting Postsecondary Institutions, by Level and Control of Institution: Selected Years, 1963-64 Through 2018-19, National Center for Education Statistics, https://nces.ed.gov/programs/digest/d19/tables/dt19_330.10.asp; Melanie Hanson, "Average Cost of College by Year," EducationData.org, September of College 9, 2024, https://educationdata.org/average-cost-of-college-by-year; Melanie Hanson, "Average Cost by Pricing: State," EducationData.org, September 16, 2024, https://educationdata.org/average-cost-of-college-by-state; College Board, "Trends in College Highlights," 2023-24 school year, date of report: 2024,

https://research.collegeboard.org/trends/college-pricing/highlights.

8   Eric Cutler, "True Cost of Child Care by State," January 23, 2024, https://tootris.com/edu/blog/parents/cost-of-child-care-in-all-50-states-for-2022/.

9   Annie Lowrey, "The Great Affordability Crisis Breaking America: In One of the Best Decades the American Economy Has Ever Recorded, Families Were Bled Dry," *Atlantic*, February 7, 2020, https://www.theatlantic.com/ideas/archive/2020/02/great-affordability-crisis-breaking-america/606046/.

10 "Remarks by President Biden on the December 2021 Jobs Report," January 7, 2022, https://www.whitehouse.gov/briefing-room/speeches-remarks/2022/01/07/remarks-by-president-biden-on-the-december-2021-jobs-report/.

11 Aaron Bastani, *Fully Automated Luxury Communism* (London: Verso, 2019), 150-52.

12 Bastani, Fully *Automated Luxury Communism*, 10.

13 Andriy Blokhin, "The 5 Countries That Produce the Most Carbon Dioxide (CO2)," Investopedia, July 26, 2024, https://www.investopedia.com/articles/investing/092915/5-countries-produce-most-carbon-dioxide-co2.asp; Wolfgang Fengler, Indermit Gill, and Homi Kharas, "Making Emissions Count in Country Classifications," Brookings Institution, September 7, 2023, https://www.brookings.edu/articles/making-emissions-count-in-country-classifications/; UN Environment Programme, "Emissions Gap Report 2023," https://www.unep.org/interactives/emissions-gap-report/2023/#section_0; "Global Emissions," Center for Climate and Energy Solutions, https://www.c2es.org/content/international-emissions/; Kamwoo Lee, Jia Li, and Divyanshi Wadhwa, "From Climate Scient to Global Action: Who Contributes Most to Global Green house Gas Emissions?," October 11, 2023, World Bank Blogs, https://blogs.worldbank.org/en/opendata/climate-science-global-action-who-contributes-most-global-greenhouse-gas-emissions.

14 "Renewables Competitiveness Accelerates, Despite Cost Inflation," International Renewable Energy Agency, press release, August 29, 2023, https://www.irena.org/News/pressreleases/2023/Aug/Renewables-Competitiveness-Accelerates-Despite-Cost-Inflation.

15 State of California Air Resources Board, Advanced Clean Cars II Regulations, Resolution 22-12, August 25, 2022, https://ww2.arb.ca.gov/sites/default/files/barcu/board/books/2022/082522/prores22-12.pdf.

16 US Energy Information Administration, "Most U.S. Nuclear Power Plants Were Built Between 1970 and 1990," April 27, 2017, https://www.eia.gov/todayinenergy/detail.php?id=30972; US Energy Information Administration, "How Old Are U.S. Nuclear Power Plants, and When Was the Newest One Built?," May 8, 2024, https://www.eia.gov/tools/faqs/faq.php?id=228&t=21; US Energy Information Administration, "U.S. Commercial Nuclear Capacity Comes from Reactors Built Primarily Between 1970 and 1990," June 30, 2011, https://www.eia.gov /today inenergy/detail.php?id=2030; World Nuclear Association, "Nuclear Power in the USA," August 27, 2024, https://world-nuclear.org/information-library/country-profiles/countries-t-z/usa-nuclearpower; Nuclear Energy Institute, "Decommissioning Status for Shutdown U.S. Nuclear Plants," US Nuclear Regulatory Commission, US Department of Energy, and the International Atomic Energy Agency, updated August 2022, https://www.nei.org/resources/statistics/decommissioning-status-for-shutdown-us-plants; Elesia Fasching, Tyler Hodge, and Slade Johnson, "First New U.S. Nuclear Reactor Since 2016 Is Now in Operation," US Energy Information Administration, August 1, 2023, https://www.eia.gov/todayinenergy/detail.php?id=57280; Georgia Power, "Vogtle Unit 4 Enters Commercial Operation," press release, April 29, 2024, https://www.georgiapower.com/company/news-hub/press-releases/vogtle-unit-4-enters-commercial-operation.html; Bechtel, "America's Next Nuclear

Power Plant Begins Construction," press release, June 10, 2024, https://www.bechtel.com/newsroom/press-releases/americas-next-nuclear-power-plant-begins-construction/.

17 Neil Postman, *Amusing Ourselves to Death: Public Discourse in the Age of Show Business* (New York: Penguin Books, 2006), 157.

18 Tyler Cowen, "What Libertarianism Has Become and Will Become–State Capacity Libertarianism," *Marginal Revolution*, January 1, 2020, https://marginalrevolution.com/marginalrevolution/2020/01/what-libertarianism-has-become-and-will-become-state-capacity-libertarianism.html.

19 "Party Affiliation of the Mayors of the 100 Largest Cities," Ballotpedia, https://ballotpedia.org/Party_affiliation_of_the_mayors_of_the_100_largest_cities.

20 "California Elected Officials," 270toWin, https://www.270towin.com/elected-officials/california.

21 "Cost of Living Index by State 2024," World Population Review, https://worldpopulationreview.com/state-rankings/cost-of-living-index-by-state.

22 Bruce E. Cain and Preeti Hehmeyer, "California's Population Drain," Stanford University Institute for Economic Policy Research, October 2023, https://siepr.stanford.edu/publications/policy-brief/californias-population-drain; Alix Martichoux, "Leaving California: These Were the Top Destinations for Californians Who Moved in 2022," KTLA 5, October 20, 2023, https://ktla.com/news/local-news/are-californians-still-taking-over-texas-new-census-data-reveals-where-people-are-moving-most/.

23 William G. Howell and Terry M. Moe, *Presidents, Populism, and the Crisis of Democracy* (Chicago: University of Chicago Press, 2020), Kindle, 6.

24 Christine Leonard, "Map Shows Which California Demographic Shifted Most Toward Trump," *San Francisco Chronicle*, November 14, 2024, https://www.sfchronicle.com/election/article/trump-vote-california-county-19897935.php.

25 Kevin Schaul and Kati Perry, "How Counties Are Shifting in the 2024 Presidential Election," *Washington Post*, November 6, 2024, updated November 22, 2024, https://www.washingtonpost.com/elections/interactive/2024/11/05/compare-2020-2024-presidential-results/.

26 US Census Bureau, "State-to-State Migration Flows," https://www.census.gov/data/tables/time-series/demo/geographic-mobility/state-to-statemigration.html.

27 Jerusalem Demsas, "The Democrats Are Committing Partycide," *Atlantic*, November 14, 2024, https://www.theatlantic.com/politics/archive/2024/11/democrat-states-population-stagnation/680641/.

28 Derek Thompson, "The Urban Family Exodus Is a Warning for Progressives," *Atlantic*, August 5, 2024, https://www.theatlantic.com/ideas/archive/2024/08/the-urban-family-exodus-is-a-warning-for-progressives/679350/.

29 David M. Potter, *People of Plenty: Economic Abundance and the American Character* (Chicago: University of Chicago Press, 1954), 164.

30 Potter, *People of Plenty*, 173.

31 리자베스 코언의 책 제목에서 발췌했다: Lizabeth Cohen, *A Consumers' Republic: The Politics of Mass Consumption in Postwar America* (New York: Alfred A. Knopf, 2003).

1. 성장

1 Horace Greeley, *The Autobiography of Horace Greeley* (New York: E. B. Treat, 1872), 38, 50.

2 Potter, *People of Plenty*, 94.

3 Alan Brinkley, *The End of Reform: New Deal Liberalism in Recession and War* (New York:

Vintage Books, 1996), 132.

4   Brinkley, *The End of Reform*, 133.

5   Housing and Home Finance Agency, Washington, DC, "The Housing Situation–1950: An Analysis of Preliminary Results of the 1950 Housing Census," February 1951, 3, https://www.huduser.gov/portal/sites/de fault/files/pdf/Housing–Situation–1951.pdf.

6   OECD, "Housing Stock and Construction," figure HM1.1.1, 2, https://www.oecd.org/content/dam/oecd/en/data/datasets/affordable–housing–database/hm1–1–housing–stock–and–construction.pdf.

7   Chamber of Commerce, "Cities with the Most House Poor Homeowners," https://www.chamberofcommerce.org/cities–with–the–most–house–poor–homeowners/.

8   Annie Lowrey, "The Wrong-Apartment Problem: Why a Good Economy Feels So Bad," *Atlantic*, July 22, 2023, https://www.theatlantic.com/ideas/archive/2023/07/us–economy–labor–market–inflation–housing/674790/.

9   Glaeser, *Triumph of the City: How Our Greatest Invention Makes Us Richer, Smarter, Greener, Healthier, and Happier* (New York: Penguin Press, 2011), Kindle, 131.

10   Diane Cardwell, "Mayor Says New York Is Worth the Cost," *New York Times*, January 8, 2003, https://www.nytimes.com/2003/01/08/nyregion/mayor–says–new–york–is–worth–the–cost.html.

11   Glaeser, *Triumph of the City*, Kindle, 6.

12   David Stringer, "Inside Foxconn's Plan to Build EVs," Bloomberg, November 2, 2023, https://www.bloomberg.com/news/newsletters/2023–11–02/what–does–foxconn–make–iphones–now–but–evs–are–on–the–way–big–take?sref=VpNSse6l.

13   US Securities and Exchange Commission, Form 10–Q, Apple Inc, for the quarterly period ended April 1, 2023, https://d18rn0p25nwr6d.cloudfront.net/CIK–0000320193/52f2576b–2775–4676–b40c–a63e2b5d8e60.pdf; Matthew Johnston, "How Apple Makes Money," Investopedia, June 27, 2024, https://www.investopedia.com/how–apple–makes–money–4798689.

14   "Alphabet Announces Fourth Quarter and Fiscal Year 2023 Results," January 30, 2024, https://abc.xyz/assets/95/eb/9cef90184e09bac553796896c633/2023q4–alphabet–earnings–release.pdf.

15   US Securities and Exchange Commission, Form 10–K, Tesla, Inc., for the fiscal year ended December 31, 2023, https://ir.tesla.com/_flysystem/s3/sec/000162828024002390/tsla–20231231–gen.pdf.

16   Glaeser, *Triumph of the City*, Kindle, 6.

17   Katie Deighton, "Goldman Sachs Embeds Software Developers Deeper into the Business," *Wall Street Journal*, October 19, 2022, https://www.wsj.com/articles/goldman–sachs–embeds–software–developers–deeper–into–the–business–11666218724.

18   Enrico Moretti, *The New Geography of Jobs* (New York: Mariner Books/Houghton Mifflin Harcourt, 2013), Kindle, loc. 1641

19   Moretti, *The New Geography of Jobs*, Kindle, loc. 1673.

20   Jackson Walker, "Zoom CEO Advises Employees to Return to Office or Risk Losing 'Trust,' Report Says," CBS Austin, August 24, 2023, https://cbsaustin.com/news/nation–world/zoom–ceo–advises–employees–to–return–to–office–or–risk–losing–trust–report–says–remote–work–telework–conferencing–virtual–hybrid–economy–employee–face–to–face.

21   Glaeser, *Triumph of the City*, Kindle, 37.

22   Moretti, *The New Geography of Jobs*, Kindle, loc. 173.

23   Raj Chetty et al., "The Fading American Dream: Trends in Absolute Income Mobility Since 1940," NBER Working Paper 22910, December 2016, http://www.nber.org/pa-

pers/w22910 and DOI 10.3386/w22910.

24 Derek Thompson, "The Secret to Reclaiming the American Dream," *Atlantic*, August 26, 2022, https://www.theatlantic.com/newsletters/archive/2022/08/american-dream-raj-chetty-friendship/671235/.

25 Raj Chetty, Nathaniel Hendren, Patrick Kline, and Emmanuel Saez, "Where Is the Land of Opportunity? The Geography of Intergenerational Mobility in the United States," June 2014, https://scholar.harvard.edu/files/hendren/files/mobility_geo.pdf.

26 Alexander M. Bell, Raj Chetty, Xavier Jaravel, Neviana Petkova, and John Van Reenen, "Do Tax Cuts Produce More Einsteins? The Impacts of Financial Incentives vs. Exposure to Innovation on the Supply of Inventors," NBER Working Paper 25493, January 2019, http://www.nber.org/papers/w25493.

27 Peter Ganong and Daniel W. Shoag, "Why Has Regional Income Convergence in the U.S. Declined?," NBER Working Paper 23609, July 2017, 2, DOI 10.3386/w23609.

28 Ganong and Shoag, "Why Has Regional Income Convergence in the U.S. Declined?," 4–5.

29 Ganong and Shoag, "Why Has Regional Income Convergence in the U.S. Declined?," 3.

30 See Lloyd A. Free and Hadley Cantril, *The Political Beliefs of Americans: A Study of Public Opinion* (New Brunswick, NJ: Rutgers University Press, 1967).

31 Wendell Cox, "2022 Residential Building Permits by Housing Market," March 14, 2023, *NewGeography*, https://www.newgeography.com/content/007766-2022-residential-building-permits-housingmarket.

32 William A. Fischel, *Zoning Rules!: The Economics of Land Use Regulation* (Cambridge, MA: Lincoln Institute of Land Policy, 2015), Kindle, 190.

33 Fischel, *Zoning Rules!*, Kindle, 195.

34 Fischel, *Zoning Rules!*, Kindle, 214.

35 Meghan McCarty Carino, "Life in This Iconic Mid-Century Suburb Shows How California Dreams Are Shrinking," *LAist*, July 2, 2018, https://laist.com/news/kpcc-archive/life-in-this-iconic-mid-century-suburb-shows-how-c.

36 "City of Tomorrow," The Lakewood Story, City of Lakewood, California, https://www.lakewoodcity.org/About/Our-History/The-Lakewood-Story/02-City-of-Tomorrow.

37 "Suburban Pioneers," The Lakewood Story, City of Lakewood, California, https://www.lakewoodcity.org/About/Our-History/The-Lakewood-Story/03-Suburban-Pioneers.

38 US Census Bureau, "New Privately-Owned Housing Units Authorized by Building Permits in Permit-Issuing Places," Annual History by State, https://www.census.gov/construction/bps/pdf/annualhistorybystate.pdf.

39 "California's Housing Future: Challenges and Opportunities, Final Statewide Housing Assessment 2025," p. 6, fig. 1.2, https://www.hcd.ca.gov/policy-research/plans-reports/docs/SHA_Final_Combined.pdf.

40 Jacob Anbinder, "Cities of Amber: Antigrowth Politics and the Making of Modern Liberalism, 1950–2008," PhD diss., Harvard University Graduate School of Arts and Sciences, 18–19. Regarding "more than fifteen thousand buildings": Anbinder's source, Ingrid Gould, Ellen Brian, J. McCabe, Eric Edward Stern, "Fifty Years of Historic Preservation in New York City," distinguishes between "lots" and "buildings." See Gould et al., pp. 2, 14 (incl. fig. 2.3) and p. 4, https://furmancenter.org/files/NYUFurmanCenter_50YearsHistoricPresNYC_7MAR2016.pdf.

41 Mac Taylor, Chas Alamo, and Brian Uhler, "California's High Housing Costs: Causes and Consequences," Legislative Analyst's Office, March https://lao.ca.gov/reports/2015/finance/housing-costs/housing-costs.pdf. Bank 17, 2015,

42 "New Private Housing Units Authorized by Building Permits for California," Federal

Reserve of St. Louis, updated October 24, 2024, https://fred.stlouisfed.org/series/CABP-PRIVSA. Also see Kenneth Schrupp, "Why Dallas Permits More Housing Than All of California," *Pacific Research* (blog), July 23, 2024, https://www.pacificresearch.org/why-dallas-permits-more-housing-than-all-of-california

43   Margot Kushel and Tiana Moore, "Toward a New Understanding: The California State-wide Study of People Experiencing Homelessness," University of California–San Francisco, Benioff Homelessness and Housing Initiative, June 2023, https://homelessness.ucsf.edu/our-impact/studies/california-statewide-study-people-experiencing-homelessness.

44   Heather Mac Donald, "San Francisco, Hostage to the Homeless," *City Journal*, Autumn 2019, https://www.city-journal.org/article/san-francisco-hostage-to-the-homeless.

45   Gregg Colburn and Clayton Page Aldern, *Homelessness Is a Housing Problem: How Structural Factors Explain U.S. Patterns* (Oakland: University of California Press, 2022), Kindle, loc. 1086.

46   Colburn and Aldern, *Homelessness Is a Housing Problem*, Kindle, loc. 1054–1071 and loc. 1166 and fig.8.

47   Colburn and Aldern, *Homelessness Is a Housing Problem*, Kindle, loc. 1238.

48   Matthew Yglesias, *The Rent Is Too Damn High* (New York: Simon & Schuster, 2012).

49   Matthew Yglesias, "Homelessness Is About Housing," *Slow Boring* (Substack), May 17, 2021, https://www.slowboring.com/p/homelessness-housing.

50   "Rooming Houses," American Planning Association, Report No. 105, December 1957, https://www.planning.org/pas/reports/report105.htm, citing the *St. Louis Post-Dispatch*, October 18, 1957, p. 20, https://www.newspapers.com/search/results/?keyword=If+rooming+houses+are+permitted+to+spread+to+the+city%27s+&publication-ids=4064.

51   Yglesias, "Homelessness Is About Housing," citing "Rooming Houses," American Planning Association, Report No. 105.

52   Yglesias, "Homelessness Is About Housing."

53   "How Long Does It Take to Save for a House?," WTF Happened in 1971?, https://wtfhappenedin1971.com/.

54   Jonathan Skinner, "Housing and Saving in the United States," NBER Working Paper 3874, October 1991, p. 1, https://www.nber.org/system/files/working_papers/w3874/w3874.pdf.

55   Fischel, *Zoning Rules!*, Kindle, 205.

56   Jerusalem Demsas, "The Homeownership Society Was a Mistake," *Atlantic*, December 20, 2022, https://www.theatlantic.com/newsletters/archive/2022/12/homeownership-real-estate-investment-renting/672511/.

57   Anbinder, "Cities of Amber," 46.

58   Fischel, *Zoning Rules!*, Kindle, 225.

59   Lyndon B. Johnson, "Remarks at the University of Michigan," May 22, 1964, University of Virginia/Miller Center, https://millercenter.org/the-presidency/presidential-speeches/may-22-1964-remarks-university-michigan.

60   John Kenneth Galbraith, *The Affluent Society* (New York: New American Library, 1958), 200.

61   Anbinder, "Cities of Amber," 3.

62   Federal Highway Administration, "State Motor Vehicle Registrations, by Years, 1900–1995," https://www.fhwa.dot.gov/ohim/summary95/mv200.pdf.

63   Jess McNally, "July 26, 1942: L.A. Gets Its First Big Smog," *Wired*, July 26, 2010, https://www.wired.com/2010/07/0726la-first-big-smog/.

64   Elizabeth T. Jacobs, Jefferey L. Burgess, and Mark B. Abbott, "The Donora Smog Revisited: 70 Years After the Event That Inspired the Clean Air Act," *American Journal of Public*

Health 108, S2 (April 2018): S85–S88, https://www.ncbi.nlm.nih.gov/pmc/articles/PMC5922205/.

65 Devra Lee Davis, *When Smoke Ran Like Water: Tales of Environmental Deception and the Battle Against Pollution* (New York: Basic Books, 2002). Twenty people "died during the fog itself" (22); fifty more died later, "in the month after the smog lifted" (27).

66 Nell Porter-Brown, "Paddling the Merrimack in Lowell and Lawrence," *Harvard Magazine*, July–August 2017, https://www.harvardmagazine.com/2017/06/reflections-on-a-river.

67 Lorraine Boissoneault, "The Cuyahoga River Caught Fire at Least a Dozen Times, but No One Cared Until 1969," *Smithsonian Magazine*, June 19, 2019, https://www.smithsonianmag.com/history/cuyahoga-river-caught-fire-least-dozen-times-no-one-cared-until-1969-180972444/; "The 1969 Cuyahoga River Fire," National Park Service, of https://www.nps.gov/articles/story-of-the-fire.htm; "Cuyahoga River Fire," *Encyclopedia Cleveland History*, Case Western Reserve University, https://case.edu/ech/articles/c/cuyahoga-river-fire.

68 "Forgotten History: Dooker's Hollow," *The Historical Dilettante*, February 19, 2021, https://historicaldilettante.blogspot.com/2021/02/forgotten-history-dookers-hollow.html.

69 Ronald Reagan, "Radio Address to the Nation on Environmental Issues," July 14, 1984, Ronald Reagan Presidential Library & Museum, https://www.reaganlibrary.gov/archives/speech/radio-address-nation-environmental-issues.

70 *Friends of Mammoth v. Board of Supervisors*, 8 Cal.3d 247, September 21, 1972, Sac. No. 7924, Supreme Court of California, https://scocal.stanford.edu/opinion/friends-mammoth-v-board-supervisors-32943; also available at https://caselaw.findlaw.com/court/ca-supreme-court/1826825.html.

71 John Zierold, "Environmental Lobbyist in California's Capital, 1965–1984," *California Legal History Journal* 13 (2018): 330–331. An oral history conducted in 1984 by Ann Lage, Sierra Club History Series, Regional Oral History Office, the Bancroft Library, University of California, Berkeley, 1988, https://www.cschs.org/wp-content/uploads/2018/02/Legal-Hist-v.-13-Environ-Oral-History-Zierold.pdf.

72 *Sacramento Bee*, October 22, 1972, p. 109, https://www.newspapers.com.

73 Anbinder, "Cities of Amber," 363.

74 Anbinder, "Cities of Amber," 365–66; Anne Jackson, "Agonizing Reappraisal for the Environmental Quality Act," *California Journal* 7 (1976): 59; Gladwin Hill, "Environmental Impact Statements, Practically a Revolution," *New York Times*, December 5, 1976. 0

75 Lewis Mumford, "The Highway and the City," *Architectural Record*, April 1958, https://google.it.ao/books?id=DmcWAAAAIAAJ&pg=PA371&dq=editions:HARVARDHWN-P7V&lr=&output=html_text; and see Lewis Mumford, The Highway and the City (New York: Harcourt, Brace & World, 1963), 234.

76 As measured in percentage change. See US Census Bureau, "Booming Cities Decade-to-Decade, 1830–2010," October 4, 2012, https://www.census.gov/dataviz/visualizations/017/508.php.

77 Anbinder, "Cities of Amber," 183.

78 "American Scene: The Great Wild Californicated West," *Time*, August 21, 1972, https://time.com/archive/6815691/american-scene-the-great-wild-californicated-west/.

79 Gilliam, *For Better or for Worse: The Ecology of an Urban Area* (San Francisco: Chronicle Books, 1972), cited by Anbinder, "Cities of Amber," 207.

2. 건설

1   Bill Gates, *How to Avoid a Climate Disaster: The Solutions We Have and the Breakthroughs We Need* (New York: Vintage Books, 2021), 19, 24.

2   Jason Hickel, *Less Is More: How Degrowth Will Save the World* (London: Penguin Books, 2022), Kindle, 32.

3   Hickel, *Less Is More*, Kindle, 28, 203.

4   Hickel, *Less Is More*, Kindle, 217.

5   "Global emissions need to fall by 45 to 50 per cent by 2030 in order to ensure temperatures don't rise above 1.5°C by 2100": UN Environment Programme, "How Do Countries Measure Greenhouse Gas Emissions?," citing the Emissions Gap Report, September 13, 2022, https://www.unep.org/news-and-stories/story/how-do-countries-measure-greenhouse-gasemissions; Chris Mooney, Naema Ahmed, and John Muyskens, "We Looked at 1,200 Possibilities for the Planet's Future. These Are Our Best Hope," *Washington Post*, December 1, 2022, updated May 22, 2023, https://www.washingtonpost.com/climate-environment/interactive/2022/global-warming-15-celsius-scenarios/.

6   Hickel, *Less Is More*, Kindle, 146.

7   The BBC went back to 2021 and tracked and compared the two years. Efrem Gebreab, Thomas Naadi, Ranga Sirilal, and Becky Dale, "Fuel Protests Gripping More Than 90 Countries," BBC, October 17, 2022, https://www.bbc.com/news/world-63185186.

8   Kevin Liptak, Phil Mattingly, Natasha Bertrand, M. J. Lee, and Kylie Atwood, "Biden Turns to Countries He Once Sought to Avoid to Find Help Shutting Off Russia's Oil Money," CNN, March 8, 2022, https://www.cnn.com/2022/03/08/politics/joe-biden-saudi-arabia-venezuela-iran-russia-oil/index.html.

9   Erik Voeten, "Is There a Green Policy Backlash?," *Good Authority*, September 21, 2023, https://goodauthority.org/news/is-there-a-green-policy-backlash/.

10 Charles C. Mann, *The Wizard and the Prophet: Two Remarkable Scientists and Their Dueling Visions to Shape Tomorrow's World* (New York: Alfred A. Knopf, 2018), 254-55.

11 "At any given time, around 130 people were enslaved at Monticello": Thomas Jefferson Foundation, https://www.monticello.org/slavery/people-enslaved-at-monticello/; Jefferson "enslaved over 600 human beings throughout the course of his life," four hundred at Monticello, two hundred "on...other properties." See also Annette Gordon-Reed, *The Hemingses of Monticello: An American Family* (New York: W. W. Norton, 2008), and Lisa Mann, "The Enslaved Household of President Thomas Jefferson," White House Historical Association, November 20, 2019, https://www.whitehousehistory.org/slavery-in-the-thomas-jefferson-white-house.

12 Thomas Jefferson to Thomas Mann Randolph, November 28, 1796, Monticello, https://www.monticello.org/exhibits-events/blog/i-shudder-at-the-approach-jefferson-on-winter/; Thomas Jefferson to "Mr. Volney," January 8, 1797, National Archives, https://founders.archives.gov/documents/Jefferson/01-29-02-0202.

13 Hans Rosling, "The Magic Washing Machine," TEDWomen 2010, December 2010, https://www.ted.com/talks/hans_rosling_the_magic_washing_machine/transcript?subtitle=en.

14 Hannah Ritchie, "What the History of London's Air Pollution Can Tell Us About the Future of Today's Growing Megacities," Our World in Data," June 20, 2017, https://ourworldindata.org/london-air-pollution.

15 Hannah Ritchie, *Not the End of the World: How to Be the First Generation to Build a Sustainable Planet* (New York: Little, Brown Spark, 2024), 48.

16 "Renewables Competitiveness Accelerates, Despite Cost Inflation," International Renewable Energy Agency, press release, August 29, 2023, https://www.irena.org/News/press-

releases/2023/Aug/Renewables-Competitiveness-Accelerates-Despite-Cost-Inflation; Felix Creutzig, Jerome Hilaire, Gregory Nemet, Finn Muller-Hansen, and Jan C. Minx, "Technological Innovation Enables Low Cost Climate Change Mitigation," *Energy Research & Social Science* 105 (November 2023): 103276, https://www.sciencedirect.com/science/article/abs/pii/S2214629623003365?dgcid=author.

17 David Wallace-Wells, "What Will We Do with Our Free Power?," *New York Times*, August 28, 2024, https://www.nytimes.com/2024/08/28/opinion/solar-power-free-energy.html.

18 Rupert Way, Matthew C. Ives, Penny Mealy, and J. Doyne Farmer, "Empirically Grounded Technology Forecasts and the Energy Transition," *Joule* 6 (September 2022): 2057-082, https://www.cell.com/action/show Pdf?pii=S2542-4351%2822%2900410-X.

19 US Energy Information Administration, "Levelized Costs of New Generation Resources in the *Annual Energy Outlook* 2022," p. 3, table 1a; p. 8, table 1b; p. 9.

20 Bill McKibben, "In a World on Fire, Stop Burning Things," *New Yorker*, March 18, 2022, https://www.newyorker.com/news/essay/in-a-world-on-fire-stop-burning-things?_sp=71841c1f-c05f-43bb-8cad-c1176340938e.1727888742505.

21 "Per Capita CO2 Emissions, 2022," Our World in Data, https://ourworldindata.org/grapher/co-emissions-per-capita; "CO2 Emissions per Capita," 2022, Worldometer, https://www.worldometers.info/co2-emissions/co2-emissions-per-capita/#google_vignette.

22 "Per Capita CO2 Emissions, 1979," Our World in Data, https://ourworldindata.org/grapher/co-emissions-per-capita?time=1979.

23 Hannah Ritchie, "How Do CO2 Emissions Compare When We Adjust for Trade?," Our World in Data, October 7, 2019, https://ourworldindata.org/consumption-based-co2.

24 "I Thought Most of Us Were Going to Die from the Climate Crisis. I Was Wrong," *Guardian*, excerpt from Ritchie, *Not the End of the World*, January 2, 2024, https://www.theguardian.com/environment/2024/jan/02/hannah-ritchie-not-the-end-of-the-world-extract-climate-crisis.

25 Mark Poynting and Esme Stallard, "UK to Finish with Coal Power After 142 Years," BBC, September 30, 2024, https://www.bbc.com/news/articles/c5y35qz73n8o.

26 "Lawrence Livermore National Laboratory Achieves Fusion Ignition," Lawrence Livermore National Laboratory, December 14, 2022, https://www.llnl.gov/article/49306/lawrence-livermore-national-laboratory-achieves-fusion-ignition.

27 Ezra Klein, "The Dystopia We Fear Is Keeping Us from the Utopia We Deserve," *New York Times*, January 8, 2023, https://www.nytimes.com/2023/01/08/opinion/nuclear-fusion-flying-cars.html.

28 Saul Griffith and Sam Calisch, "One Billion Machines," *Rewiring America*, June 2021, https://www.rewiringamerica.org/research/one-billion-electric-machines-report.

29 "AI가 작업량을 소화하려면 기존의 컴퓨팅보다 훨씬 많은 에너지가 필요하다. 챗GPT를 사용하면 기존의 웹 검색보다 전력이 10배 필요하다는 추산치도 있다. 게다가 2020년대 말까지 미국에서 전력 수요를 가장 많이 증가시키리라고 예측되는 부문은 AI의 데이터 센터다": JP모건, "위태로운 세계에서의 강력한 경제 체제(A Strong Economy in a Fragile World)," 2024, https://assets.jpmprivatebank.com/content/dam/jpm-pb-aem/global/en/documents/mid-year-outlook-2024.pdf.

30 US Energy Information Administration, "What Is U.S. Electricity Generation by Energy Source?," https://www.eia.gov/tools/faqs/faq.php?id=427&t=8.

31 Bart Pfankuch, "Solar Surge: South Dakota Sees New Interest in Solar Power," South Dakota News Watch, April 8, 2024, https://www.sdnewswatch.org/south-dakota-solar-power-wind-renewable-energy-electricity/.

32 Amanda Zhou, "How Clean Is WA's Electricity? We Lead the Country in One Way," *Seattle Times*, February 13, 2024, https://www.seattletimes.com/seattle-news/environment/how-clean-is-was-electricity-we-lead-the-country-in-one-way/.

33 Nevada Governor's Office of Energy, "Status of Energy Report 2023," https://energy.nv.gov/uploadedFiles/energynvgov/content/Home/Features/2023_Status_of_Energy_Report.pdf.

34 US Energy Information Administration, "Wyoming State Energy Profile," updated June 20, 2024, https://www.eia.gov/state/print.php?sid=WY.

35 US Department of Energy, Office of Energy Efficiency & Renewable Energy, "Quarterly Solar Industry Update," August 2024, https://www.energy.gov/eere/solar/quarterly-solar-industry-update; US Energy Information Administration, "Florida: Profile Analysis," 2024, https://www.eia.gov/state/analysis.php?sid=FL#:~:text=In%202022%2C%20Florida%20was%20third,of%20Florida's%20total%20net%20generation.&text=About%20four%2Dfifths%20of%20the,1%20megawatt%20or%20larger)%20facilities.

36 Ezra Klein, interview with Jesse Jenkins.

37 Eric Larson et al., "Net-Zero America: Potential Pathways, Infrastructure, and Impacts," Interim report, Princeton University, Princeton, NJ, December 15, 2020, https://netzeroamerica.princeton.edu/img/Princeton_NZA_Interim_Report_15_Dec_2020_FINAL.pdf, 172.

38 J. B. Ruhl and James E. Salzman, "The Greens' Dilemma: Building Tomorrow's Climate Infrastructure Today," *Emory Law Journal* 73, no. 1 (May 2023): 15, https://ssrn.com/abstract=4443474.

39 US Department of Energy, "Queued Up...but in Need of Transmission," April 2022, fig. 2, 3, https://www.energy.gov/sites/default/files/2022-04/Queued%20Up-%E2%80%A6But%20in%20Need%20of%20Transmission.pdf; Jeff St. John, "Biden's Got a Plan for Ramping Up Energy Transmission," Canary Media, May 17, 2023, https://www.canarymedia.com/articles/transmission/bidens-got-a-plan-for-ramping-up-energy-transmission.

40 Joseph H. Eto, "Building Electric Transmission Lines: A Review of Recent Transmission Projects," Lawrence Berkeley National Laboratory, Prepared for the Office of Electricity Delivery & Energy Reliability and the Office of Energy Policy and Systems Analysis, US Department of Energy, September 2016, LBNL-1006330, https://emp.lbl.gov/publications/building-electric-transmission-lines.

41 "Rahm Emanuel on the Opportunities of Crisis," *Wall Street Journal* (video), November 19, 2008, https://youtu.be/_mzcbXi1Tkk?t=9.

42 The White House, "Remarks by the President and the Vice President on High-Speed Rail," April 16, 2009, https://obamawhitehouse.archives.gov/the-press-office/remarks-president-and-vice-president-high-speed-rail.

43 Office of Governor Edmund G. Brown Jr., "Governor Brown Delivers 2018 State of the State Address: 'California Is Setting the Pace for America,'" January 25, 2018, https://archive.gov.ca.gov/archive/gov39/2018/01/25/governor-brown-delivers-2018-stateof-the-state-address-california-is-setting-the-pace-for-america/index.html.

44 Office of Governor Gavin Newsom, "Governor Newsom Delivers State of the State Address," February 12, 2019, https://www.gov.ca.gov/2019/02/12/state-of-the-state-address/.

45 "2022 Business Plan, California High-Speed Rail Authority," February 8, 2022, https://hsr.ca.gov/about/high-speed-rail-business-plans/2022-business-plan/; Ralph Vartabedian, "Costs of California's Troubled Bullet Train Rise Again, by an Estimated $5 Billion," *Los Angeles Times*, February 8, 2022, https://www.latimes.com/california/

story/2022–02–08/california–bullet–train–costs–rise–roughly–5–billion.

46   Alia Shoaib, "California Train Line Gets a Boost," *Newsweek*, May 7, 2024, https://www. newsweek.com/california–train–line–boost–1897948.

47   Library of Congress, "The Westinghouse Air Brake Co.," n.d., https://www.loc.gov/ collections/films–of–westinghouse–works–1904/articles–and–essays/the–westinghouse–world/the–westinghouse–air–brake–co/#:~:text=The%20first%20air%20 brake%20invented,forms%20of%20the%20automatic%20brake.

48   Adam Rogers, "Make America Build Again," *Business Insider*, November 16, 2023, https://www.businessinsider.com/america–build–infrastructure–transportation–housing–regulation–environment–2023–11.

49   여덟 달 후 캘리포니아주 고속철도청은 "머세드와 베이커스필드를 연결하는 171마일 길이의 승객 서비스를 제공하기 위한 철도 궤간과 오버헤드 접촉 시스템(overhead contact system, OCS, 철도 차량에 전력을 공급하기 위해서 계약 업체가 지지 장치를 이용해 전차선을 지지하고, 이 전차선과 집전 장치가 접촉해 전력을 공급받는 시스템) 설계에 착수하도록 승인했다," 보도자료, 2024년 6월 26일, https://hsr.ca.gov/2024/06/26/news–release–california–high–speed–rail–authority–approves–contractor–moves–design–of–track–and–overhead–electrical–systems–forward/.

50   Here and below, Brian Kelly in conversation with Ezra Klein, October 2023.

51   Ezra Klein, "What the Hell Happened to the California of the '50s and '60s?,'" *New York Times*, June 18, 2023, https://www.nytimes.com/2023/06/18/opinion/newsom–california–building–permitting–procurement.html.

52   Klein, "What the Hell Happened?"; The White House, "Remarks as Prepared for Delivery by Senior Advisor John Podesta on the Biden–Harris Administration's Priorities for Energy Infrastructure Permitting Reform," May 10, 2023, https://www.whitehouse. gov/briefing–room/speeches–remarks/2023/05/10/remarks–as–prepared–for–delivery–by–senior–advisor–john–podesta–on–the–biden–harris–administrations–priorities–for–energy–infrastructure–permitting–reform/.

53   The White House, "Remarks on a Modern American Industrial Strategy by NEC Director Brian Deese," April 20, 2022, https://www.whitehouse.gov/briefing–room/speeches–remarks/2022/04/20/remarks–on–a–modern–american–industrial–strategy–by–nec–director–brian–deese/.

54   Transit Costs Project, "What the Data Is Telling Us," under the heading "4. Average Cost/ km per Country," updated February 27, 2024, https://transitcosts.com/new–data/.

55   Austan Goolsbee and Chad Syverson, "The Strange and Awful Path of Productivity in the U.S. Construction Sector," NBER Working Paper 30845, January 2023, rev. February 2023, http://www.nber.org/papers/w30845.

56   Ezra Klein, "The Story Construction Tells About America's Economy Is Disturbing," *New York Times*, February 5, 2023, https://www.nytimes.com/2023/02/05/opinion/economy–construction–productivity–mystery.html.

57   Klein, "The Story Construction Tells."

58   Klein, "The Story Construction Tells."

59   Mancur Olson, *The Rise and Decline of Nations: Economic Growth, Stagflation, and Social Rigidities* (1982; New Haven, CT: Veritas/Yale University Press, 2022), 3.

60   Olson, *The Rise and Decline of Nations*, 40.

61   Klein, "The Story Construction Tells."

62   Klein, "The Story Construction Tells."

63   Klein, "The Story Construction Tells."

64   Leonardo D'Amico et al., "Why Has Construction Productivity Stagnated? The Role of Land–Use Regulation," December 30, 2023, https://papers.ssrn.com/sol3/papers.cfm?ab

stract_id=4679195 and https://dx.doi.org/10.2139/ssrn.4679195.

65   D'Amico et al., "Why Has Construction Productivity Stagnated?," 2.

66   D'Amico et al., "Why Has Construction Productivity Stagnated?," 17.

67   Olson, *The Rise and Decline of Nations*, 72.

68   Noah Smith, "Interview: Patrick Collison, Co-Founder and CEO of Stripe," *Noahopinion*, March 8, 2021, https://www.noahpinion.blog/p/interview-patrick-collison-co-founder.

69   "Title I-Motor Vehicle Safety Standards," 718, https://www.govinfo.gov/content/pkg/STATUTE-80/pdf/STATUTE-80-Pg718.pdf; "Title II-Administration and Reporting," 735, https://www.govinfo.gov/content/pkg/STATUTE-80/pdf/STATUTE-80-Pg731.pdf#page=5.

70   Julius Duscha, "Nader's Raiders Is Their Name, and Whistle-Blowing Is Their Game...," *New York Times*, March 21, 1971, https://www.nytimes.com/1971/03/21/archives/stop-in-the-public-interest-stop-in-the-public-interest.html.

71   *Christian Science Monitor* quoted in Anon., "Your Book Review: Public Citizens," *Astral Codex* 10 (Substack), June 23, 2023, https://www.astralcodexten.com/p/your-book-review-public-citizens; reprinted in "Public Interest Law and the Paradox of Justice by Lawsuit," *Candy for Breakfast* (Substack), October 23, 2023, https://www.candyforbreakfast.email/p/public-interest-law-and-the-paradox.

72   Paul Sabin, *Public Citizens: The Attack on Big Government and the Remaking of American Liberalism* (New York: W. W. Norton, 2021), Kindle, xvi-xvii.

73   Sabin, *Public Citizens*, Kindle, 100-101.

74   Environmental Protection Agency, "Progress Cleaning the Air and Improving People's Health," updated April 30, 2024, https://www.epa.gov/clean-air-act-overview/progress-cleaning-air-and-improving-peoples-health.

75   Environmental Protection Agency, "Progress Cleaning the Air and Improving People's Health," chart: "Health Effect Reductions (PM2.5 & Ozone Only)," updated April 30, 2024; Natural Resources Defense Council, "The Clean Air Act at 40: A Clear Track Record of Success," March 2011, https://www.nrdc.org/sites/default/files/cleanairactsuccess.pdf.

76   "Annual Air Quality, Los Angeles County, Air Quality Days by Year, 1980-2023," Los Angeles Almanac, https://www.laalmanac.com/environment/ev01b.php.

77   저자들은 또한 랠프 네이더가 이끈 혁명과 그가 남긴 업적을 분석해준 맥스 너스바움(Max Nussbaum)에게 감사를 표한다.

78   Jim Lehrer, interview with Ralph Nader, "Newsmaker: Ralph Nader," *PBS News Hour*, air date June 30, 2000, https://www.pbs.org/newshour/spc/bb/politics/jan-june00/nader_6-30.html.

79   Sabin, *Public Citizens*, Kindle, xvii.

80   H.R.5-Regulatory Accountability Act of 2017, 115th Congress (2017-2018), https://www.congress.gov/bill/115th-congress/house-bill/5/all-actions?overview=closed#tabs.

81   Nicholas Bagley, "The Procedure Fetish," Niskanen Center, December 7, 2021, https://www.niskanencenter.org/the-procedure-fetish/. 모든 인용문은 이 논문에서 발췌했다.

82   Bagley, "The Procedure Fetish."

83   Bagley, "The Procedure Fetish."

84   Robert A. Kagan, *Adversarial Legalism: The American Way of Law*, 2d ed. (Cambridge, MA: Harvard University Press, 2019), Kindle, 19.

85   Kagan, *Adversarial Legalism*, 2d ed., Kindle, 19.

86   Alexis de Tocqueville, *Democracy in America*, vol. 1, ed. Phillips Brad ley: the Henry Reeve Text as Revised by Francis Bowen Now Further Corrected and Edited with a Historical Essay, Editorial Notes, and Bibliographies by Bradley (New York: Alfred A. Knopf,

1945), 290 (the page number is to the Vintage Books paperback).

87 Sean Farhang, "Regulation, Litigation, and Reform," in Jeffrey A. Jenkins and Sidney M. Milkis, eds. *The Politics of Major Policy Reform in Postwar America* (Cambridge, UK: Cambridge University Press, 2014), 48–76.

88 Bagley, "The Procedure Fetish."

89 Bagley, "The Procedure Fetish."

90 Pew Research Center, "Public Trust in Government: 1958–2024," June 24, 2024, https://www.pewresearch.org/politics/2024/06/24/public-trust-in-government-1958-2024/.

91 See Stephen B. Burbank and Sean Farhang, *Rights and Retrenchment: The Counterrevolution Against Federal Litigation* (Cambridge, UK: Cambridge University Press, 2017).

92 J. B. Ruhl and James Salzman, "What Happens When the Green New Deal Meets the Old Green Laws?," *Vermont Law Review* 44 (2020): 694, https://scholarship.law.vanderbilt.edu/faculty-publications/1168.

93 Ruhl and Salzman, "What Happens When the Green New Deal?," 713.

94 Ruhl and Salzman, "The Greens' Dilemma," 1 및 전체.

95 Ruhl and Salzman, "The Greens' Dilemma," 24–25.

96 데릭 톰슨과 래리 셸저의 인터뷰.

97 Ruhl and Salzman, "The Greens' Dilemma," 28.

98 Zachary D. Liscow, "Getting Infrastructure Built: The Law and Economics of Permitting," April 2, 2024, 18, https://ssrn.com/abstract=4775481 and http://dx.doi.org/10.2139/ssrn.4775481.

99 Liscow, "Getting Infrastructure Built," 16.

100 Liscow, "Getting Infrastructure Built," 12, 15.

101 David Shepardson, "Biden Exempts Some Semiconductor Factories from Environmental Reviews," Reuters, October 2, 2024, https://www.reuters.com/sustainability/boards-policy-regulation/biden-signs-bill-exempting-some-semiconductor-factories-new-environmental-2024-10-02/.

3. 통치

1 Heather Knight, "A New S.F. Housing Complex for Homeless People Was Faster, Cheaper to Build. So Why Isn't It Being Replicated?" *San Francisco Chronicle*, February 10, 2022, https://www.sfchronicle.com/sf/bayarea/heatherknight/article/Here-s-how-to-build-affordable-housing-in-SF-16823736.php.

2 Nathaniel Decker, "Strategies to Lower Cost and Speed Housing Production: A Case Study of San Francisco's 833 Bryant Street Project," Turner Center for Housing Innovation, UC Berkeley, February 2021, 2, https://ternercenter.berkeley.edu/wp-content/uploads/2021/02/833-Bryant-February-2021.pdf.

3 Senate Bill 35, September 2017, California Legislative Information, https://leginfo.legislature.ca.gov/faces/billNavClient.xhtml?bill_id=201720180SB35.

4 San Francisco Administrative Code Chapter 14B, City and County of San Francisco, effective July 1, 2022, https://www.sf.gov/sites/default/files/2022-09/14B%20Rules%20and%20Regulations%20v.2022_0.pdf; Chapter 14B: Local Business Enterprise Utilization and Nondiscrimination in Contracting Ordinance, https://www.sf.gov/sites/default/files/2022-09/Chapter%2014B%20Local%20Business%20Enterprise%2007%2001%2022.pdf; "Sec. 14B.1. Purpose and Findings" notes that Ordinance No. 139-84 was passed on April 2, 1984.

5 209호 발의안에 제안된 법률 텍스트는 다음을 참조하라. https://vigarchive.sos.ca.gov/1996/general/pamphlet/209text.htm. 1997년 8월 28일 발효.

6　San Francisco Board of Supervisors, "Administrative Code‒Local Business Enterprise Program," October 18, 2021, chart, p. 5, https://sfbos.org/sites/default/files/o0203‒21.pdf.

7　Ezra Klein, "The Problem with Everything‒Bagel Liberalism," *New York Times*, April 2, 2023, https://www.nytimes.com/2023/04/02/opinion/democrats‒liberalism.html.

8　Tipping Point, "Charles and Helen Schwab Invest $65M in Ground breaking Homelessness Solutions in SF," October 21, 2020, https://tippingpoint.org/press/press‒releases/charles‒and‒helen‒schwab‒invest‒65m‒in‒groundbreaking‒homelessness‒solutions‒in‒sf/; Maria Di Mento, "Billionaire Charles Schwab Gives $65 Million to House the Homeless," *Chronicle of Philanthropy*, October 26, 2020, https://www.philanthropy.com/article/billionaire‒charles‒schwab‒gives‒65‒million‒to‒house‒the‒homeless; J. K. Dineen, "Schwabs Donate $65 Million to Build Housing for Homeless in S.F.," *San Francisco Chronicle*, October 22, 2020, https://www.sfchronicle.com/bayarea/article/Schwabs‒donate‒65‒million‒to‒build‒housingfor‒15665785.php.

9　Krutika Amin, Imani Telesford, Rakesh Singh, and Cynthia Cox, "How Do Prices of Drugs for Weight Loss in the U.S. Compare to Peer Nations' Prices?," Peterson‒KFF Health System Tracker, August 17, 2023, https://www.healthsystemtracker.org/brief/prices‒of‒drugs‒for‒weight‒loss‒in‒the‒us‒andpeer‒nations/.

10　City of Houston, Texas, Planning and Development, Development Regulations, 2024, https://www.houstontx.gov/planning/DevelopRegs/#:~:text=The%20City%20of%20Houston%20does,how%20property%20can%20be%20subdivided.

11　Point2, "Residential Construction Trends," https://www.point2homes.com/news/residential‒construction‒data; New Jersey Department of Community Affairs, Housing Units Authorized by Building Permits, December 2023, February 7, 2024, https://www.nj.gov/dca/codes/reporter/2023monthly/HOUSE_12_2023.pdf; New York City, Department of City Planning, press release, April 25, 2024, https://www.nyc.gov/site/planning/about/press‒releases/pr-20240425.page#:~:text=27%2C980%20new%20homes%20were%20constructed,has%20depressed%20new%20housing%20development.; US Census Bureau, Building Permits Survey, https://www.census.gov/construction/bps/current.html. See also M. Nolan Gray, "A Bold Case Against Zoning," *Fast Company*, July 11, 2022, https://www.fastcompany.com/90766731/a‒bold‒case‒against‒zoning.

12　California YIMBY, Ned Resnikoff, director, "Housing Abundance as a Condition for Ending Homelessness: Lessons from Houston, Texas," California YIMBY Education Fund, n.d., https://cayimby.org/wp‒content/uploads/2023/10/Housing‒Abundance‒as‒a‒Condition‒for‒Ending‒Homelessness‒FINAL.pdf.

13　Roy Kent, "Is Buying a Home Easier or Harder in Houston? Here's How It Compares to Other Texas Metros," Rice University Kinder Institute for Urban Research, December 13, 2023, https://kinder.rice.edu/urbanedge/home‒buying‒Houston‒Texas‒affordability; Maurice Backman, "Houston Housing Market Forecast," *U.S. News & World Report*, March 20, 2023, https://realestate.usnews.com/real‒estate/housing‒market‒index/articles/houston‒housingmarket‒forecast.

14　"San Francisco Housing Policy and Practice Review 2023," California Department of Housing and Community Development, https://www.hcd.ca.gov/sites/default/files/docs/policy‒and‒research/plan‒report/sf‒housing‒policy‒and‒practice‒review.

15　Ezra Klein, "The Way Los Angeles Is Trying to Solve Homelessness Is 'Absolutely Insane,'" *New York Times*, October 23, 2022, https://www.nytimes.com/2022/10/23/opinion/los‒angeles‒homelessness‒affordable‒housing.htm.

16　Los Angeles Housing Department, "City of Los Angeles Prop HHH Progress Report," tracks the figures. By September 2024, 5,327 units had been built: https://housing2.lacity.org/housing/hhh‒progress‒dash board. Also see City of Los Angeles Inter‒Governmental

Correspondence, June 2024, with charts, https://cao.lacity.gov/Homeless/PropHHHA-OC-20240627c.pdf; Los Angeles Housing Department, "Supportive Housing Update," https://housing2.lacity.org /hhh-progress.

17 Los Angeles Housing Department, "City of Los Angeles Prop HHH Progress Report."

18 Klein, "The Way Los Angeles Is Trying to Solve."

19 Klein, "The Way Los Angeles Is Trying to Solve."

20 Klein, "The Way Los Angeles Is Trying to Solve."

21 Klein, "The Way Los Angeles Is Trying to Solve," and communication from Tong.

22 Eric Owen Moss, Venice Dell Community, https://ericowenmoss.com/project-detail/reese-davidson-community-housing/; Steven Sharp, "Eric Owen Moss-Designed Supportive Housing Gains Approval in Venice," Urbanize Network, June 1, 2021, https://la.urbanize.city/post/venice-eric-owen-moss-reese-davidson-approval; Trevor Bach, "'Grandfather Would Be Appalled': Family Member Wants Name Off Venice Homeless Housing," *The Real Deal*, November 8, 2021, https://therealdeal.com/la/2021/11/08/grandfather-would-be-appalled-family-member-wants-name-off-venice-homeless-housing/.

23 Klein, "The Way Los Angeles Is Trying to Solve."

24 Ezra Klein, interview with Heidi Marston.

25 Klein, "The Way Los Angeles Is Trying to Solve."

26 Michael B. Gerrard, "A Time for Triage," *The Environmental Forum* 38 (2022): 40, https://scholarship.law.columbia.edu/cgi/viewcontent.cgi?article=4885&context=faculty_scholarship.

27 Klein, "The Problem with Everything-Bagel Liberalism."

28 Semiconductor Industry Association, "Turning the Tide for Semiconductor Manufacturing in the U.S.," SIA Summary of Boston Consulting Group Report, volume 4, October 1, 2020, https://www.semiconductors.org/wp-content/uploads/2020/10/SIA-SUMMARY-OF-BCG-REPORT.pdf.

29 Semiconductor Industry Association, "Study Finds Federal Incentives for Domestic Semiconductor Manufacturing Would Strengthen America's Chip Production, Economy, National Security, Supply Chains," press release, September 16, 2020, https://www.semiconductors.org/study-finds-federal-incentives-for-domestic-semiconductor-manufacturing-would-strengthen-americas-chip-production-economy-national-security-supply-chains/.

30 Notice of Funding Opportunity (NOFO), CHIPS Incentives Program-Commercial Fabrication Facilities, 2023, https://www.nist.gov/system/files/documents/2024/04/19/Amended%20CHIPS-Commercial%20Fabrication%20Facilities%20NOFO%20Amendment.pdf.

31 Klein, "The Problem with Everything-Bagel Liberalism."

32 California High-Speed Rail Authority, "Central Valley," n.d., https://hsr.ca.gov/high-speed-rail-in-california/central-valley/.

33 John J. DiIulio Jr., *Bring Back the Bureaucrats: Why More Federal Workers Will Lead to Better* (and Smaller!) Government (West Conshohocken, PA: Templeton Press, 2014), Kindle, loc. 231 and loc. 1460.

34 Ralph Vartabedian, "How California's Faltering High-Speed Rail Project Was 'Captured' by Costly Consultants," *Los Angeles Times*, April 26, 2019, https://www.latimes.com/local/california/la-me-california-high-speed-rail-consultants-20190426-story.html.

35 Ezra Klein, interview with Brian Kelly.

36 BART, "Best Scoring Bid to Build BART's Fleet of the Future," April 23, 2012, https://www.bart.gov/news/articles/2012/news20120423.

37 Darwin BondGraham and Jose Fermoso, "BART Says It's Saving $394M on New Train Cars," *The Oaklandside*, January 10, 2024, https://oaklandside.org/2024/01/10/bart-saving-millions-new-train-cars-fleet-of-the-future/.

38 Bob Lettenberger, "BART New Car Fleet Under Budget," *Trains*, January 17, 2024, https://www.trains.com/trn/news-reviews/news-wire/bart-new-car-fleet-under-budget/.

39 Zachary D. Liscow, "Getting Infrastructure Built: The Law and Economics of Permitting," 22.

40 "Report: EDD Delayed, Denied Benefits to Millions During Pandemic; Quick Response Not a Priority," CBS News, August 8, 2022, https://www.cbsnews.com/sanfrancisco/news/report-edd-delayed-denied-benefits-to-millions-during-pandemic-quick-response-not-a-priority/.

41 Jennifer Pahlka, *Recoding America* (New York: Metropolitan Books/Henry Holt and Company, 2023), Kindle, 25, 26.

42 Pahlka, *Recoding America*, Kindle, 28.

43 Yolanda Richardson and Jennifer Pahlka, "Employment Development Department Strike Team Detailed Assessment and Recommendations," September 16, 2020, https://www.govops.ca.gov/wp-content/uploads/sites/11/2020/09/Assessment.pdf.

44 Michael Krigsman, "California Abandons $2 Billion Court Management System," *ZDNET*, April 1, 2012, https://www.zdnet.com/article/california-abandons-2-billion-court-management-system/; Maura Dolan, "Cutbacks in California Court System Produce Long Lines, Short Tempers," *Los Angeles Times*, May 10, 2014, https://www.latimes.com/local/la-me-court-cuts-20140511-story.html.

45 Office of the Inspector General, US Department of State, "Review of the Bureau of Consular Affairs' [CA] ConsularOne Modernization Program–Significant Deployment Delays Continue," November 2021, https://www.stateoig.gov/uploads/report/report_pdf_file/isp-i-22-03_7.pdf; Tom Temin, "This State Department IT Project Started in 2009 and It's Nowhere Near Finished," Federal News Network, January 3, 2022, https://federalnewsnetwork.com/agency-oversight/2022/01/this-state-department-it-project-started-in-2009-and-its-nowhere-near-finished/.

46 US Government Accountability Office, "IRS's Efforts to Modernize 60-Year-Old Tax Processing System Is Almost a Decade Away," November 4, 2021, https://www.gao.gov/blog/irss-efforts-modernize-60-year-old-tax-processing-system-almost-decade-away; Tax Policy Center, "What Technology Does the IRS Use?," updated January 2024, https://taxpolicycenter.org/briefing-book/what-technology-does-irs-use.

47 Pahlka, *Recoding America*, Kindle, 34–35.

48 Pahlka, *Recoding America*, Kindle, 58.

49 Pahlka, *Recoding America*, Kindle, 69–70.

50 Pahlka, *Recoding America*, Kindle, 68.

51 Pahlka, *Recoding America*, Kindle, 50.

52 Ezra Klein, interview with Mike Carroll. All further quotes are from this source.

53 Commonwealth of Pennsylvania, Proclamation of Disaster Emergency, June 12, 2023, https://www.pa.gov/content/dam/copapwp-pagov/en/governor/documents/2023.6.12-Disaster-Emergency-Proclamation-I-95-PDF.pdf.

54 United Union of Roofers, Waterproofers & Allied Workers, July 5, 2023, https://unionroofers.com/philadelphia-building-trades-work-24-7-to-rebuild-i-95-collapse/.

55 Gregory Korte, Mark Niquette, and Skylar Woodhouse, "How the I-95 Bridge Reopened Just 12 Days After Fiery Collapse," *Bloomberg*, June 28, 2023, https://www.bloomberg.com/news/articles/2023-06-28/resurrection-of-i-95-in-just-two-weeks-is-dubbed-

small-miracle; Heavy Construction Systems Specialists, "Getting a City Back to Work When Every Minute Counts," September 2023, blog post, https://www.hcss.com/blog/construction-of-i-95-bridge-after-collapse/.

56 Julia Terrero, "From TikToks to a 24/7 Live Stream, Gov. Josh Shapiro's I-95 Response Grows His National Profile," *Philadelphia Inquirer*, June 17, 2023, https://www.inquirer.com/politics/pennsylvania/pennsylvania-governor-response-i95-repairs-national-profile-20230616.html.

57 Josh Shapiro, "We Fixed I-95 in 12 Days. Here Are Our Lessons for U.S. Infrastructure," *Washington Post*, July 16, 2023, https://www.washingonpost.com/opinions/2023/07/17/interstate-95-repair-infrastructure-shapiro-pennsylvania/.

58 Brink Lindsey, "State Capacity: What Is It, How We Lost It, and How to Get It Back," Niskanen Center, November 2021, p. 8, https://www.niskanencenter.org/wp-content/uploads/2021/11/brinkpaper.pdf.

4. 발명

1 Katalin Karikó, with Ali Benjamin, *Breaking Through: My Life in Science* (New York: Crown, 2023), Kindle, 4, 8.

2 Karikó, *Breaking Through*, Kindle, 10.

3 Biological Research Center, Szeged, SZTE Klebelsberg Library Gallery and Media Gallery, https://mediateka.ek.szte.hu/exhibits/show/katalin_kariko_eng/brc_szeged; and https://www.brc.hu/en.

4 데릭 톰슨과 커털린 커리코의 인터뷰.

5 데릭 톰슨과 커털린 커리코의 인터뷰.

6 Chiara Franzoni, Paula Stephan, and Reinhilde Veugelers, "Funding Risky Research," NBER Working Paper 28905, June 2021, 4-5, http://www.nber.org/papers/w28905 and https://www.nber.org/system/files/working_papers/w28905/w28905.pdf.

7 Karikó, *Breaking Through*, Kindle, 178. A variation on "Experience never errs; it is only your judgments that err by promising themselves effects such as are not caused by your experiments," The Notebooks of Leonardo da Vinci, trans. Jean Paul Richter, vol. 1, 1888, Project Gutenberg, https://archive.org/stream/thenotebooksofle05000gut/7ldvc09.txt; and "Experience is never at fault; it is only your judgment that is in error in promising itself such results from experience as are not caused by our experiments," The Notebooks of Leonardo da Vinci, Arranged, Rendered into English and Introduced by Edward MacCurd (New York: George Braziller, 1955), 64.

8 Karikó, *Breaking Through*, Kindle, 183.

9 Andy Markowitz and Jenny Rough, "List of Coronavirus-Related Restrictions in Every State," March 17, 2020, updated May 1, 2024, https://www.aarp.org/politics-society/government-elections/info-2020/coronavirus-state-restrictions.html; Victor Fiorillo, "Yes, Even Your Outdoor Socially Distanced Thanksgiving Party Is Banned," *Philadelphia*, November 17, 2020, https://www.phillymag.com/news/2020/11/17/outdoor-thanksgiving-philadelphia-covid/; Gabrielle Connor, Vaishnavi Vaidya, Jennifer Kolker, and Ran Li, "Indoor Dining and COVID-19: Implications for Reopening in 30 U.S. Cities," Urban Health Collaborative, Drexel University, September 2020, https://drexel.edu/~/media/Files/uhc/Additional%20Project%20Documents/IndoorDiningCOVID19.ashx-?la=en; "State Alcohol-Related Laws During the COVID-19 Emergency for On-Premise and Off-Premise Establishments as of June 15, 2020," National Institute on Alcohol Abuse and Alcoholism/National Institutes of Health, June 15, 2020, https://alcoholpolicy.niaaa.nih.gov/sites/default/files/file-page/apis_-_covid-19_memo_6.15.20_508c.pdf.

10 Jason Abaluck et al., "The Impact of Community Masking on COVID-19: A Cluster-Randomized Trial in Bangladesh," August 31, 2021, https://poverty-action.org/sites/default/files/publications/Mask_RCT___Symptomatic_Seropositivity_083121.pdf.

11 그렇다면 마스크 의무 착용 정책은 효과가 있었을까, 없었을까? 답답하게도 경우에 따라서 다르다는 게 이 질문에 대한 답변이다. 방글라데시 연구 조사에 참여한 예일대학교 교수 제이슨 어벨러크(Jason Abaluck)는 종합적으로 다음과 같이 진지한 답변을 제시했다. 마스크 의무 착용의 성공 여부는 (인간의 행동에 개입하는 대부분 정책과 마찬가지로) 수많은 여러 가지 요인에 달려 있다. 정부에 대한 공중의 신뢰, 시민들의 마스크 규정 준수, 규정을 집행하는 정부의 역량 등이 바로 그런 요인들이다. 공중이 제대로 된 정보를 소화하고 동기 유발이 되어 있는 지역들은 거의 항상 양심적으로 고품질 마스크를 착용했다. "그러나 당장 내일 앨라배마주가 마스크 의무 착용을 발표한다고 해도 아무 효과도 없을 것이다." 데릭 톰슨과 제이슨 어벨러크의 인터뷰.

12 Sandy Cohen, "The Fastest Vaccine in History," December 10, 2020, UCLA Health, https://www.uclahealth.org/news/article/the-fastest-vaccine-in-history; Maya Prabhu, "Mumps: The Story of the Second Fastest Vaccine Ever Developed," VaccinesWork/Gavi, April 22, 2022, https://www.gavi.org/vaccineswork/mumps-story-second-fastest-vaccine-ever-developed.

13 Colin Dwyer, "Moderna's COVID-19 Vaccine Becomes 2nd to Earn FDA Authorization," NPR, December 18, 2020, https://www.npr.org/sections/coronavirus-live-updates/2020/12/18/947948227/modernas-covid-19-vaccine-becomes-2nd-to-earn-fda-authorization; "Moderna Announces FDA Authorization of Moderna COVID-19 Vaccine in U.S.," Moderna, press release, December 18, 2020, https://investors.moderna-tx.com/news/news-details/2020/Moderna-Announces-FDA-Authorization-of-Moderna-COVID-19-Vaccine-in-U.S/default.aspx.

14 Sarah Zhang, "The COVID Strategy America Hasn't Really Tried," *Atlantic*, February 14, 2022, https://www.theatlantic.com/health/archive/2022/02/vaccinate-old/622080/.

15 Emily Head and Dr. Sabine L. van Elsland, "Vaccinations May Have Prevented Almost 20 Million COVID-19 Deaths Worldwide," Imperial College London, June 24, 2022, https://www.imperial.ac.uk/news/237591/vaccinations-have-prevented-almost-20-million/.

16 Ezra Klein, "The Economic Mistake the Left Is Finally Confronting," *New York Times*, September 19, 2021, https://www.nytimes.com/2021/09/19/opinion/supply-side-progressivism.html.

17 Steven Overly, "This Government Loan Program Helped Tesla at a Critical Time. Trump Wants to Cut It," *Washington Post*, March 16, 2017, https://www.washingtonpost.com/news/innovations/wp/2017/03/16/this-government-loan-program-helped-tesla-at-a-critical-time-trump-wants-to-cut-it/; US Department of Energy Loan Programs Office, "Tesla," https://www.energy.gov/lpo/tesla; Maddow Blog and Steve Benen, "Tesla Repaying Obama Admin Loan 5 Years Early," NBC News, March 12, 2013, https://www.nbcnews.com/news/world/tesla-repaying-obama-admin-loan-5-years-early-flna1c8823565.

18 Andrew J. Fieldhouse and Karel Mertens, "Government-Funded R&D Produces Long-Term Productivity Gains," Federal Reserve Bank of Dallas, February 13, 2024, https://www.dallasfed.org/research/economics/2024/0213.

19 데릭 톰슨과 하이디 윌리엄스의 인터뷰.

20 Meagan C. Fitzpatrick, Seyed M. Moghadas, Abhishek Pandey, and Alison P. Galvani, The "Two Years of U.S. COVID-19 Vaccines Have Prevented Millions of Hospitalizations and Deaths," *The Commonwealth Fund* (blog), December 13, 2022, https://www.commonwealthfund.org/blog/2022/two-years-covid-vaccines-prevented-millions-deaths-hospi-

talizations.

21 데릭 톰슨과 커털린 커리코의 인터뷰; Ting Yu, "How Scientists Drew Weissman (MED'87, GRS'87) and Katalin Karikō Developed the Revolutionary mRNA Technology Inside COVID Vaccines," *Bostonia*, November 18, 2021, https://www.bu.edu/articles/2021/how-drew-weissman-and-katalin-kariko-developed-mrna-technology-inside-covid-vaccines/.

22 Karikō, *Breaking Through*, Kindle, 223.

23 Karikō, *Breaking Through*, Kindle, 227.

24 Gina Kolata, "Long Overlooked, Kati Karikō Helped Shield the World from the Coronavirus," *New York Times*, April 8, 2021, updated October 2, 2023, https://www.nytimes.com/2021/04/08/health/coronavirus-mrna-kariko.html.

25 Karikō, *Breaking Through*, Kindle, 262.

26 Karikō, *Breaking Through*, Kindle, 263.

27 데릭 톰슨과 커털린 커리코의 인터뷰.

28 Derek Thompson, "How mRNA Technology Could Change the World," *Atlantic*, March 29, 2021, https://www.theatlantic.com/ideas/archive/2021/03/how-mrna-technology-could-change-world/618431/.

29 John Holder, "Tracking Coronavirus Vaccinations Around the World," *New York Times*, updated March 13, https://www.nytimes.com/interactive/2021/world/covid-vaccinations-tracker.html; map of Pfizer-BioNTech COVID-19 vaccine shipments, 2023, Pfizer, n.d., https://www.pfizer.com/science/coronavirus/vaccine/working-to-reach-everyone-everywhere; Moderna, "U.S. Government Purchases Additional 100 Million Doses of Moderna's COVID-19 Vaccine," February 11, 2021, https://investors.modernatx.com/news/news-details/2021/U.S.-Government-Purchases-Additional-100-Million-Doses-of-Modernas-COVID-19-Vaccine/default.aspx.

30 Karikō, *Breaking Through*, Kindle, 195.

31 데릭 톰슨과 커털린 커리코의 인터뷰.

32 Richard Harris, "Scientists Win Nobel for Work on How Cells Communicate," NPR, October 7, 2013, https://www.npr.org/2013/10/07/230192033/scientists-win-nobel-for-work-on-how-cells-communicate.

33 데릭 톰슨과 피에르 아졸레이의 인터뷰.

34 Thomas D. Snyder, ed., "120 Years of American Education: A Statistical Portrait," US Department of Education, Office of Educational Research and Improvement, Center for Education Statistics, January 1993, p. 75, table 23, https://nces.ed.gov/pubs93/93442.pdf.

35 미국 교육 과학원(Institute of Education Sciences, IES)/국립 교육 통계 센터(National Center for Education Statistics)에 따르면, "2011년 가을부터 2022년 가을 사이의 기간에 학위를 수여하는 고등교육 기관의 연간 총 교수진의 수는 150만에서 160만 명에 달했다. 2011년과 2022년 두 해 모두 150만 명의 교수진이 있었고 2015년에 160만 명으로 정점에 달했다," https://nces.ed.gov/fastfacts/display.asp?id=61#fn1.

36 Nicholas Bloom, Charles I. Jones, John Van Reenen, and Michael Webb, "Are Ideas Getting Harder to Find?," *American Economic Review* 110, no. 4 (2020): 1104-144, https://web.stanford.edu/~chadj/IdeaPF.pdf and https://www.aeaweb.org/articles?id=10.1257/aer.20180338.

37 데릭 톰슨과 니컬러스 블룸의 인터뷰. 의학 연구의 생산성은 측정하기 어렵고, 블룸이 내린 결론이 보편적으로 받아들여지지도 않는다. 의학 연구의 생산성은 안정적일 가능성이 크다고 주장하는 설득력 있는 논문을 발표한 학자들도 일부 있다. "Distilling Data from Large Language Models," by Maya M. Durvasula, Sabri Eyuboglu, and David M. Ritzwoller.를 참조하라. 그러나 이처럼 중요한 분야에서의 생산성이 변함없이 안정적이

든 하락하든 상관없이 상승하지는 않는다는 게 명백한 사실이라는 점이 가장 중요하다. 여느 산업 부문에서든 생산성이 높아지기를 바라듯이 과학 부문에서도 생산성이 높아지기를 바라는 게 맞다.

38 Andrew von Eschenbach, "NCI Sets Goal of Eliminating Suffering and Death Due to Cancer by 2015," *Journal of the National Medical Association* 95, no. 7 (July 2003): 637–39, https://www.ncbi.nlm.nih.gov/pmc/articles/PMC2594648/?page=1.

39 The White House, "Remarks of President Barack Obama–Address to Joint Session of Congress," February 24, 2009, https://obamawhitehouse.archives.gov/the-press-office/remarks-president-barack-obamaaddress-joint-session-congress.

40 The White House, "President Biden Reignites Cancer Moonshot to End Cancer as We Know It," February 2, 2022, https://www.whitehouse.gov/briefing-room/statements-releases/2022/02/02/fact-sheet-president-biden-reignites-cancer-moonshot-to-end-cancer-as-we-know-it/.

41 일부 연구 조사에 따르면, 연령을 보정한 암 치사율은 지난 수십 년 동안 유의미하게 하락해왔다. 이는 환영할 만한 소식이지만, 암 치사율 하락이 전적으로 의료계가 돌파구를 마련했기 때문으로 보기는 힘들다. 예컨대 말기 폐암 치료에서 일부 진전이 있었기는 하지만, 지난 몇십 년 동안 폐암 발생률이 하락한 가장 큰 이유는 미국에서 장기간에 걸쳐 흡연율이 하락했기 때문이다.

42 데릭 톰슨과 에릭 토폴의 인터뷰.

43 Benjamin F. Jones, "The Burden of Knowledge and the 'Death of the Renaissance Man': Is Innovation Getting Harder?," April 2008, https://www.kellogg.northwestern.edu/faculty/jones-ben/htm/burdenofknowledge.pdf.

44 Periodic Table, Phosphorus, "History," https://www.rsc.org/periodic-table/element/15/phosphorus.

45 Oak Ridge National Laboratory, "Big Science: The Discovery of Tennessine," January 27, 2017, https://www.ornl.gov/sites/default/files/Ts_Program%20Final%20sm.pdf; Periodic Table, Tennessine, Element Summary, 3. History, National Institutes of Health, https://pubchem.ncbi.nlm.nih.gov/element/Tennessine#section=Estimated-Oceanic-Abundance; Scott Alexander, "Is Science Slowing Down?," *Slate Star Codex* (blog), November 26, 2018, https://slatestarcodex.com/2018/11/26/is-science-slowing-down-2/.

46 Gregor Mendel, "Versuche uber Plflanzenhybriden," *Verhandlungen des Naturforschenden Vereines in Brunn* 5 (1865): 3–47. Presented orally at the February 8 and March 8, 1865, meetings of the Brunn Natural History Society. Published in 1866, Brunn, Czechoslovakia, by Verlag des Vereines. Biodiversity Heritage Library, https://www.biodiversitylibrary.org/item/124139#page/5/mode/1up. Published in English in 1901: "Experiments in Plant Hybridization," trans. William Bateson, http://www.esp.org/foundations/genetics/classical/gm-65.pdf.

47 데릭 톰슨과 하이디 윌리엄스의 인터뷰.

48 데릭 톰슨과 제러미 뉴펠드의 인터뷰.

49 Shai Bernstein, Rebecca Diamond, Abhisit Jiranaphawiboon, Timothy McQuade, and Beatriz Pousada, "The Contribution of High-Skilled Immigrants to Innovation in the United States," NBER Working Paper 30797, December 2022, DOI 10.3386/w30797, summary here: https://www.nber.org/digest/20233/outsize-role-immigrants-us-innovation; Katia Savchuk, "A New Look at Immigrants' Outsize Contribution to Innovation in the US," Stanford University, Institute for Economic Policy Research, April 14, 2023, https://siepr.stanford.edu/news/new-look-immigrants-outsize-contribution-innovation-us; Stuart Anderson, "Immigrants Keep Winning Nobel Prizes," *Forbes*, October 7, 2021, updated April 21, 2022, https://www.forbes.com/sites/stuartanderson/2021/10/07/immigrants-keep-winning-nobel-prizes/.

50   데릭 톰슨과 제러미 뉴펠드의 인터뷰.

51   American Immigration Council, "The H-1B Visa Program and Its Impact on the U.S. Economy," October 8, 2024, https://www.americanimmigrationcouncil.org/research/h1b-visa-program-fact-sheet; US Citizenship and Immigration Services, "USCIS Reaches Fiscal Year 2024 H-1B Cap," December 13, 2023, https://www.uscis.gov/newsroom/alerts/uscis-reaches-fiscal-year-2024-h-1b-cap.

52   H-1B 비자 정책은, 심지어 고급 기술 인력의 이민을 지지한다고 주장하는 이들 사이에서도 정치적으로 논란이 많다. 이 정책에 대한 흔한 비판 가운데 하나는 해외에서 출생한 이런 근로자들이 임금을 덜 받고 일하기 때문에 미국 국민의 일자리를 빼앗는다는 주장이다. 이러한 우려는 과장되어 있을지도 모른다. 몇몇 연구 조사에 따르면(William R. Kerr and William F. Lincoln, "The Supply Side of Innovation: H-1B Visa Reforms and US Ethnic Invention," 2010, and John Bound, Nicolas Morales, and Gaurav Kahnna, "Understanding the Impact of H-1B Visas on the U.S. Economy," 2017), H-1B 비자 발급의 증가는 특허 출원의 증가와 기업의 성장률 증가와 관련이 있을 뿐 미국에서 태어난 국민의 고용에 미치는 영향은 크게 부정적이지 않다.

53   데릭 톰슨과 제러미 뉴펠드의 인터뷰.

54   Sally Rockey, "More Data on Age and the Workforce," National Institutes of Health Office of Extramural Research, March 25, 2015, https://nexus.od.nih.gov/all/2015/03/25/age-of-investigator/.

55   Michael Park, Erin Leahey, and Russell J. Funk, "Papers and Patents Are Becoming Less Disruptive Over Time", *Nature* 613 (2023): 138-44, https://www.nature.com/articles/s41586-022-05543-x.

56   데릭 톰슨과 제임스 에반스의 인터뷰.

57   데릭 톰슨과 피에르 아졸레이의 인터뷰.

58   Gregory A. Petsko, "Goodbye, Columbus," *Genome Biology* 13 (2012): Article no. 155, https://genomebiology.biomedcentral.com/articles/10.1186/gb-2012-13-5-155.

59   Reinhold, "Dr. Vannevar Bush Is Dead at 84," *New York Times*, June 30, 1974, https://www.nytimes.com/1974/06/30/archives/dr-vannevar-bush-is-dead-at-84-dr-vannevar-bush-who-marshaled.html; photocopy of June 15, 1940, letter to Vannevar Bush from Roosevelt, creating the NDRC, http://www.fdrlibrary.marist.edu/_rcsourccs/images/atomic/atomic_02.pdf; Internet Pioneers, "Vannevar Bush," https://www.ibiblio.org/pioneers/bush.html; "Vannevar Bush: The Memex," Lemelson-MIT Program, https://lemelson.mit.edu/resources/vannevar-bush; Robert E. Sherwood, *Roosevelt and Hopkins: An Intimate History* (New York: Harper, 1948), 153-55; Bush to Seitz, September 16, 1968 (NAS Archives). Per draft notes for Bush's "Science, the Endless Frontier": "Summoned by President Roosevelt, in the spring of 1940, the President of the National Academy and others associated with him recommended the creation of a single central agency within the executive establishment ... for the purpose of mobilizing ... scientific personnel and the facilities of the nation": "Frank Baldwin Jewett (1939-1947)," *in The National Academy of Sciences: The First Hundred Years 1863-1963*, National Library of Medicine, National Center for Biotechnology Information, National Institutes of Health, https://www.ncbi.nlm.nih.gov/books /NBK217891/.

60   Vannevar Bush, *Science, the Endless Frontier*, A Report to the President by Vannevar Bush, Director of the Office of Scientific Research and Development, July 1945 (Washington, DC: United States Government Printing Office, 1945), 17, 75th anniversary edition (here and elsewhere, we refer to the report in its published book form; page numbers are from this searchable edition): https://www.nsf.gov/about/history/EndlessFrontier_w.pdf.

61   Eva Ahren, "Joseph Kinyoun, the Hygienic Laboratory, and the Origins of the NIH," *NIH Catalyst* 20, no. 6 (November-December 2012), National Institutes of Health, https://

irp.nih.gov/catalyst/20/6/nih-in-history.

62 Bhaven N. Sampat, "Doubling Down: Will Large Increases in the NIH Budget Promote More Meaningful Medical Innovation?," *Journal of Law, Medicine & Ethics* 51, S2 (2023): 21–23, https://www.ncbi.nlm.nih.gov/pmc/articles/PMC10911986/.

63 Matt Faherty, "New Science's Report on the NIH," *New Science*, April 2022, https://newscience.org/nih/#how-are-indirect-cost-rates-calculated.

64 "Cassius James Van Slyke, M.D.," NIH Almanac, National Institutes of Health, https://www.nih.gov/about-nih/what-we-do/nih-almanac/cassius-james-van-slyke-md.

65 Cassius Van Slyke, "New Horizons in Medical Research," *Science* 104, no. 2711 (December 1946): 559–67, https://pubmed.ncbi.nlm.nih.gov/17772322/.

66 "James A. Shannon, M.D.," NIH Almanac, National Institutes of Health, https://www.nih.gov/about-nih/what-we-do/nih-almanac/james-shannon-md.

67 James A. Shannon and Charles V. Kidd, "Medical Research in Perspective," *Science* (New Series) 124, no. 3233 (December 1956): 1185–190, https://www.jstor.org/stable/1752817.

68 Bhaven N. Sampat, "The History and Political Economy of NIH Peer Review," Brookings Institution and the Institute for Progress, May 2023, https://www.brookings.edu/wp-content/uploads/2023/05/SampatFinal-3.pdf.

69 "Proxmire, William. Golden Fleece Awards, 1975–1987," press release, March 11, 1975, Wisconsin Historical Society, https://content.wisconsinhistory.org/digital/collection/proxmire/id/84/; Etienne S. Benson, "All That's Gold Does Not Glitter," Association for Psychological Science, June 1, 2006, https://www.psychologicalscience.org/observer/all-thats-gold-does-not-glitter.

70 Sampat, "The History and Political Economy of NIH Peer Review," 16.

71 Sampat, "The History and Political Economy of NIH Peer Review," 16; Philip H. Abelson, "More Paper Work, Less Research," *Science* 139, no. 3556 (February 22, 1963), https://www.science.org/doi/10.1126/science.139.3556.725.

72 The Editors, "Dr. No Money: The Broken Science Funding System," *Scientific American*, May 2011, https://www.scientificamerican.com/article/dr-no-money/.

73 National Institute of Allergy and Infectious Diseases, National Institutes of Health, "Timeline for Assignment, Review, and Council," n.d., https://www.niaid.nih.gov/grants-contracts/timelines-assignment-review.

74 "John Doench, Ph.D.," Broad Institute, October 2023, https://www.broadinstitute.org/bios/john-doench.

75 데릭 톰슨과 존 던치의 인터뷰.

76 Karikó, *Breaking Through*, Kindle, 183.

77 As Azoulay and Danielle Li note in "Scientific Grant Funding," NBER Working Paper 26889, June 2021, https://www.nber.org/system/files/working_papers/w26889/w26889.pdf), the term originated with Lawrence: Peter A. Lawrence, "Real Lives and White Lies in the Funding of Scientific Research," PLoS Biology 7, no. 9 (2009): e1000197, https://doi.org/10.1371/journal.pbio.1000197.

78 데릭 톰슨과 피에르 아졸레이의 인터뷰.

79 데릭 톰슨과 피에르 아졸레이의 인터뷰.

80 Kevin J. Boudreau, Eva C. Guinan, Karim R. Lakhani, and Christoph Riedl, "The Novelty Paradox & Bias for Normal Science: Evidence from Randomized Medical Grant Proposal Evaluations," Harvard Business School Working Paper 13-053, December 2012, https://dash.harvard.edu/bitstream/handle/1/10001229/13-053.pdf?sequence=1&isAllowed=y.

81 Jay Bhattacharya and Mikko Packalen, "Stagnation and Scientific Incentives," NBER Working Paper 26752, February 2020, https://www.nber.org/system/files/working_papers/w26752/w26752.pdf.

82   Mikko Packalen and Jay Bhattacharya, "NIH Funding and the Pursuit of Edge Science," *Proceedings of the National Academy of Sciences* 117, no. 22 (May 2020): 12011-016, https://www.pnas.org/doi/10.1073/pnas.1910160117.

83   데릭 톰슨과 제임스 에반스의 인터뷰.

84   Adam M. Deane, Marianne J. Chapman, and Michael Horowitz, "The Therapeutic Potential of a Venomous Lizard: The Use of Glucagon-Like Peptide-1 Analogues in the Critically Ill," *Critical Care* 14, no. 5 (2010): 1004, https://www.ncbi.nlm.nih.gov/pmc/articles/PMC3219279/.

85   Marybeth Shea, "Discovering Life in Yellowstone Where Nobody Thought It Could Exist," National Park Service, n.d., https://www.nps.gov/articles/thermophile-yell.htm.

86   Yoshizumi Ishino et al., "Nucleotide Sequence of the IAP Gene, Responsible for Alkaline Phosphatase Isoenzyme Conversion in Escherichia coli, and Identification of the Gene Product," *Journal of Bacteriology* 169 (1987): 5429-433, doi: 10.1128/jb.169.12.5429-5433.1987; Francisco J. M. Mojica, G. Juez, and F. Rodriguez-Valera, "Transcription at Different Salinities of Haloferax mediterranei Sequences Adjacent to Partially Modified PstI Sites," *Molecular Microbiology* 9 (1993): 613-21, doi: 10.1111/j.1365-2958.1993.tb01721.x.

87   데릭 톰슨과 제임스 에반스의 인터뷰.

88   Email from Francis Collins to Peter Thiel, January 12, 2017, https://s3.documentcloud.org/documents/7203720/NIH-Thiel-Communications.pdf.

89   "NIH Director's Pioneer Award" and "NIH Director's New Innovator Award," Office of Strategic Coordination-The Common Fund, National Institutes of Health, 2024, https://commonfund.nih.gov/pioneer.

90   데릭 톰슨과 퍼트리샤 라보스키의 인터뷰.

91   James M. Anderson, "Evaluation of the NIH Director's Pioneer Award Program-DP1," Division of Program Coordination, Planning, and Strategic Initiatives, National Institutes of Health, May 14, 2013, https://dpcpsi.nih.gov/sites/default/files/CoC-051413-Pioneer-Award-Program-DP1.pdf.

92   Moderna, "DARPA Awards Moderna Therapeutics a Grant for Up to $25 Million to Develop Messenger RNA Therapeutics," press release, October 2, 2013, https://investors.modernatx.com/news/news-details/2013/DARPA-Awards-Moderna-Therapeutics-a-Grant-for-up-to-25-Million-to-Develop-Messenger-RNA-Therapeutics/default.aspx.

93   실제로 DARPA는 각각 에너지와 건강 부문에서 고위험 연구를 수행하는 ARPA-E와 ARPA-H를 비롯한 여러 파생 기구를 탄생시켰다.

94   Office of Space Commerce, National Oceanic and Atmospheric Administration, Department of Commerce, https://www.space.commerce.gov/links/resources-for-space-entrepreneurs/opportunities-department-of-defense-national-security-agencies/#:~:text=Defense%20Advanced%20Research%20Projects%20Agency%20(DARPA)&text=Its%20mission%20is%20to%20make,have%20a%20dedicated%20space%20division.

95   데릭 톰슨과 에리카 R. H. 푹스의 인터뷰. 이후 모든 인용문은 이 인터뷰에서 발췌했다.

96   푹스는 이 매니저가 하는 군사 관련 업무의 민감성을 고려해 그의 신분은 밝히지 않겠다고 약속했다.

97   Don Clark, "IBM Reports Advance in Shrinking Chip Circuitry," *Wall Street Journal*, July 9, 2015, https://www.wsj.com/articles/ibm-reports-advances-in-shrinking-future-chips-1436414814.

98   데릭 톰슨과 존 거트너의 인터뷰.

99   데릭 톰슨과 존 거트너의 인터뷰.

100   데릭 톰슨과 존 거트너의 인터뷰.

101　데릭 톰슨과 하이디 윌리엄스의 인터뷰.

102　"Metascience," Institute for Progress, https://ifp.org/category/metascience/.

103　Pierre Azoulay, Joshua S. Graff Zivin, and Gustavo Manso, "Incentives and Creativity: Evidence from the Academic Life Sciences," NBER Working Paper 15466, October 2009, https://www.nber.org/system/files/working_papers/w15466/w15466.pdf.

104　Matt Clancy et al., "To Speed Up Scientific Progress, We Need to Understand Science Policy," Metascience, September 11, 2023, https://ifp.org/to-speed-up-scientific-progress-we-need-to-understand-science-policy/.

105　데릭 톰슨과 피에르 아졸레이의 인터뷰.

5. 실행

1　James Phinney Baxter III, *Scientists Against Time* (Cambridge, MA: MIT Press, 1968 [and previous publishers]), Kindle, 517.

2　Alexander Fleming, "On the Antibacterial Action of Cultures of a Penicillium, with Special Reference to Their Use in the Isolation of B. influenzæ," *British Journal of Experimental Pathology* 10, no. 3 (1929): 226–36, https://pmc.ncbi.nlm.nih.gov/articles/PMC2048009/?page=1. Fleming called it Penicillium rubrum in his landmark 1929 paper. It was subsequently identified as *Penicillium notatum and Penicillium chrysogenum*. Today it is recognized as *Penicillium rubens*: Jos Houbraken, Jens C. Frisvad, and Robert A. Samson, "Fleming's Penicillin Producing Strain Is Not *Penicillium chrysogenum* but *P. rubens*," IMA Fungus 2, no. 1 (June 2011): 87–95, https://pmc.ncbi.nlm.nih.gov/articles/PMC3317369/.

3　Baxter, Scientists Against Time, Kindle, loc. 6605–621. Also see E. Chain and H. W. Florey et al., "Penillin as a Chemotherapeutic Agent," *Lancet*, August 24, 1940, 226–28, Experiment 2, 227, file://C:/Users/User/Downloads/19400824_florey_penicillinasachemotherapeuticagent_lancet.pdf. The original sample size was eight mice only. See Eric Lax, *The Mold in Dr. Florey's Coat: The Story of the Penicillin Miracle* (New York: Henry Holt and Company, 2015), Kindle, loc. 1940. Increasingly, over time, Florey and Chain used more mice, building up to Experiment 2–with its division into three groups of mice given three different bacteria, https://www.sciencedirect.com/sdfe/pdf/download/eid/1-s2.0-S0140673601087281/first-page-pdf.

4　Baxter, *Scientists Against Time*, Kindle, loc. 704.

5　Derek Thompson, "Thomas Edison's Greatest Invention," *Atlantic*, November 2019, https://www.theatlantic.com/magazine/archive/2019/11/edmund-morris-edison/598357/.

6　Derek Thompson, "Why the Age of American Progress Ended," *Atlantic*, December 12, 2022, https://www.theatlantic.com/magazine/archive/2023/01/science-technology-vaccine-invention-history/672227/.

7　Brink Lindsey, "Eli Dourado on Abundance and Collapse," a conversation with Dourado, *The Permanent Problem* (Substack), July 16, 2024, https://brinklindsey.substack.com/p/eli-dourado-on-abundance-and-collapse.

8　Robinson Meyer, "Why America Doesn't Really Make Solar Panels Anymore," *Atlantic*, June 15, 2021, https://www.theatlantic.com/science/archive/2021/06/why-the-us-doesnt-really-make-solar-panels-anymore-industrial-policy/619213/.

9　"Our History: A Story of Innovation and Progress," Otis, https://www.otis.com/en/us/our-company/history.

10　Stephen Jacob Smith, "The American Elevator Explains Why Housing Costs Have Skyrocketed," *New York Times*, July 8, 2024, https://www.nytimes.com/2024/07/08/opinion/elevator-construction-regulation-labor-immigration.html.

11   David E. Sanger, "China Has Leapfrogged the U.S. in Key Technologies. Can a New Law Help?," *New York Times*, July 28, 2022, https://www.nytimes.com/2022/07/28/us/politics/us-china-semiconductors.html.

12   Shoya Okinaga, "Japan Battery Material Producers Lose Spark as China Races Ahead," *Nikkei Asia*, April 4, 2022, https://asia.nikkei.com/Business/Materials/Japan-battery-material-producers-lose-spark-as-China-races-ahead2#_blank.

13   Bush, *Science, the Endless Frontier*. For the Committee on Medical Research, see 58–59 and elsewhere throughout; for malaria, see 53, https://www.nsf.gov/about/history/EndlessFrontier_w.pdf.

14   Baxter, *Scientists Against Time*, Kindle, 528, and see 522–27.

15   Baxter, *Scientists Against Time*, Kindle, 530–32.

16   Christen Rayner, "How the Discovery of Penicillin Has Influenced Modern Medicine," *Oxford Scientist*, June 1, 2020, https://oxsci.org/how-penicillin-has-influenced-modern-medicine/.

17   Derek Thompson, "Why the Age of American Progress Ended," *Atlantic*, December 12, 2022, https://www.theatlantic.com/magazine/archive/2023/01/science-technology-vaccine-invention-history/672227/.

18   "Alessandro Volta," American Physical Society, n.d., https://www.aps.org/archives/publications/apsnews/201012/physicshistory.cfm.

19   "December 20, 1900: Nature Reports on William Duddell's 'Musical Arcs,'" American Physical Society, n.d., https://www.aps.org/archives/publications/apsnews/201012/physicshistory.cfm.

20   "The Incandescent Lamp Patent," (*The Consolidated Electric Light Company, Appellant, v. The McKeesport Light Company*), 159 U.S. 465 (1895), Appeal from the Circuit Court of the United States for the Western District of Pennsylvania, No. 10, argued October 29, 30, 1894; decided November 11, 1815, https://tile.loc.gov/storage-services/service/ll/usrep/usrep159/usrep159465/usrep159465.pdf, 476–477.

21   "Vast Power of the Sun Is Tapped by Battery Using Sand Ingredient," *New York Times*, April 26, 1954, https://timesmachine.nytimes.com/timesmachine/1954/04/26/issue.html.

22   "About Explorer 1," NASA, Jet Propulsion Laboratory, California Institute of Technology, n.d., https://nssdc.gsfc.nasa.gov/nmc/spacecraft/display.action?id=1958-002B.

23   "Vanguard 1," NASA, https://nssdc.gsfc.nasa.gov/nmc/spacecraft/display.action?id=1958-002B.

24   "Every NASA Budget Request, from 1961 to Now," The Planetary Society, https://www.planetary.org/space-policy/every-nasa-budget-request.

25   Alice Buck, US Department of Energy, "A History of the Energy Research and Development Administration," March 1982, https://www.energy.gov/management/articles/history-energy-research-and-development-administration.

26   Robert SanGeorge, "Focus '83: Energy Department Has New Secretary and a Fresh Lease on Life for 1983," United Press International, December 16, 1982, https://www.upi.com/Archives/1982/12/16/Focus-83-Energy-Department-has-new-secretary-amd-a-fresh-lease-on-life-for-1983/8180408862800/.

27   *The MacNeil/Lehrer Report*, episode 7171, "Reagan's Solar Policy," July 7, 1981, American Archive of Public Broadcasting, https://americanarchive.org/catalog/cpb-aacip_507-8c9r20sj5v; Gregory F. Nemet, *How Solar Energy Became Cheap: A Model for Low-Carbon Innovation* (London: Routledge, 2019), Kindle, 71.

28   그레고리 네멧이 데릭 톰슨에게 보낸 이메일.

29   Matt Hourihan and David Parkes, American Association for the Advancement of Science, "Federal R&D Budget Trends: A Short Summary," January 2019, p. 6, fig. 8, https://www.aaas.org/sites/default/files/2019-01/AAAS%20RD%20Primer%202019_2.pdf; Nat Bullard, @NatBullard, tweet, March 26, 2023, 12:37 p.m., https://x.com/NatBullard/status/1640060360181817344.

30   Matthew L. Wald, "U.S. Use of Renewable Energy Took a Big Fall in 2001," *New York Times*, December 8, 2002, https://www.nytimes.com/2002/12/08/us/us-use-of-renewable-energy-took-a-big-fall-in-2001.html. Also see US Energy Information Administration, "Renewables Share of U.S. Energy Consumption Highest Since 1930s," May 28, 2015, https://www.eia.gov/todayinenergy/detail.php?id=21412.

31   "Sunspots: Germany Proves Solar Energy Is No Mirage," Knowledge at Wharton, May 30, 2012, https://knowledge.wharton.upenn.edu/article/sunspots-germany-proves-solar-energy-is-no-mirage/.

32   Joern Hoppmann, Joern Huenteler, and Bastien Girod, "Compulsive Policy-Making-the Evolution of the German Feed-In Tariff System for Solar Photovoltaic Power," *Research Policy* 43 (2014): 1422–1441, https://scholar.harvard.edu/files/jhuenteler/files/rp_germany_pv.pdf; see p. 1426, table 2.

33   데릭 톰슨과 그레고리 네멧의 이메일 인터뷰.

34   Nemet, *How Solar Energy Became Cheap*, Kindle, 185.

35   Theodore P. Wright. "Factors Affecting the Cost of Airplanes," *Journal of the Aeronautical Sciences* 3 (February 1936): 122–28, https://pdodds.w3.uvm.edu/research/papers/others/1936/wright1936a.pdf.

36   "Theodore Paul Wright," Daniel Guggenheim Medal biography, American Institute of Aeronautics and Astronautics, 1945, https://www.aiaa.org/docs/default-source/uploadedfiles/aiaa-foundation/medalist-for-1945.pdf?sfvrsn=a86c5fcc_2; "National Advisory Committee for Aeronautics, 1943," December 17, 1943, MIT Museum, https://mitmuseum.mit.edu/collections/object/GCP-00003754.

37   "Moore's Law," Intel, September 18, 2023, https://www.intel.com/content/www/us/en/newsroom/resources/moores-law.html#gs.h6ovyc; Gordon E. Moore, "Cramming More Components onto Integrated Circuits," *Electronics* 38, no. 8 (April 19, 1965), https://download.intel.com/newsroom/2023/manufacturing/moores-law-electronics.pdf.

38   "The End of Moore's Law Will Not Slow the Pace of Change," *Economist*, September 16, 2024, https://www.economist.com/technology-quarterly/2024/09/16/the-end-of-moores-law-will-not-slow-the-pace-of-change; Rachel Courtland, "How Much Did Early Transistors Cost? About a Billion Times More Than They Do Now," *IEEE Spectrum*, April 16, 2015, https://spectrum.ieee.org/how-much-did-early-transistors-cost.

39   Nemet, *How Solar Energy Became Cheap*, Kindle, 78, 148.

40   Institute for Energy Research, "Chinese Solar Panel Production Issues Are Mounting," November 18, 2020, https://www.instituteforenergyresearch.org/renewable/solar/chinese-solar-panel-production-issues-are-mounting/.

41   International Renewable Energy Agency, "Solar Energy," n.d., https://www.irena.org/Energy-Transition/Technology/Solar-energy#:~:text=The%20cost%20of%20manufacturing%20solar,93%25%20between%202010%20and%202020.

42   Hannah Ritchie, Max Roser, and Pablo Rosado, "Renewable Energy," December 2020, rev. January 2024, https://ourworldindata.org/renewable-energy.

43   Myra Saefong, "Why Solar Is the Fastest-Growing Source of U.S. Electricity," *MarketWatch*, July 9, 2024, https://www.marketwatch.com/story/why-solar-is-the-fastest-growing-source-of-u-s-electricity-72e7d489?tesla=y.

44   John Arnold, @JohnArnoldFndtn, tweet, September 27, 2024, 10:40 a.m., https://x.com/

JohnArnoldFndtn/status/1839706693145415989.

45 "The Third Industrial Revolution," *Economist*, April 21, 2012, https://www.economist.com/leaders/2012/04/21/the-third-industrial-revolution.

46 Mariana Mazzucato, *The Entrepreneurial State: Debunking Public vs. Private Sector Myths*, rev. ed. (New York: Penguin Books, 2023), Kindle, 8.

47 Phil Goldstein, "How the Government Helped Spur the Microchip Industry," *FedTech*, September 11, 2018, https://fedtechmagazine.com/article/2018/09/how-government-helped-spur-microchip-industry.

48 Mazzucato, *The Entrepreneurial State*, Kindle, 8.

49 Stuart A. Thompson, "How Long Will a Vaccine Really Take?," *New York Times*, April 30, 2020, https://www.nytimes.com/interactive/2020/04/30/opinion/coronavirus-covid-vaccine.html.

50 Jon Cohen, "Unveiling 'Warp Speed,' the White House's America-First Push for a Coronavirus Vaccine," *Science*, May 12, 2020, https://www.science.org/content/article/unveiling-warp-speed-white-house-s-america-first-push-coronavirus-vaccine.

51 David Adler, "Inside Operation Warp Speed: A New Model for Industrial Policy," *American Affairs* 5, no. 2 (Summer 2021), https://americanaffairsjournal.org/2021/05/inside-operation-warp-speed-a-new-model-forindustrial-policy/.

52 데릭 톰슨과 폴 맹고의 인터뷰.

53 Paul Mango, *Warp Speed: Inside the Operation That Beat COVID, the Critics, and the Odds* (New York: Republic Book Publishers, 2022), Kindle, loc. 1187.

54 데릭 톰슨과 폴 맹고의 인터뷰.

55 Alice Park, "FDA: Pfizer-BioNTech Vaccine Doesn't Need Ultra-Cold Freezer Storage," *Time*, February 26, 2021, https://time.com/5942452/pfizer-biontech-vaccine-cold-storage-fda/; Deb Balzer, "Inside the Ultracold Freezers That Will House COVID-19 Vaccines," Mayo Clinic, December 10, 2020, https://newsnetwork.mayoclinic.org/discussion/inside-the-ultracold-freezers-that-will-house-covid-19-vaccines/.

56 "Nonex to Valor® Glass: Corning's 100-Year History of Life-Saving Innovation for Vaccine Development," Corning, n.d., https://www.corning.com/worldwide/en/innovation/materials-science/glass/vaccine-timeline.html; Jennifer Brant and Mark F. Schultz, "Unprecedented: The Rapid Innovation Response to COVID-19 and the Role of Intellectual Property," International Federation of Pharmaceutical Manufacturers and Associations, November 2021, https://www.ifpma.org/wp-content/uploads/2023/01/i2023_Unpacking-IP_2021_Final.pdf.

57 Megan Molteni, "Vaccine Makers Turn to Microchip Tech to Beat Glass Shortages," Wired, June 26, 2020, https://www.wired.com/story/vaccine-makers-turn-to-microchip-tech-to-beat-glass-shortages/; Bill Bostock, "Inside the US Government's $347 Million Plan to Fight the Global Glass Vial Shortage Ahead of a Coronavirus Vaccine Rollout," *Business Insider*, June 22, 2020, https://www.businessinsider.com/coronavirus-vaccine-glass-shortage-operation-warp-speed-corning-sio2-2020-6; Brant and Schultz, "Unprecedented."

58 데릭 톰슨과 폴 맹고의 인터뷰.

59 데릭 톰슨과 폴 맹고의 인터뷰.

60 Mango, *Warp Speed*, Kindle, loc. 2386 and loc. 2384.

61 데릭 톰슨과 케일럽 워트니의 인터뷰.

62 The authors thank David Adler for his analysis of OWS as a model of industrial policy. See Adler, "Inside Operation Warp Speed: A New Model for Industrial Policy," *American Affairs* V, no. 2 (Summer 2021): 3-32, https://americanaffairsjournal.org/2021/05/inside-operation-warp-speed-a-new-model-forindustrial-policy/.

63 Hussain S. Lalani et al., "US Public Investment in Development of mRNA COVID-19 Vaccines: Retrospective Cohort Study," *BMJ Open Science* 380, no. 1 (March 2023):e073747, https://pmc.ncbi.nlm.nih.gov/articles/PMC9975718/.

64 "Lives Saved by COVID-19 Vaccines," *Journal of Paediatrics and Child Health* 10 (September 2022): https://www.ncbi.nlm.nih.gov/pmc/articles/PMC9537923/.1111/jpc.16213.

65 Virat Agrawal, Neeraj Sood, and Christopher M. Whaley, "The Impact of the Global COVID-19 Vaccination Campaign on All-Cause Mortality," NBER Working Paper 31812, October 2023, https://www.nber.org/papers/w31812.

66 Jen Psaki, @jrpsaki, tweet, January 15, 2021, 9:44 a.m., https://x.com/jrpsaki/status/1350121790148902912?s=20.

67 Casey B. Mulligan, "We Need More 'Warp Speed' Operations," *Wall Street Journal*, October 6, 2023, https://www.wsj.com/articles/we-need-more-operation-warp-speed-covid-cancer-diabetesbureaucracy-fda-ace77028.

68 Robert Orr, "Unmatched: Repairing the U.S. Medical Residency Pipeline," Niskanen Center, September 2021, https://www.niskanencenter.org/wp-content/uploads/2021/09/Unmatched-Repairing-the-US-Residency-Pipeline.pdf, 11.

69 "Population Growth 1980-2005," *U.S. News & World Report*, January 9, 2006, https://www.usnews.com/opinion/blogs/barone/2006/01/09/population-growth-1980-2005#:~:text=The%20nation's%20population%20rose%2031,%2C%20and%20Tennessee%20(30).

70 Orr, "Unmatched," p. 12, fig. 4.

71 Derek Thompson, "Why America Has So Few Doctors," *Atlantic*, February 14, 2022, https://www.theatlantic.com/ideas/archive/2022/02/why-does-the-us-make-it-so-hard-tobe-a-doctor/622065/.

72 Arielle D'Souza, Kendall Hoyt, Christopher M. Snyder, and Alec Stapp, "Can Operation Warp Speed Serve as a Model for Accelerating Innovations Beyond COVID Vaccines?," NBER Working Paper 32831, August 2024, https://www.nber.org/papers/w32831.

73 Susan Athey, Rachel Glennerster, Nan Ransohoff, and Christopher Snyder, "Opinion: Advance Market Commitments Worked for Vaccines. They Could Work for Carbon Removal, Too," *Politico*, December 22, 2021, https://www.politico.com/news/agenda/2021/12/22/carbon-removal-advance-market-commitments-525988.

74 *IPCC Sixth Assessment Report*, 2022, https://www.ipcc.ch/report/ar6/wg3/.

75 Nan Ransohoff, "How to Start an Advance Market Commitment," *Works in Progress* (newsletter), May 31, 2024, https://worksinprogress.co/issue/how-to-start-an-advance-market-commitment/.

76 데릭 톰슨과 낸 랜소호프의 인터뷰.

77 Vaclav Smil, "The Modern World Can't Exist Without These Four Ingredients. They All Require Fossil Fuels," *Time*, May 12, 2022, https://time.com/6175734/reliance-on-fossil-fuels/.

78 Ben Tracy and Analisa Novak, "Cement Industry Accounts for About 8% of CO2 Emissions. One Startup Seeks to Change That," CBS News, January 16, 2023, https://www.cbsnews.com/news/cement-industry-co2-emissions-climate-change-brimstone/.

79 David Wallace-Wells, @dwallacewells, tweet, January 6, 2020, 11:04 p.m., https://x.com/dwallacewells/status/1221675214259605506.

80 Hannah Ritchie, "How to Decarbonise the World's Cement," *Sustainability by Numbers* (blog), June 30, 2024, https://www.sustainabilitybynumbers.com/p/low-carbon-cement.

81 데릭 톰슨과 낸 랜소호프의 인터뷰.

82 데릭 톰슨과 토머스 칼릴의 인터뷰.

83 Leopold Aschenbrenner, "Situational Awareness: The Decade Ahead," June 2024, 87, https://situational-awareness.ai/wp-content/uploads/2024/06/situationalawareness.pdf.

84 Iphigenie Bera, Destiny Lara, and Damien Koh Tze-In, "GET Israel: Topic 9-Sorek and Overall Desalination Water Supply in Israel," Northwestern University, September 21, 2022, https://water.northwestern.edu/2022/09/21/get-israel-topic-9-sorek-and-overall-desalination-water-supply-in-israel/.

85 Sam Altman, "The Intelligence Age."

86 데릭 톰슨과 폴 맹고의 인터뷰.

87 Frank Newport, "Landing a Man on the Moon: The Public's View," Gallup, July 20, 1999, https://news.gallup.com/poll/3712/landing-man-moon-publics-view.aspx.

88 Roger D. Launius, "Public Opinion Polls and Perceptions of US Human Spaceflight," *Space Policy* 19, no. 3 (August 2003): 163-75, https://www.sciencedirect.com/science/article/abs/pii/S0265964603000390.

89 Mark Whitaker, "The Dreams and Dedication Behind Our Leap to the Moon," *Washington Post*, review of Charles Fishman, *One Giant Leap* (New York: Simon & Schuster, 2019), July 11, 2019, https://www.washingtonpost.com/outlook/the-dreams-and-dedication-behind-our-leap-to-the-moon/2019/07/11/6ae625f4-9456-11e9-b570-6416ef-dc0803_story.html.

결론

1 Gary Gerstle, *The Rise and Fall of the Neoliberal Order: America and the World in the Free Market Era* (New York: Oxford University Press, 2022), Kindle, 153-160.

2 Dwight D. Eisenhower, "Radio and Television Address to the American People on the Tax Program," March 15, 1954, https://www.presidency.ucsb.edu/documents/radio-and-television-address-the-american-people-the-tax-program.

3 Gerstle, *The Rise and Fall of the Neoliberal Order*, Kindle, 615.

4 Tom Hayden, The Port Huron Statement, written for the Students for a Democratic Society, June 15, 1962. Courtesy Office of Sen. Tom Hayden, https://images2.americanprogress.org/campus/email/PortHuronStatement.pdf.

5 Motor Carrier Act, 94 Statute 793, Public Law 96-296, 96th Congress (1980) (enacted), https://www.govinfo.gov/content/pkg/STATUTE-94/pdf/STATUTE-94-Pg793.pdf#page=1; Airline Deregulation Act, 92 Statute 1705, Public Law 95-504, 95th Congress (1978) (enacted), https://www.govinfo.gov/content/pkg/STATUTE-92/pd/STATUTE-92-Pg1705.pdf.

6 Tax Foundation, "Historical US Federal Individual Income Tax Rates & Brackets, 1862-2021," August 24, https://taxfoundation.org/data/all/federal/historical-income-tax-rates-brackets/; 2021, Adam Carasso and Gene Steuerle, "A Brief History of the Top Tax Rate," Tax Policy Center, November 25, 2002, https://www.urban.org/sites/default/files/publication/59856/1000459-A-Brief-History-of-the-Top-Tax-Rate.PDF; Josephine Nesbit, "5 Presidents Who Raised Taxes the Most, and 5 Who Lowered Them: Is Trump One of Them?," Yahoo! Finance, November 5, 2024, https://finance.yahoo.com/news/5-presidents-raised-taxes-most-140035413.html#:~:text=Harry%20Truman%2C%201945%2D1953&text=The%20Revenue%20Act%20of%201950,pay%20for%20the%20Korean%20War.

7 데릭 톰슨과 게리 거슬의 인터뷰.

8 Stefan Becket, "Read the Full VP Debate Transcript from the Walz-Vance Showdown," October 2, 2024, https://www.cbsnews.com/news/full-vp-debate-transcript-walz-vance-2024/.

9   Donald Trump, The Economic Club of New York, September 5, 2024, transcript of speech, p. 27, https://www.econclubny.org/documents/10184/109144/20240905_Trump_Transcript.pdf.

10   Jerusalem Demsas, "Blue States Gave Trump and Vance an Opening," *Atlantic*, October 26, 2024, https://www.theatlantic.com/politics/archive/2024/10/trump-vance-malthusian-housing-views/680384/.

11   George Packer, "The Empty Chamber," *New Yorker*, August 2, 2010, https://www.newyorker.com/magazine/2010/08/09/the-empty-chamber.

12   "Read Donald Trump's Speech on Trade," *Time*, June 28, 2016, https://time.com/4386335/donald-trump-trade-speech-transcript/.

13   Donald Trump rallies in Phoenix, Arizona (June 23, 2020), and elsewhere, https://www.youtube.com/watch?v=UQjTCatM0Ww.

14   Erica York, "Tariff Tracker: Tracking the Economic Impact of the Trump-Biden Tariffs," Tax Foundation, June 26, 2024, https://taxfoundation.org/research/all/federal/trump-tariffs-biden-tariffs/.

15   Ana Swanson, "Biden Administration Clamps Down on China's Access to Chip Technology," *New York Times*, October 7, 2022, https://www.nytimes.com/2022/10/07/business/economy/biden-chip-technology.html; Michelle Toh and Kayla Tausche, "US Escalates Tech Battle by Cutting China Off from AI Chips," CNN, October 18, 2023, https://www.cnn.com/2023/10/18/tech/us-china-chip-export-curbs-intl-hnk/index.html; Department of Commerce, Bureau of Industry and Security, 15 CFR Parts 736, 738, 740, 742, 743, 772, and 774 [Docket No. 240813-0217] RIN 0694-AJ60, "Commerce Control List Additions and Revisions; Implementation of Controls on Advanced Technologies Consistent with Controls Implemented by International Partners," September 6, 2024, https://public-inspection.federalregister.gov/2024-19633.pdf.

16   Ana Swanson, "Biden Administration Announces Indo-Pacific Deal, Clashing with Industry Groups," *New York Times*, May 27, 2023, https://www.nytimes.com/2023/05/27/business/economy/biden-indo-pacific-trade-deal.html.

17   Joe Biden, "Remarks on Signing the Infrastructure Investment and Jobs Act," November 6, 2021, transcript by Smith Dawson & Andrews, https://www.sda-inc.com/news/remarks-by-president-biden-on-passage-of-the-bipartisaninfrastructure-deal/.

18   Infrastructure Investment and Jobs Act, H.R. 3684, 117th Congress (2021-2022) (enacted), https://www.congress.gov/bill/117th-congress/house-bill/3684/text; The White House, "Fact Sheet: The Bipartisan Infrastructure Deal," November 6, 2021, https://www.whitehouse.gov/briefing-room/statements-releases/2021/11/06/fact-sheet-thebipartisan-infrastructure-dea/.

19   CHIPS and Science Act, H.R. 434, 117th Congress (2021-2022) (enacted), https://www.congress.gov/bill/117th-congress/house-bill/4346.

20   Inflation Reduction Act of 2022, H.R. 5376, 117th Congress (2021-2022) (enacted), https://www.congress.gov/bill/117th-congress/house-bill/5376/text.

21   Harris-Walz campaign, "A New Way Forward for the Middle Class," 2024, https://kamalaharris.com/issues/; Harris-Walz campaign, "Vice President Harris Lays Out Agenda to Lower Costs for American Families," press release, August 16, 2024, https://mailchi.mp/press.kamalaharris.com/vice-president-harris-lays-out-agenda-to-lower-costs-for-american-families; Josh Boak, "Harris Campaign Releases New Ad to Highlight Plans to Build 3 Million Homes and Reduce Inflation," AP, August 27, 2024, https://apnews.com/article/harris-trump-housing-home-inflation-build-construction-00ae665790649d3b-25d77a6cc0d111d0.

22   Shannon Osaka, "Biden's $7.5 Billion Investment in EV Charging Has Only Produced 7

Stations in Two Years," *Washington Post*, March 28, 2024, https://www.washingtonpost.com/climate-solutions/2024/03/28/ev-charging-stations-slow-rollout/.

23 Karl Marx and Friedrich Engels, *The Communist Manifesto*, edited and annotated by [Frederick] Engels (1848; Chicago: Charles H. Kerr & Company, 1888), available at https://oll.libertyfund.org/titles/manifesto-of-the-communist-party.

24 "사회가 지닌 생산력은 더는 부르주아 재산이 놓인 여건들의 개선을 촉진하지 않는 경향이 있다. 오히려 사회의 생산력은 너무 막강해져서 그러한 여건들을 구속하게 된다.": 마르크스와 엥겔스,《공산당 선언》

25 F. Scott Fitzgerald, *The Great Gatsby* (New York: Charles Scribner's Sons, 1925; critical edition published by Cambridge University Press, 1991), 21, 54.

26 *Bell Telephone Magazine*, Spring 1964, https://www.worldsfairphotos.com/nywf64/articles/bell-telephone-magazine-spring-64.pdf; Damon Darlin, "How the Future Looked in 1964: The Picturephone," *New York Times*, June 26, 2014; Bell System Pavilion (photographs), The 1964-1965 New York World's Fair, worldsfairphotos.com, Bill Cotter, updated https://www.worldsfairphotos.com/nywf64/bell-system.htm.

27 "Westinghouse Time Capsule," Westland, December Jeffrey 27, Stanton, 2022, 1997, https://www.westland.net/ny64fair/map-docs/westinghouse.htm#:~:text=A%20window%20along%20one%20side,Robert%20Millikan%20and%20Thomas%20Mann; Westinghouse (photographs), The 1964-1965 New York World's Fair, worldsfairphotos.com, Bill Cotter, updated December 27, 2022, https://www.worldsfairphotos.com/nywf64/bell-system.htm.

28 Futurama II (photographs and audio recording), phrenicea.com, John Herman, 2000-2011, https://www.phrenicea.com/futurama_chip.htm.

29 Lyndon B. Johnson, "Remarks at the Opening of the New York World's Fair," April 22, 1964, https://www.presidency.ucsb.edu/documents/remarks-the-opening-the-new-york-worlds-fair.

30 Gerstle, *The Rise and Fall of the Neoliberal Order*, Kindle, 167.

31 David M. Potter, *People of Plenty: Economic Abundance and the American Character* (Chicago: University of Chicago Press, 1954), 78, 210. And see George Bancroft, History of the Colonization of the United States, Vol. 1, 17th ed. (Boston: Little, Brown, and Company, 1859-75), https://www.perseus.tufts.edu/hopper/text?doc=Perseus%3Atext%3A2001.05.0326%3Achapter%3D8#note-link69.

결핍을 넘어 풍요로운 사회를 위한 해법

어번던스

제1판 1쇄 인쇄 | 2026년 2월 5일
제1판 1쇄 발행 | 2026년 2월 12일

지은이 | 에즈라 클라인 · 데릭 톰슨
옮긴이 | 홍지수
펴낸이 | 하영춘
펴낸곳 | 한국경제신문 한경BP
출판본부장 | 이선정
편집주간 | 김동욱
책임편집 | 이혜영
교정교열 | 이근일
저작권 | 백상아
홍보마케팅 | 김규형·서은실·이여진·박도현
디자인 | 이승욱·권석중

주   소 | 서울특별시 중구 청파로 463
기획편집부 | 02-360-4556, 4584
홍보마케팅부 | 02-360-4595, 4562   FAX | 02-360-4837
H | http://bp.hankyung.com   E | bp@hankyung.com
F | www.facebook.com/hankyungbp
등   록 | 제 2-315(1967. 5. 15)

ISBN 978-89-475-0243-6 03340